U0959251

·法护老人·系列丛书·

民法典时代遗嘱见证实务

MINFADIAN SHIDAI YIZHU JIANZHENG SHIWU

陈子钧　阎云天　陈洪忠 / 著

中国法制出版社
CHINA LEGAL PUBLISHING HOUSE

序　言

党的十九大报告指出，完善以宪法为核心的中国特色社会主义法律体系，建设中国特色社会主义法治体系，建设社会主义法治国家。2014年国务院出台的《社会信用体系建设规划纲要（2014—2020年）》明确提出，社会信用体系要“以法律、法规、标准和契约为依据”。党的十九大报告进一步指出，推进诚信建设和志愿服务制度化，强化社会责任意识、规则意识、奉献意识。社会诚信体系建设的核心在于构建新的诚信秩序，而构建新的诚信秩序应着力于顶层制度设计和证明制度体系建设。可见，社会证明体系的制度完善，是诚信体系法治建设的关键要素之一。

律师事务所和律师等法律专业机构、专业人员要充分发挥作用，帮助群众实现和维护自身合法权益。广大律师要充分发挥自身专业优势，帮助群众预防矛盾发生、化解民事纠纷，切实保护民事权利。《民法典》明确公证遗嘱不再享有最高效力，律师遗嘱见证的应用将更加广泛，当前是大力发展律师见证，促进诚信建设的大好时机。

遗嘱是遗嘱人生前在法律允许的范围内，按照法律规定的方式处分其个人财产或者处理其他事务，并在其死亡时发生效力的单方法律行为。在原《继承法》规定的自书、代书、录音、口头遗嘱的基础上，《民法典》将遗嘱形式扩展为自书、代书、打印、录音录像、口头遗嘱，除了自书遗嘱可以由遗嘱人自己独立完成以外，其他遗嘱形式都必须有两个以上见证人现场见证或者公证。客观上，自书遗嘱的保险形式，也要经过公证或律师见证把关。

至于公证遗嘱，原《继承法》将其规定在遗嘱形式条款中，导致很多人认为公证遗嘱是一种法定的遗嘱形式。遗嘱是遗嘱人生前处理自己所有的财产及其他事务，并在其死后发生法律效力的行为。遗嘱公证是公证机关根据遗嘱人的申请，依法证明其立遗嘱的行为真实、合法的行为。笔者认为，公证遗嘱不属于遗嘱形式，公证遗嘱是经过国家公证机构公证过的遗嘱，只是一种由特殊证明主体进行的证明形式。

借普及《民法典》新遗嘱制度之际，本书是有关见证人业务的见证行为标准化研究之作，也是对法院有关裁判标准的探讨，更是律师遗嘱见证的实务指南和风险防范宝典。本书读者群侧重于见证律师，也是家事审判法官、公证员、家事和老龄法律服务律师、其他遗嘱见证人的实务参考用书。

遗嘱见证需求量越来越大、越来越急迫，法律要求严格而见证行为又乱象丛生，人们普遍认为律师见证业务执业风险大，其中遗嘱见证的风险最大，本书瞄准律师见证业务中的短板深研以探究出路。

一方面，律师见证缺少必要规范。与证明法律制度健全的国家和地区相比，我国见证律师急需设立适当的准入门槛。应当对见证律师进行岗前专业培训和严格考核，实行见证律师备案制，未经许可不得从事律师见证业务。诉讼制度体系与证明制度体系存在较大差别，如果说刑事辩护是展现法庭的魅力，那么证明制度追求的就是息诉传统，是诚信建设、和谐秩序的“生产线”，是复兴中华法治文明传统，展现中国特色法治文化的有力抓手。故应成立专门的见证协会，推进专业见证人自律管理、公证与律师见证融合发展和对外交流。应当提高证明责任保险的保额，使之与不断增长的个人财富相匹配，为证明制度发展保驾护航。

另一方面，法院遗嘱纠纷裁判标准还不够统一，老年人遗嘱权保障缺少专门监督机制。如何防范公证遗嘱、律师见证遗嘱无效给第三方造成损失进行赔偿无章可循，常有适用法律不科学。良法善治是对社会主义法治建设提出的要求。良法，是指法律法规要符合时代要求，满足人民需要。我国原《继承法》中见证法律、法规、标准一直成为法律服务规范的缺项和短板，是律师有效服务中老年人的堵点、难点和痛点。只有敢为老年人作见证，能够专业处理遗嘱见证业务，才能为老年人根据自己意志妥善处理失智后人身与经济安排、身后财产处分与后人托付提供保障，为保护老年人晚年合法权益，扫清法律服务中的障碍。然而，因为律师遗嘱见证一旦发生继承纠纷，往往是在老人百年以后，若无法追溯到当事人的真实意愿，或者出现遗嘱形式瑕疵，就会影响到遗嘱的效力和执行，影响到当事人的合法权益。因此，建立规范化的律师见证遗嘱行为标准和法官裁判遗嘱纠纷标准，成为广大老龄法律研究专家的一个重点研究课题，为积极推进在北京市法学会、北京市高级人民法院的支持和协助下相关标准的建设，“努力在2020年用一年左右时间打通堵点”。随着我国人口老龄化的日益严重，建立律师见证行为的标准化，是人民安居乐业和社会和谐稳定不可或缺的法治保障，是良法善治的必然要求。

在写作体例上，本书分为上下两篇，上篇对我国两千多年见证历史和世界各国律师见证制度开展了粗浅的溯源研究，注重对律师遗嘱见证技能的指引，对见证风险产生原因、如何避免，以及对律师遗嘱见证业务标准化开展了初步研究，是本书的核心部分。下篇梳理了律师遗嘱见证业务中亟待解决的具体难点、堵点，总结了律师遗嘱见证问题和提出如何认定的部分设想，为今后遗嘱纠纷司法裁判的进一步研究留下一些思考和启示。本书对意定监护、以房养老、财富传承、生前预嘱、生前契约等与老年人遗嘱、见证法律服务密切相关的助孝信托法律服务和老龄法知识，也都有初步涉猎，希望对读者有所启迪。

在本书写作的同时，还为中老年人创作了一本刚出版的《民法典时代如何立遗嘱》的《民法典》普法著作。这两本书是北京老龄法律研究会专家继2018年版《老年人权益维护案例精选与解析》及2019年版《老年人防骗维权攻略》之后新的“老年人之友”，为“法护老人”系列丛书家族再添两名新成员。

意定监护的制度安排，是法律对公民权利实现最大化支持的重要方面。意定监护是指人在自己清醒的时候，选择自己最信任的人做监护人，通过签订监护协议，在自己失智后照护自己的生活，处置自己的财产、权利等。因为监护权主要是保障被监护人生前的权益，如果被监护人希望在死后将自己的财产遗赠给监护人，还需要再立遗嘱。客观上，老年人一旦失智就会丧失立遗嘱的机会，意定监护与立遗嘱同样需要在神志清醒时处理，意定监护的见证服务也必不可少。

那么，律师见证业务又与家庭财富传承有何关联呢？按照中华民族的传统，个人财富不只是用来养老，还普遍注重在家庭中的传承。那么，立遗嘱将身后个人财产按照自己意愿进行分配，订立意定监护安排失智以后的人身依托和经济活动安排，还有人将后人的生活、家族企业的未来也作了信托安排……这些法律服务中都离不开专业的见证服务。家族财富传承律师必须具有专业遗嘱、意定监护、金融法、财税法、信托法等方面的知识储备，才可以胜任家族财富传承法律服务。

本书写作过程中开展了广泛的调研，北京老龄法律研究会副会长兼秘书长、北京科技大学教授王竹青，北京老龄法律研究会副秘书长、全国老龄法律论坛副秘书长、北京企业法治与发展研究会高级研究员邢在峰律师，北京老龄法律研究会会长、法律服务专委会主任、遗嘱见证专员陈娟律师，北京老龄法律研究会特聘研究员、遗嘱见证专员李秀梅律师，以及北京老龄法律研究会遗嘱见证部的专家、志愿者们，给本书有关研究和写作提供了较大帮助，对他们的支持表示衷心感谢。

是为序。

陈洪忠

2021 年 4 月于中关村寓所

目　录

Contents

上篇　遗嘱见证技能篇 ………………………………… 1

第一章　律师见证业务通论 ……………………………… 1

第一节　见证的历史沿革 ……………………………… 1

一、中国古代见证服务的建立与发展 ……………………… 2

二、国外见证、公证的历史与发展………………………… 21

三、我国见证法律服务的发展方向………………………… 46

第二节　律师见证业务概述……………………………… 57

一、律师见证的由来与作用………………………………… 58

二、律师见证的内涵外延…………………………………… 66

案例 1：对已签订的合同、已完成的行为进行见证，或者对即将发生的事实予以先期见证等无效…… 69

案例 2：见证人未见证遗嘱制作的整个过程，遗嘱被判无效 ……………………………………… 69

案例 3：律师代书没有在现场进行，律师事务所赔偿百万 ……………………………………… 70

三、律师见证业务的种类 …………………………………… 80
案例1：签认罪认罚具结书获轻判 ……………………… 89
案例2：报案公安不立案，律师见证帮助自诉 ………… 90
第三节 律师见证行为规范与风险 …………………………… 94
一、专家证人与专家责任 …………………………………… 95
案例1：在外加工“半成品”的公证书带到现场，公
证书被判无效 ……………………………………… 100
案例2：身份证持证人与身份证照片不符，公证处应
担责 ………………………………………………… 102
案例3：律师作见证应对合同内容进行实质审查 ……… 103
二、事实审查与风险防控 …………………………………… 106
案例1：明知遗嘱内容无法实现仍进行见证 …………… 108
案例2：遗嘱设置了生效条件，公证遗嘱失效 ………… 112
案例3：未进行合法性审查，律师事务所有可能承担
责任 ………………………………………………… 114
案例4：未尽告知义务，见证存在程序性瑕疵 ………… 116
案例5：律师事务所对于见证书盖章的审查把关很重要 … 117
三、回避原则与跟踪服务 …………………………………… 118
第二章 遗嘱见证业务标准化 ………………………………… 125
第一节 律师见证遗嘱的特别风险 …………………………… 125
一、迟到的风险 ……………………………………………… 125

案例：司法所派人协助遗嘱见证，忘了如何见证的，遗嘱被判无效 …………………………… 126
二、不尽职风险 …………………………………………… 128
案例1：遗嘱人签名不能确定为真，遗嘱被判无效 …… 130
案例2：见证人心不在焉，遗嘱被判无效 ……………… 130
案例3：经鉴定，遗嘱人不具有行为能力，公证遗嘱被判无效 ……………………………………… 131
三、形式的风险 …………………………………………… 136
案例1：见证时录像、拍照存档都不可少 ……………… 137
案例2：律师遗嘱见证需要专业，切莫凭感觉发挥 …… 139
四、赔付力风险 …………………………………………… 143
第二节　律师遗嘱见证的必要环境与规范 ……………… 144
一、遗嘱见证要有独立的工作环境 ……………………… 145
二、遗嘱见证要配备现代化的工作设施 ………………… 146
三、遗嘱见证要有专业的见证律师 ……………………… 147
案例：遗嘱见证不够专业引发赔偿、退费 ……………… 148
四、遗嘱见证要有缜密的谈话笔录 ……………………… 152
案例1：律师将见证地点写错，被认定为遗嘱人主体不确定 ……………………………………… 153
案例2：律师“强行见证”遗嘱无效 …………………… 157
五、要与遗嘱人签订恰当的法律服务合同 ……………… 163

六、出具严谨的遗嘱见证书 …………………… 165

七、律师事务所审查盖章要专业 ……………… 166

案例：律师事务所在遗嘱见证书上盖章时应注意把关 … 167

八、现场遗嘱见证应慎重 ……………………… 168

案例 1：录音录像起作用的代书遗嘱见证 ………… 170

案例 2：是否具有立遗嘱能力，“精神正常试错法”很重要 …………………………………… 175

九、见证遗嘱存档 ……………………………… 182

第三节　律师见证遗嘱分述 ……………………… 183

一、见证自书遗嘱 ……………………………… 183

案例 1：打印的自书遗嘱无效 ………………… 185

案例 2：律师自书遗嘱见证重点在于遗嘱能力的补强 … 187

二、见证代书遗嘱 ……………………………… 189

案例：代书遗嘱见证律师图省事，代书人不合法致遗嘱无效 ………………………………… 191

三、见证打印遗嘱 ……………………………… 192

四、见证录音录像遗嘱 ………………………… 193

案例：录音遗嘱法律规定确认的律师见证录音录像遗嘱效力 ………………………………… 196

五、见证外籍遗嘱人密封遗嘱 ………………… 198

六、涉外法定继承见证和涉外遗嘱见证 ………… 199

第三章 与遗嘱见证相关的律师业务 …………………………… 203
第一节 遗嘱信托及财富信托 ………………………………… 203
一、遗嘱信托 ………………………………………………… 204
案例：“遗嘱信托第一案” ………………………………… 204
二、家族信托 ………………………………………………… 212
三、慈善信托 ………………………………………………… 214
第二节 意定监护法律服务 ……………………………………… 216
一、意定监护的渊源 ……………………………………… 216
二、意定监护律师业务 …………………………………… 219
三、意定监护律师见证的风险防范 ……………………… 225
第三节 生前预嘱和生前契约 ………………………………… 226
一、生前预嘱 ………………………………………………… 226
二、生前契约 ………………………………………………… 229
第四节 遗嘱的后续服务 ……………………………………… 230
一、遗嘱的修订、撤回与重立 …………………………… 231
二、遗嘱执行人 ……………………………………………… 231
三、遗赠约定的执行 ……………………………………… 233
案例：接受遗赠的表示需在法定期限内作出 …………… 233
四、律师履行证明义务 …………………………………… 234
五、开展密封遗嘱保管服务 ……………………………… 234

下篇　遗嘱见证实务篇 …………………………………… 235

第四章　律师见证遗嘱纠纷裁判的法律问题 ……………… 235

第一节　见证遗嘱纠纷裁判问题梳理 ……………………… 236

一、律师见证遗嘱是否必须进行实质性审查，界限如何明确 …………………………………………… 236

案例：律师尽到了注意义务，无须承担责任 ………… 238

二、一名律师是否可以进行遗嘱见证 ………………… 241

案例1：见证人未取得律师资格不影响遗嘱的效力 …… 241

案例2：代书遗嘱需要两个以上见证人见证 ………… 242

三、代书遗嘱能否打印 …………………………………… 244

四、律师见证遗嘱无效赔偿范围与责任保险 ………… 245

五、见证遗嘱无效，见证律师是否必然应负责任 ……… 246

六、不加限制判决对第三方赔偿会形成不良社会风气 … 247

案例：法院判决律师事务所向第三方赔偿应当慎重 …… 247

第二节　见证遗嘱纠纷裁判标准 …………………………… 249

一、遗嘱效力的认定 ……………………………………… 249

案例：遗赠协议中处分财产的内容，符合法律规定的可按自书遗嘱对待 ……………………………… 249

二、遗嘱能力的认定 ……………………………………… 255

案例1：遗嘱人患有阿茨海默病，需根据具体情况判断其立遗嘱能力 ………………………………… 255

案例 2：遗嘱人的行为能够证明其具有民事行为能力，无须再进行司法鉴定 …………………………… 257
案例 3：进行民事能力鉴定应在一审期间提出书面申请 ………………………………………… 258
案例 4：遗嘱人患有脑梗死不能否定其立遗嘱能力 …… 258
案例 5：遗嘱人是否具有立遗嘱能力，司法鉴定只能作为参考 ………………………………… 264
案例 6：公证遗嘱效虽高，行为能力也重要 ………… 266
案例 7：公证遗嘱效力纠纷法院裁判标准应当与《公证法》的规定相统一 …………………………… 267
三、失实遗嘱的失职认定 ………………………………… 268
四、一名律师见证的遗嘱效力认定 ……………………… 269
五、打印代书遗嘱的效力认定 …………………………… 270

后 记 ……………………………………………………… 271

上篇　遗嘱见证技能篇

遗嘱见证的秩序建设和健康发展，事关亿万老年人福祉，研究了见证的前世今生，看到了遗嘱见证的难点、痛点和堵点，关键还是要真抓实干，从现在做起。

第一章　律师见证业务通论

我国的民间专业见证业务历史悠久，不可不知。

第一节　见证的历史沿革

律师见证的发展出路在哪里？见证存在的社会价值几何？对见证行为的要求是否过于严苛？古今中外的见证历史和现行规制不可不知。

所谓见证，原本是指现场的目击证人或可作为证据的物品。本书所论述的见证，是指见证人对亲眼所见的法律行为或可作为证据的文件、实物确认其真实性及合法性的专门活动。

公证，是指公证机构根据当事人的申请，依照法定程序对法律行为和具有法律意义的事实与文件确认其真实性及合法性的专门活动。类似见证或公证的证明制度安排，都是商品经济发展到一定历史阶段的产物，都是商品经济社会中不可或缺的中介服务形式，其发展和完善是社会法治进步的重要表现。公证和见证的一些业务虽然有相似和交叉，但两者的行为主体、法律根据、历史来源均有所不同。见证服务是我国法律人最传统的业务领域之一，其最发达时期可以追溯到一千多年前的宋代书铺。

一、中国古代见证服务的建立与发展

古时的见证[①]，也就是指私证、民间“公证”。见证是社会分工和商品经济发展的产物，我国古代商品经济高度发达，早就有了见证的习惯和制度，如买卖不动产、继承、借贷等往往要“立字为据”，并由在场的代书人签名画押，以防“空口无凭”和“无人作证”。见证的历史最晚从西周时期就已经有了。“在汉代

① 我国目前公证、见证法律制度并存，公证本质表现形式就是见证，公证法律制度比见证法律制度相对完善。我国以见证法律服务为对象的研究比较少见，本书系以遗嘱见证为抓手，以见证法律制度研究为主线，期待各位专家学者的批评指正。

不动产买卖契约文书中几乎都有任人或者知券约、旁人等署名。任人、任者，即保人。而知券约、旁人则为见证人的称呼。这些人签章成为契约文书中都必须具备的内容，可能是习惯法中契约成立的必备条件之一，有了保人、见证人，则契约的履行多了一层保障，同时他们也是契约类诉讼中的重要人证，为查明真相提供了便利条件。”[①] 南北朝时期在不动产买卖契约文书中署名的还有时傍人、时人，唐代的中人或保人，西夏的知人等，都是当时对见证人的称呼。上千年以前的这些见证人所发挥的一项重要职能，即“凭借其地位和影响，起到了平衡交易双方相互之间地位和权益的作用”。[②] 不过，这时的见证毕竟是民间“公证”，存在明显缺陷，见证人只能证明事实的存在，至于事实本身是否公平合理，是否合法，见证人往往不会过问，也没有力量过问。

到了宋代，我国还有了专门的见证法律服务机构，见证法律服务内容更加丰富。我国宋代的书铺，以及驵侩、牙人等，都是当时维护商品经济秩序法律制度安排的见证机构和职业见证人，发挥了积极的社会中介服务功能。随着社会分工越来越细，许多非单纯的见证活动逐渐被分离出去。

1. 宋代书铺是古代的见证、代书机构

书铺，顾名思义，是买卖书籍的店铺，以销售书籍为业，即传统意义上的书店，又称之为“书肆”“书场”。但在唐代中后期出现，在宋代得到繁荣和发展，又有了功能完全不同的另一种新

---

① 罗鸿瑛：《简牍文书法制研究》，华夏文化艺术出版社 1996 年版，第 161 页。

② 李祝环：《中国传统民事契约中的中人现象》，载《法学研究》1997 年第 6 期。

型书铺，这里的“书”是动词，是指代写诉状、代为起草契书、填写税钞[①]或书写婚约等有关书证的行为。“书铺不是法定的国家机构，而是凭借某种资质在民众、政府，及民众与政府之间开展业务，获取薪酬的民间组织，并不是‘公证机构’。”[②]“宋代的书铺是民间组织，属于特殊的商铺，主要从事与书证相关的服务。”[③] 当然，也有学者认为，宋代还有第三种书铺，兼营上述两种业务。本书所研究的，是指向社会提供法律服务的这种书铺。

（1）书铺的职责范围

在宋代，商品经济的繁荣发展推动了书铺功能的转变，书铺法律服务的专业化、规范化、普遍化，又大大促进了商品经济的进一步发展。在制度上，官府的许多法律规定均含有书铺的职责和管理规范。根据历史文献记载，书铺的职责范围很广泛。

①见证诉状

宋代书铺见证诉状的业务，在已有的文献上基本表述为代书业务。

代书，是指根据委托人提供的事实和证据，按照委托人的意志并以委托人的名义，依据法律，代替委托人书写诉讼文书和其他法律事务文书的专业性活动。

宋代书铺的代书职责与现代的律师事务所、基层法律服务所的代书业务有些类似，主要是指代他人起草刑事或民事起诉状等法律文书。我国古代除了人命关天的重大刑事案件官府会主动调

---

① 税钞，指宋代纳税之凭证。填写税钞，近似于现今税务律师的法律服务。

② 范建文：《宋代书铺再认识》，载《四川师范大学学报（社会科学版）》第42卷第4期。

③ 王亚杰：《宋代书铺》，载《中国司法鉴定》2019年第2期。

查以外，刑事案件也主要是依靠自诉。从当今刑事法律角度看，书铺代书法律服务的范围要大于我们现代的律师事务所，因为现今刑事公诉案件起诉书的制作职责在人民检察院。

在唐朝乃至宋初以前，由于许多老百姓没有文化，官府允许当事者自书、请人代书，甚至可以仅提交白纸就可以投状喊冤。如“所陈文状，或自己书，只于状后具言自书；或雇请人书，亦于状后具写状人姓名，居住去处，如不识文字及无人雇请，亦许通过白纸”。①

我们从古装戏剧、电视连续剧、电影中都不难发现，宋代官府处理案件数量空前，被搬上荧屏的也较多。随着宋代重商社会环境的发展，商业经济往来获得了长足的进步，民间纠纷也随之迅猛增多，官府办案压力大增。面对五花八门的诉状甚至仅交一张白纸，官府正常立案和审理都难以为继，因此能代书的书铺逐渐纳入程序法的规范，以方便官府办案。官府为了应对庞大的不能及时处理的积压案件，对诉状进而规定了严格的格式和文字数量，不得随意增改案件细节，并明确要求投状的老百姓应由书铺代书，否则将不予受理，同时要粘上契据等基本证据，决定受理的叫“引词”或“引状”。代写诉状逐渐成了书铺的标志性业务，这也是“写状钞书铺户”称谓的由来。也就是说，在宋代，老百

① 薛梅卿点校：《宋刑统》，法律出版社1999年版，第431～432页。《宋刑统》全书共31卷；律目12篇与唐律相同，分别为名例、卫禁、职制、户婚、厩库、擅兴、贼盗、斗讼、诈伪、杂律、捕亡、断狱；每篇之下分若干门，共213门；门下为律条，总计502条；各律文后附令、格、式、敕177条，臣等起请32条与之并行；另有补疏文之议23则，律内余条准此44条，释曰小注60余条。《宋刑统》是宋代立法思想的重要体现，对于后世法典编纂产生了极为重要的影响，是研究中华法系法典传承中不可或缺的重要文献。

姓到官府告状，需要先到书铺见证自己的诉讼请求和理由，书铺代书就是诉状“见证书”，不经过书铺见证，官府不予受理。

书铺的设立，虽然起源于代替不识字的老百姓书写诉状，但官府通过书铺这一制度安排，保证了状纸的字数控制、字体工整、字迹清楚，形式要件符合官府要求，过滤掉了绝大部分谎讼或官府认为不必要的争讼，实现了诉状书写格式化与内容真实化的需求，从而减少了立案数量，大大提高了判案效率……这恐怕是书铺在没有律师服务和专门法院系统的历史背景下得以生存和发展的根本原因。书铺经营者虽然不是官吏衙役或官府雇佣人员，也不从朝廷领取俸禄，但具有较高的设立门槛，要经过严格登记程序，又被官府依法赋予审查当事人身份、核实诉状内容真假等职责，是我国古代非常重要的提供专业法律和见证服务的民间组织。

书铺代书与当今律师代书存在一个很大区别，书铺代书实际上是一种代书见证行为。按照现行法律规定，律师如果不是诉讼代理人仅提供代书服务的，则无须在诉状上签署律师的姓名，更无须加盖律师事务所的印章。客观上，现代司法机关也不会向当事人查证是不是他人代书，以及是何人代书。但是，宋代书铺的代书是法律规定的诉讼前置程序，对于书铺的品格有较高的要求，代书需要加盖书铺的官授印章。书铺代书的同时需要见证具状人是不是符合法律思维的真实意思表示者，否则书铺就可能受到法律的严惩。

根据我国原《民法通则》、原《继承法》、《民法典》和中华全国律师协会《律师见证业务工作细则》等有关规定，律师见证需要有见证律师的签字，并由律师事务所统一编号、盖章。其中代书遗嘱见证的法律规定，与宋代书铺代书的有关规定更是极为相似，只不过现在的法律规定叫见证人（其中一人负责代书），负责代书的也是见证人。所以说，宋代书铺代书诉状，用现代眼光来观察，如果称之为“见证诉状”则更为恰当。

②法庭上答辩人答辩、证人的证词见证人

包括宋代在内，在我国古代法庭上，当事人是不允许讼师或者代理人代理的，如遇到不能自书的被告答辩、证人作证时，官府也会令书铺将被告或证人当庭陈述记录整理，核对后将答辩词、作证词形成“见证”文字。因为没有法庭录音录像设施，宋代书铺在法庭上的职能表现为，代书 + 见证，证明当事人、证人当庭所陈述内容，将“证明”文字入卷存档。

诉讼代理人或刑事辩护人可以在法庭上为当事人发表代理意见或辩护词，是当代法定的诉讼当事人的帮助人。在我国晚清以前的古代，因为法律追求无讼的理想目标，明文严厉禁止讼师等对诉讼当事人的帮助。但是，为了案件审判的顺利进行，并方便对裁判根据的追查，宋代法律还是设计了书铺担任答辩人、证人法庭陈述见证人的制度。

③鉴别契约的真伪，出庭提供专业证明意见

因为书铺长年钻研各种法律文书的制作，逐渐积累了识别文书笔迹真伪的丰富经验，并形成了在法庭上帮助官府鉴别诉讼中书证文字是否存在伪造、改造、变造的一种法定职责，其出具的鉴定意见具有证据效力，在不少民事甚至是刑事案件中给出的检验意见常被官府采纳，作为判案依据。

宋代书铺这种在法庭上对证据文书真伪进行鉴别并当庭证明

的活动，可以说是宋代书铺的一项特别职能。因为属于当今的文书检验范围，已经被列为司法鉴定范畴，所以许多司法鉴定研究学者将宋代书铺列为“民间司法鉴定机构的雏形”。①

④婚姻关系见证

中国古代婚姻强调明媒正娶，且要有必要的婚礼仪式，婚姻关系须有人见证方能合法生效。宋代书铺有见证婚姻关系成立的职责，相当于现在的证婚人+婚姻登记。

⑤应试考生身份见证

古代科举考试舞弊常见。由于书铺在繁多社会中介服务中积累了丰富经验，成为公认的有文化、能书写、善识别的能人。宋朝各级官府经常会通过“政府采购服务”的方式，使书铺在官府考核选拔人才（相当于招干考试或公务员考试）和遴选晋升官员活动中的有关考生身份审查中作现场见证。“在宋代，上至省试、特奏名试、殿试，监学与宗学的公试、私试，下及诸州科场等，均可见到书铺活跃的身影。”②

比如，在宋代官府组织的考试中，书铺要先为应试举人办理应考手续。根据官府规定，赴礼部应考举人须先向书铺投纳文卷试纸，书铺接收后加以验审，所需文件需要加盖书铺见证印章之后送交贡院。后在考试时，还需要书铺对进入考场应试之人进行辨认识别，以防止冒名顶替。

现如今有信息量存储丰富的芯片身份证，有身份证人脸识别

---

① 王亚杰：《宋代书铺》，载《中国司法鉴定》2019 年第 2 期。

② 范建文：《宋代书铺再认识》，载《四川师范大学学报（社会科学版）》第 42 卷第 4 期。

技术，有能对人体数十个部位探测的安检门，甚至可以运用大数据技术追寻个人成长历程等智能工具设备辅助。

⑥待遴选官员身份见证

宋代的文武官员，包括州县的校尉、检验官，如有缺位、升迁、革职等，均需要按照法定条件和程序遴选产生，宗室子弟亦需经吏部考试合格后方可参选文职差遣。候选官吏必须携带相关文书到书铺办理见证，办理考试手续，在临考前同样要由书铺负责验明正身后加盖见证印章。在考试结束后，书铺还要根据官府委托整理试卷与誊写等，完成其他“政府购买”服务。

宋代书铺的其他一些见证性活动在形式上与现代见证活动基本相似，主要是对民间百姓生活的土地买卖、借贷、婚约等方面契约订立等法律行为进行见证，证明立契双方为真实自愿的行为，证明契约的真实可信性。宋代没有专门的公证机构、司法鉴定机构，而现在部分书铺见证业务被法律规定由公证机构或司法鉴定机构开展，还有部分见证职能被现代化智能识别系统所代替。

（2）书铺仅是见证而不是公证

根据我国证明制度体系安排，公证和见证，一公一私，是有明显界限的。而其他国家称之为“律师公证人公证”，还是称之为“律师公证人见证”，并无实际界限和区分。

公证的一个核心、标志性的工作其实就是见证活动，但是并非所有的见证都是公证。公证的另一个核心、标志性的工作是代表国家或者地方官府行使证明行为。公证的法律渊源，在国外最早主要是来源于法国、德国；在现今我国法律共同体内，公证主要是从法院的非纠纷民事审判业务中分离出来的。

在我国古代，分化出专门见证法律服务的专门书铺发生在唐朝晚期。最初只是证明土地买卖、借贷、分产、婚姻等事实，他们经常以见证人身份为人作证，在被证人交易、分产、婚约等契约或字据上签名画押见证，逐渐形成了一定的公信力。久而久之，作为一种作私证的专门职业，这些人的身份固定了，并且有了固定的民间组织，人们便称之为“新型书铺”。书铺之所以纳入到朝廷的法律制度调整，其功能也是主要为了减轻官府的案件数量，提高审判效率，见证证人证言。但毕竟宋代与现在有千年之隔，法律制度体系差别巨大，现代社会分工也逐渐细化。宋代的书铺究竟是当年的律师事务所、公证机构还是民间司法鉴定机构？从不同角度看，可能会有不同结论，但有一些事实是可以确定的。

①书铺是民间组织

随着宋代商品经济的繁荣发展，书铺的这一特殊职能逐渐引起官府的重视和承认，官府也加强了对其的规范管理，但是其民间私证组织的属性一直没有改变，而且宋代各书铺之间亦无隶属关系。可见，书铺与当代公证的性质完全不同，当代公证代表国家权力，而宋代书铺属于民间组织。

在宋代，“铺”“户”皆是对百姓商铺的称谓，虽然为当时法律认可和规范，书铺的民间组织属性已是现今学界的较普遍共识。对于书铺是官商还是民营，从《宋会要辑稿》中也可以得到考证，书中记载“诸处纲运到库，有合用书铺、甲头、脚户、般夯、搭垛等人，皆是百姓”。[①] 所以说，书铺没有官吏编制，不拿

① 《宋会要辑稿》（第7册），刘琳、刁忠民、舒大刚、尹波等点校，上海古籍出版社2014年版，第7145~7147页。

朝廷俸禄，历史文献上也明确其身份是百姓。

根据现行法律、法规和律师行业管理的有关规定，律师应当维护当事人合法权益，维护法律正确实施，维护社会公平和正义；律师执业必须以事实为根据，以法律为准绳；律师执业应当接受国家、社会和当事人的监督。我国律师事务所的设立必须具备法定条件，经过国家司法行政机关审核批准颁发执业许可证，方可对外营业。律师事务所须在规定的专业活动范围内，接受中外当事人的委托，提供各种法律服务；律师事务所有合伙制，也有律师个人开办的个人所；合伙律师事务所可以采用普通合伙或者特殊的普通合伙形式设立；律师事务所之间没有隶属关系；合伙律师事务所的合伙人按照合伙形式对该律师事务所的债务依法承担责任；律师事务所应当按照有关规定统一收费，建立健全收费管理制度，及时查处有关违规收费的举报和投诉；律师事务所在终止事由发生后，应当向社会公告，依照有关规定进行清算，依法处置资产分割、债务清偿等事务；律师事务所自终止事由发生后，不得受理新的业务……

可见，宋代书铺与当代律师事务所均属于民间组织，其性质上具有一致性，管理方式上也是大同小异。而当代公证处与宋代书铺相比，一公一私，其性质截然不同；如果出具证明，一个代表着国家，一个代表着民间组织；在证明力上，一个具有免证效力，一个是百姓见证人。

②宋代有专司公证的公人或环节

我国古代在部分领域契约制度中不乏强制见证的规范。到了宋代，朝廷体制内虽然没有专门的类似公证机构的设置，但事实上，现代公证的众多职能在宋代已经由不同部门分别行使，呈现公证职能主体分散化的状态。

a. 承买官差

五代后周之前就有了田宅交易亲邻优先的法律规则。宋代律令同样规定了土地买卖时的亲邻优先购买权，到了南宋又增加了宗亲的吝赎权。意思是说，凡是可以用作宅基地、坟场地的土地，宗亲和近邻都享有优先购买权，甚至享有吝赎权。“只要官府验证已给卖的土地，再不许借口可作宅基、坟地而行使吝赎权。承买官差是一种公证的行为。”[①]

b. 投印税契

宋代契约交易空前活跃，在涉及土地房产等不动产以及奴婢、马、牛、驼、骡、驴等特殊动产为标的的交易时，法律在保障交易自由的同时，还要求必须有牙保、写契人亲书押字，并经官府投印税契方为合法有效，其中“投税程序具有一定的官方公证的含义，用以防止危害国家或他人利益的行为发生”。[②] 投印税契的盖章系公证行为。

c. 检视投印

宋代对契约的格式有统一的要求，契约的内容要写明田地的四至、亩数、价钱以及交易时间，地契上要有卖方、中人的签押。关于田地的四至、亩数，法律要求应当委请官方勘验。法律还明确规定，田地不允许无偿买卖。比如根据“陈五诉邓楫白夺南原

---

① 孔庆明、胡留元、孙季平编著：《中国民法史》，吉林人民出版社 1996 年版，第 437～438 页。

② 詹爱萍：《国家公证、民间私证的空前活跃时代》（上）“中国封建社会的证明制度（三）”，载《中国公证》2007 年第 1 期。

田不还钱案”，判曰：“……邓楫又购买方某田亩位于陈五门前，陈五以南原祖业田与邓楫两相贸易，实为以物易物。无价钱贸易田产，于法不许。然彼此各立卖契，互有价钱，凭此投印，亦可行使。”① 投印见证，成了可执行公证。

d. 官经公凭、经官投印

宋代法律规定，立契付钱后，不动产所有权转移的买卖双方必须经官府承认，交纳契税，然后由官府在买卖契约上加盖印章。立契必须经官府加盖印章画押，其目的在于收税，投印也有完税公证的意义。红契既是已纳税的标志，又是对买卖契约合法性的确认，具有公证的含义。

e. 立市券

宋代除田宅等不动产外，一些重要的动产的交易，也要求立契。动产交易时都必须立市券，市券由代表官府专门管理市场的市司发给，这种市券是交易物品的证明，也是交易双方权利义务的约定，立市券虽然也主要是为了缴税，但立市券的法律程序和证明作用具有公证的意义。

f. 招投标、拍卖检视

宋代法律规定，官有田地的买卖、租佃过程中采取投标和拍卖唱价的方式进行，购买者自愿报价承买，密封投状，由官府现场检视各投状报价，按最高价格出卖。拍卖也有同样程序，诏曰“诸路委漕臣一员，将管下应干系官田土，并行措置出卖……限一月召人实封投状请买，仍置印历抄上承买人户先后资次姓名，限

---

① 孔庆明、胡留元、孙季平编著：《中国民法史》，吉林人民出版社1996年版，第432～433页。

满当本官厅拆状区画，所着价最高之人，卖到钱数申取”[1]，现场监督检视并当面拆状的作法，与现代招投标现场公证监督极为类似。

g. 遗嘱公证

宋代的继承制度较为完善，正常的宗祧继承无须见证，一般遗嘱继承自书或者书铺代书即可。但是，对于户绝[2]资产的继承有特别的法律设计。宋代遗嘱继承仅限户绝等特殊情况为前提条件，并且遗嘱继承人被限定在本宗和五服缌麻以上亲属的范围内。但是，允许采取立公证遗嘱的方式处分户绝资产的继承权。宋代遗嘱应由官府进行公证，或由族众进行见证，否则即视为所立遗嘱无效；还规定遗嘱的诉讼时效为十年，在此期限内，与遗嘱有关的人如不行使其权利，过期不理。

h. 追证会实

宋代官府审案开庭前有受理与追证程序。一般先由投状人投状（投牒），官府对于收上来的讼牒进行审阅，决定是否受理。官府受理后要进行追证，有专门官差，如县尉、主簿、保正负责追查相关的证据、实地勘验，确定有关证据、事实，称为“追证会实”。类似于现今公证固定相关证据的过程，以备庭审时直接使用。

i. 官府代为保管遗产

宋代国际贸易较为发达，死亡客商如有随行之人，相随之人应持官府的公证文书前来收认继承；如死亡客商无一人相随，则

---

① 建炎二年（1128年）。

② “户绝”即指无男性子嗣之户。

先由官府保管，并通知其原籍追访亲属，待继承人前来认领，依数酬还。这类似于现代公证机构的代为保管遗产之业务。

以上这些官府的证明，以及书铺的文书核验和代书行为等，均含有不同程度的现代公证业务的印迹，都很难与公证画上等号，一些可以画约等号。1946 年，我国第一份公证书由哈尔滨市地方法院推事李厚生做成，当时公证事务由法院内设部门办理。现在的公证事务，主要是从法院功能中分离而来的。

有公证行业的业内人士认为，大陆法系的公证制度是法官让渡权力给公证人的产物，更是司法裁判权将非讼职能授权公证人行使的产物。因此法院每一次调整自己行使权利的范围或方式，都可能对公证制度带来颠覆性后果。客观上，无论是欧洲大陆法系国家公证还是中国公证，都遵循了这一逻辑。

所以笔者认为，作为社会中介服务组织的宋代书铺，在帮助官府服务诉讼当事人或鉴定、检验等，当事人付费、官府采购，与宋代书铺最相类似的现代组织机构，律师事务所远胜于公证机构。而为了监管交易税收、监察无主财产等事关国家财产增损的见证岗位，大多数由官吏充当，与现代的公证相当。

2. 我国古代驵侩、牙人等成为法定中介见证人

唐、宋的商品交易繁荣景象与当今的市场经济已经较为相似，人们的法律意识、证据意识普遍增强，法治文明更是举世无双。其中，中介见证人的证明法律制度发挥了重要作用。

（1）驵侩、牙人行业

驵，指壮马，骏马。侩，指以拉拢买卖，从中获利的人。两

者合二为一即成“驵侩”，亦称“驵会、驵阓、驵狯”。驵侩本指马匹交易的中间人，后泛指经纪人、市侩。驵侩、牙人、牙郎、经纪、捐客等为古时不同时期交易中介人的称谓。在西周时期，这种人称为“质人”，到西汉时称作“驵侩”，在唐以后才逐渐普遍称为“牙人”。随着唐时经济贸易的迅速发展，还出现了对于牙侩业的管理机构牙行。到了宋代，驵侩、牙人已经非常发达，专门负责贩卖人口的中间人称“人牙”，买卖田宅邸店的中间人称“庄宅牙人”，同外国进行商贸往来的中间人被称为“舶牙”或“船牙”，甚至还出现了女人从事牙人的行业，称为“牙嫂”或“牙婆”。宋代牙行不但成为稳定的中介行业，更成为政府税收的一项重要来源。明代牙行分牲畜牙行、农产品牙行、丝绸布匹等手工业品牙行，还分离出包揽水运雇船的专业牙人，称“埠头”。

古时见证人并非完全是纯粹的、单一的证明者身份，经过古代制度化催生出来的“中人现象”，中人也有称其为“中保人”的，既是中人、见证人，又是保人，起着证明和担保的双重作用。牙人基本上就是中保人，集居间、证明二元职能于一身，而见人、中见人等则多认为属于较单一的见证人身份。中保人虽然是为双方担保的，但与现代担保人也不同，现代担保人是为一方担保的，为双方担保的中保人只承担部分必要的赔偿责任，一般不承担连带责任。由此可以窥见，古代中国法律证明制度体系已经相当完备、相当发达。

古代对牙人的任职资格也有相应的法律规定，到了宋代甚至制定有《牙保法》。法律对牙人的经营范围、行为标准都有明确规定，出榜公示，广告乡里。

由于牙人多数狡猾，牙行也掺杂着欺行霸市、欺诈哄骗、钻营渔利、收取高额佣金、损害交易双方利益等危害行为，社会主义新中国没有延续牙人制度，代替牙人的商业中介组织主要有各种交易所、贸易公司、信托公司、经纪人、房产中介、婚介所等，其证明责任现为公证、律师见证、明星代言等分担。

（2）驵侩、牙人的见证

牙人在经营时，除了自身有过硬市场行情把握、充当度量衡作用之外，更为重要的是能够有让人信得过的信誉和人格魅力。正是因为有驵侩、牙人，保持交易的相对公平，取得买卖双方的认可，才使得可以进行赊买，从而加速了商品的流通速度，进而使商业得到更进一步的发展。

在宋代，由第三人参与订立书面契约的很普遍，为证明、监督契约双方的履约，一些特定交易契约的订立法律规定必须通过居间人方可进行，以便在遇有经济纠纷时，牙人可作为重要人证。在交易过程中，为了保证交易的稳定，对不动产交易进行登记，牙人还成为契约关系成立的见证人，似乎当时法律也要求见证人需两人以上。因此，牙人的签字又有证明的作用。

从敦煌发现的一件索黑奴租佃契可以看出，民间私田租佃所立契约，契约要素包括立契时间、租地人、租地缘由、所租田地坐落四至、亩数、价钱以及履约保证、违约赔偿等项内容，契约由田地承租当事人单方签字画押，出租方则无须签押。因为是私有田地的租佃，官府采取“任依私契”“官不为理”的态度，故见人（牙人）见证即可，契约生效。

3. 中国近代的代书与讼师

近代各朝代法律对代书的规范都相对较为健全，元、明也存在有官吏代书的不同历史阶段。但与公开的代书相比，讼师一直是官府严厉查禁的，却是代代相传，屡禁不止。

（1）近代的代书

古代一直沿袭着代书行业。前文宋代书铺就是其中的一种。

元代官府对书状人与书铺的一些职责作了简要规定。元代的书状铺也同样须得到官府的许可才可以营业，明确规定书状铺必须先分析案件是否值得提起诉讼，即所谓“应告”“不应告”，然后决定是否代笔，进一步提高了书状人动笔的门槛和监管责任。

自明至清，无从考证书状铺职业何时改称为了“代书”。明朝初年，规定了诉状的专责书写人，后改为民间代书见证。清朝代书，后改为“官代书”。官代书也需经官方考试录取，由衙门颁发印章，主要以为人据实写状见证营利。当事人呈交的状纸须由通过考试获得代书资格的官代书抄写及核查，并盖上衙门颁发的戳记，由衙门验明，方可收受，同时谨防挑词架讼。清代的官代书，与宋代书铺具有异曲同工之处。

官代书制度的设置，弥补了清朝诉讼制度的不足、协助清代衙门有效减少过多的诉讼、提高衙门的审判效率。官代书还有一个主要目的，在于努力去除讼师行业。官代书的工作性质似乎是当时的庭前立案审查机制，见证诉状内容的真实性，成为协助公权力运作的工具。

官代书一方面发挥着去除讼师的作用，另一方面官府也时刻防范着官代书的唆讼行为。甚至有人认为，讼师是非法的官代书，官代书是合法的讼师。

（2）讼师

宋代民间善讼之风初见端倪，出现了各种身份的助讼之人，逐渐形成了一种专门教人打官司的学问与职业人士，这就是“讼学”与“讼师”的起源。学界一般认为讼师出现在宋代，其活动需要得到经济、法律、文化三方面条件的支持。而且，三个条件缺一不可。因此，在宋代，存在着一个与老百姓的物质利益密切相关的群体和职业，尽管对其称呼不一，他们的出身也不全然一致，但他们都有一个共同的特点：有一定的文化、通法律、晓官府事务，且帮助当事人，以诉讼为生业，从中收取一定的费用，他们非官非吏，而是民，这个群体就是“讼师”。[①]

由于儒家文化崇尚无讼之和谐，以至讼师一类的职业或行为，在古代中国一直是为人们所鄙弃的，讼师常被蔑称为“讼棍”，致使始终处于地下活动，始终是官府打压的对象。早在春秋时期的邓析，就是因教人诉讼，并收取代理费用，最后竟因此“罪行”而被判了死刑。古代中国一直到清末，正是因为社会文化氛围对无讼的执着追求，尽管历朝历代都有部分人不时对讼师有所需求或依赖，导致讼师只能游离于体制之外，处于地下活动的尴尬境地，造成了一直没有律师出现的结果。

讼师虽然是为当事人提供法律服务的，但就身份而言，讼师、

---

① 陈景良：《讼学与讼师：宋代司法传统的诠释》，载《中西法律传统》（第1卷），中国政法大学出版社2001年版，第220页。

代书、师爷、刑名幕吏[①]之间并非是静止隔绝的，相反这些职业之间有着很大的流动性。

在清朝台湾淡水厅、新竹县与台北府城三地档案的近3000份民刑事诉状统计中，只有1%的诉状是由官代书独立制作而成，80%以上的诉状都是由官代书根据当事人带来的成稿或草稿而写就。这些自来稿基本都是由讼师事先写好的送到官代书那里誊写，再"用个戳记，三十文大钱就递了"。[②] 有资料显示，1849年被武汉当地官府捉拿到案的黄姓讼师两年时间里在大约100起民事讼案中为人代写词状，冯姓讼师则每年代写40～50份民事词状。由于讼师为中国历代主流文化所排斥，讼师作用又与现代律师相似，导致我国褒义词库至今都很少有形容律师好作用的词汇，而贬义词库却积累了丰富的词源，当对律师负面报道时，从来都不会出现词穷不接。

历史资料显示，同样一份代书业务，讼师的收入要普遍高于代书（书铺）的五倍以上，每任知府、知县上任又大多会废黜前代书而重新招考一批新代书，一些原代书便会借此弃考转到讼师行业。有一部分讼师掌握了祖传"功夫"，收费相对更多。

因为讼师没有官府颁发的代书印章，又为规避追查不能在代书诉状上暴露自己的真实名氏，所以尽管代书了社会上较大比例的诉状，但讼师的"第一手"诉状在形式上都没有任何见证意义。相反，代书誊写后盖个戳记就可以进入诉讼程序，从这·意

---

① 所谓"刑名幕吏"，是指在国家各政府部门、衙署中协助主管官员办理诉讼案件的书吏和幕友，其对实际司法进行控制和操纵。

② （清）李绿园：《歧路灯》（中册），栾星校注，中州书画社1980年版，第673页。

义上说，代书多半是证明具状人书状真实性、合法性的见证人。

时过境迁，从宋代书铺的见证业务来看，代书 + 见证、法庭陈述 + 见证，已经被现代的诉讼代理活动所覆盖；文书真伪识别 + 见证，已经纳入了专业的司法鉴定范畴；证婚人 + 见证，已经被可以通过互联网查询的婚姻登记所替代；公务员考试、法律职业资格考试等各种考试，再也不会完全依靠人眼识别考生身份了……需要见证人见证的事情减少到了某个环节，许多古时见证业务已经在现代社会中消失，社会中介服务业重构、细化，公证、见证和其他私证业务的融合发展是现代证明制度的发展方向。

二、国外见证、公证的历史与发展

中华文明博大精深、源远流长，中华民族的法治文明也曾经灿烂辉煌，形成了特有的法治文化价值体系，其中证明制度体系在止争息诉方面的作用也是空前绝后的。然而，现行的见证、公证法律制度几乎全部是借鉴国外法律创建起来的。我们既要师夷之长技，更要科学总结和发扬特有价值的五千年中国古代庞博的法治文明，见证、公证法律制度的建设完善务必要根植于自己的文化传统之中，这正是中华民族伟大复兴中国梦的应有之义。

1. 国外见证、公证历史起源于古罗马

国外的见证（私证）、公证历史起源于古罗马西塞罗时期的“诺达里”（Notarius）制度，“诺达里”是自由人或者是受雇抄写文件、记录简短的指令和其他从属性任务的奴隶。他们的一项工作内容是为他人起草契约及其他私文书，然后盖上法院印章，使

其取得公文书的法律地位，故被认为是公证的起源。在罗马共和国末期，一批专职代书人“达比伦”（Tabellions）逐渐取代了“诺达里”，专门从事法律服务，帮助当事人代拟各类法律文书，并在代写的文书上签字作证明。“达比伦”被公认为是现代公证、律师见证等证明制度的起源。

“达比伦”这种代书人制度的主要表现有：（1）代书人必须专职从事代书职业，不得兼任国家或私人的其他任何职务；（2）代书人虽为自由职业者，但必须接受国家的监督；（3）代书人除特殊情况下可在其他场所办理代书业务外，一般都必须在国家的事务所从事代书；（4）代书人所拟订的文书，只有经法院审查确认并作记录后，才发生效力，成为无争议的文书。[①]

从第4项表现看，因为我国公证本身具有免证效力，古罗马“达比伦”代书人制度更像是中国律师见证和英美法系国家律师公证人见证，需要经法院审查确认后方能成为无争议文书。

2. 源于法国民法典的近代公证法律制度

在外国近代史上，公证、律师见证法律制度在大陆法系、英美法系两大法系都有丰富的发展成就，是我国见证、公证法律制度建立的主要渊源。

大陆法系国家公证制度一般以事实公证为主，法定公证制度比较健全，公证书具有法律效力，通常信奉公证人本位主义。许多大陆法系国家都规定了非常丰富详尽的公证法律制度体系，我

① 周木丹主编：《罗马法学》，法律出版社1998年版，第178页。转引自张文章主编：《公证制度新论》（第3版），厦门大学出版社2008年版，第34页。

国也是成文法国家，从法律文化传统来讲，我国的公证制度与大陆法系国家的公证制度更为接近，正因如此，大陆法系是我国公证法律研究学者所热爱追踪和进行比较的样本。大陆法系国家的公证中虽然以律师见证数量占大多数，但以“律师公证人”的专门规定却较少，多数以私人公证人或律师公证人的形式规定在公证法律制度框架体系内，或是成为公证制度的主体，或是以弥补公共公证机构力量的不足。其他见证只能算是普通证人，也有少部分国家规定有特殊证人，如有的国家规定要在户籍官员面前完成，户籍官员就是特殊证人。

（1）法国

法国在 14 世纪时，大部分乡镇都设有一名公证人，负责立遗嘱和在文书契约上加盖国王印玺。那时，公证掌握在权贵手中。

1803 年法国颁布了有史以来的第一部公证法典——《法国公证法》，不仅奠定了法国现代公证法律制度的基础，也对大陆法系国家，甚至全世界公证制度的建立产生了重大且深远的影响。1804 年诞生的拿破仑民法典所设定的众多公证事项，尤其是法定公证事项，是目前全世界借鉴参考最多的证明法律制度设计。不但拉开了民法典设置法定公证制度的序幕，更是引领着大陆法系绝大多数国家在民法典上确立这一制度。随着世界经济贸易的不断融合，大陆法系国家公证制度的陆续建立，像英国等英美法系国家的律师见证也都有所效仿改进，律师兼职公证人的现象也就出现了。

法国政府 1945 年又颁布了《公证机关条例》，与《法国民法典》《法国公证法》《民事诉讼法》等形成了一套较为完整的公证法律体系，公证的业务范围、公证人的法律地位、公证的效力、公证的损害赔偿等公证制度中的重要问题均被涵盖其中，不但证明力超强，极具权威性，同时也让其他国家难以望其项背。

《法国民法典》[①] 第36条规定："在有利害关系的各当事人均无需亲自到场的情况下，得以经公证的特别委托书委托他人代理之。"第931条规定："载明生前赠与的任何证书，均应按契约的通常形式在公证人前作成；原本应留在公证人处，否则，赠与契约无效。"第1582条规定："买卖得以公证文书为之，或者以私署文书为之。"第1601－1条规定："不动产的所有权转让，依公证文书确认不动产完工而当然发生。所有权转移之效力追溯至买卖成立之日。"第1743条规定："如出租人出卖出租物，买受人不得辞走已订立经公证或规定有确定期日的租赁契约的土地承租人、佃农或房屋承租人。"第1750条规定："如租赁契约不是以公证文书作成，或者未规定确定的日期，租赁物的取得人不负担任何损害赔偿。"这几条规定，主要是特别保护公证租赁权人的利益。第1866条规定："公司（合伙）股份得为质押标的。此种质押或者以公证文书签订，或者以私署文书签证，并通报公司（合伙）或者由公司（合伙）以公证书接受之。"第2075条规定："在以无形动产设立动产质权时，例如以动产债权设立质权时，合法登记的公证文书或私署文书应送达已用于设立质权的债权的债务人或者应由该债务人以公证文书接受之。"第2127条规定："约定的抵押权，仅得在公证人二人面前，或者在公证人一人与

① 《法国民法典》，罗结珍译，中国法制出版社1999年版。

证人二人前，以经过公证的证书设立。”第 2213 条规定：“强制出卖不动产，仅得依据经公证的、可执行的证书，就确定的、已算清的债务请求之。”

在婚姻家庭类公证方面。《法国民法典》第 305 条规定：“夫妻双方自愿恢复共同生活，即结束分居。为使夫妻双方恢复共同生活能对第三人产生对抗效力，自愿恢复共同生活应当以公证书确认，或者应向户籍官员作出声明确认。”第 335 条规定：“对非婚生子女的承认，得以由户籍官员作成的文书，或者以其他经公证的任何文书，在该子女的出生证书上为之。”第 1394 条规定：“夫妻间的所有财产协议，均应在公证人前，有订立协议的诸当事人或他们的委托代理人在场，并均表同意的情况下作成。”第 1450 条规定：“夫妻双方得在离婚诉讼期间订立清算分割共同财产的任何协议。此种协议应以公证书作成，但夫妻双方共同提出离婚请求之情形，不在此限。”第 1861 条规定：“在夫妻二人同时为公司（合伙）成员之场合，其一人向另一人转让股份，为生效力，应以公证文书实现之，或者除让与人死亡外，以署明确切日期的私署文书实现之。”

在遗产继承公证方面。《法国民法典》第 778 条规定：“接受遗产得为明示，或者默示。以公证文书或私署文书接受继承人的身份或资格时，为明示接受遗产。”第 815 - 11 条第 2 款规定：“在没有其他证书的情况下，每一共有人在共有财产中的权利，依公证文书产生，或者依公证人制定的财产清册的前言确定之。”第 827 条规定：“若不动产不能按照本法典规定的方式很方便地进行分割或分配，应在法院以拍卖方式进行出卖。但是，各方当事人如均已成年，得同意拍卖在公证人前进行。公证人由当事人一致同意挑选之。”第 854 条规定：“对死者与其继承人之一并无欺诈行为而成立的合伙，在其系以公证文书确定时，合伙财产无需返还。”第 969 条规定：“遗嘱得自书作成，或者以公证书或密封件的形式作成。”第 1007 条规定：“凡是自书遗嘱或密封遗嘱，在其付予执行之前均应交至公证人之手。”

《法国民法典》除了法定公证事项空前丰富并被广泛认可以外，其引领作用也很强大。比如即便仅规定“买卖得以公证文书为之，或者以私署文书为之”，合同交易并没有规定必须公证，但由于公证证书具有强制执行力，实际上凡是涉及房屋等不动产买卖的，一般都会寻求公证保护。

自《法国民法典》1804 年施行之日起，不仅在法国国内影响深远，原属法国统治的一些附属国中，如比利时和卢森堡等，一直到现在仍然沿用该法典。《法国民法典》在法国的某些前殖民地国家或地区中也被直接或间接地照搬，例如加拿大魁北克省现行的民法典，部分以该法典为基础，部分以《巴黎习惯法》为基础；美国的路易斯安那州自 1825 年起在作了若干修改和补充后也采用了该法典。

《法国民法典》对其他各国的影响力也不可小觑。例如，1838 年的《丹麦民法典》是依据该法典制定的，1940 年的《希腊民法典》也是仿照该法典编制而成的。还有很多国家的民法典在编纂时或多或少地受到了该法典的影响。如 1855 年的《智利民法典》、1867 年的《葡萄牙民法典》、1869 年的《阿根廷民法典》、1889 年的《西班牙民法典》、1896 年的《德国民法典》、

1907 年的《瑞士民法典》、1916 年的《巴西民法典》等。

值得一提的是，现在法国的公证人是自由职业者，法国没有另行设置律师见证制度。1945 年法国《公证机关条例》就规定，公证人是公务助理人员，不领取国家薪金，实行个人或合伙开业。1967 年颁布法令又进一步准许公证行业合伙制，法国公证人成为完全的自由职业者，公证事务所也完全由公证人出资兴建，分为个人公证人事务所、合伙型公证人事务所和公证公司三种形式，公证人自负盈亏并承担经营风险，公证人甚至可以在法律许可的范围内指定自己的继任者。可见，除了任职门槛比较高以外，法国公证人制度已经向中国宋代书铺方向发展，在行业管理上已与我国现在的公证行业有了明显差别，法国公证制度与我国律师见证越来越趋于一致，这些都是我国在证明制度完善方面值得思考和研究的。

（2）德国

《德国民法典》于 1896 年制定颁布，生效于 1900 年 1 月 1 日。《德国民法典》上的公证事项设置算是扬《法国民法典》之所长，补其所短，极具开创性。《德国民法典》以及《德国公证人法》《德国证书法》《公证程序规则》《公证人执业条例》等法律，共同构成了德国公证制度的运作体系。

《德国民法典》[①] 规定，转让土地合同必须做成公证证书；转让财产或设定用益权负担合同必须做成公证证书；与法定继承不一致的遗嘱继承或特留份额继承合同必须做成公证证书，并在双

---

① 《德国民法典》（第 4 版），陈卫佐译注，法律出版社 2015 年版。

方当事人同时在场的情况下订立；继承合同撤销的表示必须做成公证证书；赠与合同必须将约定做成公证证书。

在婚姻家事方面。《德国民法典》规定，解除婚姻补偿或非均等分割协议必须做成公证证书；夫妻财产合同必须在双方当事人同时在场并由公证人记录的情况下予以订立；晚辈抛弃长辈直系血亲遗留下来的共同财产，“可以以与生存配偶和其余享有部分权的晚辈直系血亲订立的合同为之，该合同必须做成公证证书”；在离婚发生既判力之前，离婚以后的扶养义务做出约定必须做成公证证书；收养子女的允许必须向家庭法院表示，该表示必须做成公证证书；废止收养申请必须做成公证证书；关于确定婚姻姓氏的表示应在结婚时做出，该表示系后来做出的，它必须进行公证认证。

涉及遗产继承方面的还有进一步的明确规定。《德国民法典》第 2003 条规定，①根据继承人的申请，遗产清册的官方编制由遗产法院所托付的一名公证人为之。遗产法院的职责系依州法托付给公证人的，有管辖权的公证人必须自行编制遗产清册。遗产清册期间因申请的提出而被遵守。②继承人有义务答复对于编制遗产清册为必要的询问。③遗产清册必须由上述公证人递交给遗产法院。

对于遗嘱废止继承合同的，《德国民法典》规定，继承合同的一方同意另一方以遗嘱方式废止继承合同，“同意的表示必须做成公证证书；该项同意是不可撤回的”。

向遗产法院申请继承证书的，《德国民法典》规定，“必须以公证书证明”被继承人的死亡时间、其继承权所依据的关系，以及会使申请人被排除在继承之外或使其应继份减少的人的出缺及其以何种方式出缺等情况的正确性。

对遗产的拒绝，《德国民法典》规定，以对遗产法院的表示为之；该表示必须以遗产法院的记录或公证认证的形式做出；遗产拒绝的意定代理人，必须有经公证认证的授权书；某项处分对于适当的管理，特别是对于遗产债务的清偿是必要的，而该项处分系前位继承人不能以对后位继承人的效力做出的，后位继承人对前位继承人有义务对该项处分给予允许，该项允许必须根据请求以公证认证的形式表示，认证费由前位继承人负担；前位继承人必须根据请求将属于遗产的标的的目录通知后位继承人，该目录必须说明编制日期，并由前位继承人签名；前位继承人必须根据请求将签名交付公证认证；被继承人可以托付第三人确定遗嘱继承人，该项确定以对遗产法院的表示为之，该表示必须以公证认证的形式做出。

不难看出，这是想借助公证人的证书证明方式，协助国家管理民事领域的众多事务，帮助人们在民商事交往中构建信用，并使之步入规范交易、诚实有序的运行轨道。

德国的公证认证只涉及公证人对当事人的签名或画押的真实性的认证；而公证证书的做成需要由公证人把合同的全部条文做成证书，是《德国民法典》所规定的最为严格的形式。公证认证除公证人可以对表意人的书面意思表示中的签名或画押加以认证外，还可以由根据州法律有管辖权的机关或主管公务员进行认证。

德国《公证人法》规定："公证人是为了证明法律事实和预防纠纷而设置的独立的公职人员。"这一规定明确了德国公证人性质的三个要素：主体是公职人员，任期由国家规定，薪金由国家支付；独立行使职权，不受任何组织和个人的支配；主要业务和职能是，事后证明法律事实和事前预防纠纷。

德国的公证人可以分为四类：法官公证人、公务公证人、专职公证人和律师公证人。前三类公证人属于国家公职人员，是法定公证业务的主要承担者，他们在法院或政府机关内办理公证事务并收取公证费，公证费的90%自留，另外10%上缴国库；律师公证人属于自由职业承担者，他们的公证资格虽然由国家任命，却是自己运作公证事务，自负盈亏，人数比重大但公证业务量有限。[①] 专职公证人被严格禁止从事其他兼职，而律师公证人则是把公证人作为兼职工作，律师才是他们的本职。德国的律师公证人基本上就是中国见证律师，主要区别是，德国律师公证人受德国《公证人法》调整，中国律师见证的管理是参照我国的《公证法》。

德国律师公证人应聘时须年龄不满60岁，律师执业五年以上，并已在希望工作的区域内以律师为主业至少从业三年且未间断，未被当事人投诉、品行优秀的律师才可能被法院认可，成为律师公证人。律师公证人只能独立开业而不能组成合伙，公证人事务所的名称就是公证人的名字。律师公证人为非终身职务，占德国公证人总人数的80%。

（3）俄罗斯

《俄罗斯联邦民法典》于1922年制定，1923年施行。新的《俄罗斯联邦民法典》，从1994年10月开始了立法历程，其第一

---

① 一般一个专职公证人的年业务量在1400~1800件之间，律师公证人年业务量一般在325~400件之间。

部分总则、所有权和其他物权、债法总则，于1995年1月1日起生效；第二部分债的种类，于1996年3月1日起生效；第三部分继承法、国际私法，于2002年3月1日起生效；第四部分智力活动成果和个别化手段的权利，于2008年1月1日起生效。《俄罗斯联邦民法典》不包括婚姻家庭法部分，而是以单行法的形式另行颁布。《俄罗斯联邦民法典》的抵押契约公证、年金公证、继承公证等规定都独具特色。

《俄罗斯联邦公证立法纲要》《俄罗斯联邦民法典》《俄罗斯家庭法典》等法律共同构成了俄罗斯公证法律体系，有许多独到的创新，是独联体国家的示范，为世人所关注。

《俄罗斯联邦民法典》[①] 规定，抵押合同须经公证；不动产抵押执行和解协议经公证可径直抵偿，"以不动产抵押物对抵押权人（债权人）债权的满足应根据法院的判决进行。如果在发生对抵押标的进行追索的根据后抵押权人与抵押人签订了协议经过了公证，则允许不经过法院而直接以抵押的不动产满足抵押权人的债权"。

年金合同应经公证。《俄罗斯联邦民法典》规定，"年金合同应当进行公证，规定以支付年金为条件而转让不动产的合同，还应当进行国家登记"。

转委托应经公证。《俄罗斯联邦民法典》规定，"依照转委托程序授予的委托书，应该进行公证证明，但本法典第185条第4款规定的情形除外"；代理特殊人群的签字行为应经公证，《俄罗

---

① 《俄罗斯联邦民法典（全译本）》，黄道秀译，北京大学出版社2007年版。

斯联邦民法典》规定："如果公民由于身体缺陷、疾病或不识字而不能亲笔签字，则法律行为可以依照他的请求由其他公民代签。后者的签字应经公证员证明或其他有权实施该行为的公职人员的公证证明，并注明实施法律行为的人不能亲笔签字的原因。"

遗嘱应经公证成立。《俄罗斯联邦民法典》规定，"遗嘱应该以书面形式订立并经公证员证明"；接受、放弃遗产均应经公证，"接受遗产的方式是继承人向继承开始地的公证员或依法有权颁发遗产权证明书的公职人员递交关于接受遗产的申请或递交请求颁发继承权证明书的申请，继承人通过向继承开始地的公证员和依法有权颁发继承证明书的公职人员递交放弃申请书的方式放弃遗产"。

遗嘱执行人执行遗嘱应取得公证员颁发的证明书。《俄罗斯联邦民法典》规定："遗嘱执行人的权限依委托他人作为遗嘱执行人的遗嘱，并由公证员所颁发的证明书予以证明。"

由公证员负责遗产的保护和管理。《俄罗斯联邦民法典》规定：公证员在遗产保护和管理中应全程介入和监督遗产的保护及其管理。

公证机关是法定提存机构。《俄罗斯联邦民法典》规定："如果债务人因为下列原因而无法履行债务，债务人有权将其应支付的金钱或者有价证券向公证机关提存，而在法律规定的情况下，向法院提存：①债权人或者其授权接受履行的人不在债务应当履行的地点；②债权人无行为能力并且也没有代理人；③不能确定谁为债权人，其中包括因为债权人与其他人之间就谁为债权人存在争议；④债权人不接受履行或者迟延接受履行。将金钱或者其他有价证券提存给公证机关或者法院，视为已经履行债务。接受金钱或者其他有价证券提存的公证机构或者法院应将此情况通知债权人。有价证券所证明的财产权利的抵押，有价证券必须交由抵押权人占有或者提存到公证机关，合同有不同规定的除外。”

可见，《俄罗斯联邦民法典》在继承法领域的法定公证事项规定相对全面而具体。《俄罗斯联邦民法典》规定，法律行为的公证证明通过由公证员或其他有权实施这种公证行为的公职人员实施。公证人的构成并不像法国那样完全职业化和专业化，这种灵活的设置值得借鉴。在俄罗斯，对法律行为公证采取倡导和特殊保护，明确规定不遵守公证形式的法律行为一律无效。

公证在遗嘱继承方面的作用表现突出。《俄罗斯联邦民法典》规定了五种遗嘱方式：一是公证遗嘱（第 1124 条、第 1125 条），是遗嘱的主要方式。二是密封遗嘱（第 1126 条）。三是在医院、船舶、探险过程中、军队或监狱等特定情形下所立的与公证遗嘱相当的遗嘱（第 1127 条）。四是在银行当着银行工作人员面书写的银行资金权利的书面处分书遗嘱（第 1128 条）。五是在紧急情况下的自书遗嘱（第 1129 条）。其中，公证遗嘱具有最高效力，密封遗嘱也须封存于公证机构才有效，其他遗嘱均不能与公证遗嘱相抗衡。可见，我国原《继承法》规定的“公证遗嘱具有最高效力”是有出处的。

《俄罗斯联邦民法典》规定：“公证遗嘱的优先效力突出地表现在，如果遗嘱人表达了邀请公证员的愿望并有合理的可能做到这一点，拥有遗嘱证明权的人就有义务采取一切措施邀请公证员到场。此外，如果遗嘱证明人知道遗嘱人的住址，则遗嘱应通过司法机关邮寄给有关的公证员。如果这一公民的住址不明，则只要有可能就应予以转交。”①

此外，接受遗产和抛弃遗产也应经公证，其立法意图是引导当事人以向公证机关申请接受遗产方式进行继承为主，抛弃遗产也应寻求同样的法律途径。同时，《俄罗斯联邦民法典》还明确规定了接受遗产应是继承开始之日起的六个月以内。遗产之保护与管理也主要由公证员实施和监督。

俄罗斯公证员保护遗产的具体措施包括：①进行遗产清点登记。由公证员在两名见证人在场的情况下进行，同时遗嘱执行人、继承人或其他利害关系人可以在场。②遗产的特别保护。对一般遗产，法律重点关注的是现金，现金需要交存于公证员处。对外汇、贵金属、宝石和宝石制品等特殊遗产，以及不需要管理的有价证券，应由公证员与银行签订委托保管合同后，依约交由银行保管。如果公证员获悉遗产中有武器，则应将此情况通知内务机关。其他遗产，如果不需要管理，则由公证员按合同方式交由一个继承人保管，而在不可能将该遗产交给继承人保管时，可以由公证员考虑以委托合同的方式交付继承人外的合适之人保管。这些由公证员委托他人保管的遗产中可以包括商业公司的股份、专属权利等特殊财产。可以看出，在俄罗斯，公证员实际上承担了整个继承遗产的处理工作，俄罗斯的公证机构有西方国家遗产法院的诸多职能。

非常值得关注的是，俄罗斯年金合同公证具有现实意义。在

---

① ［俄］E. A. 苏哈诺夫主编：《俄罗斯民法》（第 2 册），王志华、李国强译，中国政法大学出版社 2011 年版，第 586 页。

新《俄罗斯联邦民法典》之前，永久性年金、终身年金就是俄罗斯法律的特殊规定。《俄罗斯联邦民法典》上的年金是指“意味着任何从资本、财产或者土地中定期取得的、不需要其接受人进行经营活动的收入”。根据《俄罗斯联邦民法典》的定义，年金合同是指一方当事人（年金接受人）将财产交付给另一方（年金支付人）所有，而年金支付人承担义务作为接受财产的交换并定期向年金接受人支付一定数额的金钱或者提供其他形式的生活费的一种契约。这与我国用于养老保障的企业年金是不一样的，更像是我国新推行的以房养老反向抵押保险，所以俄罗斯的相关立法是很值得我们借鉴的。

（4）日本

日本公证制度是在明治维新以后从西方引进的。日本 1886 年制定了《公证人规则》，1898 年制定了《日本民法典》，1908 年颁布了《公证人法》，1946 年对《日本民法典》亲属编和继承编进行了全面修改，2004 年对法典又进行了一次大修，2009 年至 2015 年，对债权编进行了再一次大修。现在，《日本民法典》及《公证人法》《公证人法实施规则》等法律，构成了日本公证法律体系。

在债权方面，《日本民法典》[①] 规定：“以因事业而负担贷款债务为主债务的保证契约或者包括于主债务范围内因事业而负担贷款等债务的最高额保证契约，欲成为保证人的人非于该契约订立日前一个月内作成公证证书，表示履行保证债务的意思，不发

① 《日本民法典》（2017 年大修版），刘士国、牟宪魁、杨瑞贺译，中国法制出版社 2018 年版。

生效力。前款公证证书的作成，应当遵从下列方式。①欲成为保证人的人，按以下 a 或 b 列举的契约的区分，分别向公证人口述 a 或 b 规定的事项：a 保证契约（除 b 列举的事项外），对主债务的债权人及债务人、主债务的本金、主债务的利息、违约金、损害赔偿及其他从属于主债务的所有债务的约定的有无及其内容，主债务人不履行其债务时，对该债务的全额有履行的意思（欲成为保证人的人欲与主债务人连带负担债务时，无论债权人是否对主债务者进行了催告，主债务人是否能够履行其债务，或有无其他保证人，对其全额有履行的意思）；b 最高额保证契约，对主债务的债权人及债务人，主债务的范围、最高额保证契约的最高额有无约定本金确定日期及其内容，债务人不履行其债务时于最高额限度内对本金确定日期或者第 465 条之四第 1 款和其或者第 2 款和其所列的事由及其他确定本金的事由发生前应该发生的主债务的本金及主债务的利息、违约金、损害赔偿及其他从属于主债务的所有债务的全额有履行的意思（欲成为保证人的人欲与主债务人连带负担债务时，无论债权人是否对主债务者进行了催告，主债务人是否能够履行其债务，或有无其他保证人，对其全额有履行的意思）；②公证人记录欲成为保证人的人的口述，并将该记录读给欲成为保证人的人听，或者使其阅览；③欲成为保证人的人承认笔记正确后，签名、盖章。但是，欲成为保证人的人不能签名时，公证人可备注该事由而代替其签名；④公证人备注其证书按前三项列举的方式作成，并在其上签名，盖章。前两款的规定，不适用于欲成为保证人的人为法人的情形。”

对保证公证书的作成方式，《日本民法典》规定：“欲成为前一款保证契约或者最高额保证契约的保证人的人为失语者的情形，其应当在公证人面前，按同条第 2 款第 1 项 a 或者 b 所列契约的区分，通过翻译人员的翻译陈述 a 或者 b 规定的事由，或者以自书代替同项的口述。此情形适用同款第 2 项的规定时，同项中的‘口述’替换为‘通过翻译人的翻译陈述’或者自书。欲成为前条第 1 款保证契约或者最高额保证契约的保证人的人为失聪者的情形，公证人可将同条第 2 款第 2 项规定的笔记内容通过翻译人员的翻译传达给欲成为保证人的人，以代替同项的读听。公证人依前两款规定的方式作成公证证书时，应当在该证书上备注其意旨。”

在继承方面，《日本民法典》规定：“遗嘱，须以亲笔证书、公证证书或者密封证书的方式订立。但是，允许以特别方式订立的情形，不在此限。以公证证书订立遗嘱时，须遵从下列方式：①两个以上的证人见证；②遗嘱人向公证人口述遗嘱意旨；③公证人记录遗嘱人的口述，并将记录读给遗嘱人及证人听，或者让其阅览；④遗嘱人及证人承认记录正确后，各自在记录上签名、盖章。但是，遗嘱人不能签名时，公证人可以附记该事由而代其签名；⑤公证人附记该证书依照前四项的方式作成，并在证书上签名、盖章。”

《日本民法典》对公证遗嘱之特别规定：“失语者以公证证书订立遗嘱的情形，遗嘱人须在公证人及证人面前通过翻译人的翻译申述遗嘱意旨，或者以自书代替前条第 2 项的口授。此情形适用同条第 3 项的规定时，同项的‘口述’替换为‘通过翻译人的翻译申述或者自书’。前条的遗嘱人或者证人为失聪者的情形，公证人可以通过翻译人的翻译向遗嘱人或者证人传达同条第 3 项规定的笔记的内容，以代替同项的读听。公证人依前两款规定制作公证证书时，须将其意旨附记在证书上。以密封证书订立遗嘱时，须遵从下列方式：①遗嘱人在其证书上签名、盖章；②遗嘱人将其证书密封，以证书中所用印章在证书上加盖封印；③遗嘱人在公证人一人或者证人两人以上面前提交密封证书，并申述其为自己的遗嘱书，执笔人的姓名及依据；④公证人将该证书提出的日期及遗嘱人的申述记载在封面后，遗嘱人及证人一同签名、盖章。”

《日本民法典》规定了密封遗嘱，又称“秘密遗嘱”，是指遗嘱人将其秘密作成的遗嘱密封后，指定二人以上的见证人，经公证人认证的遗嘱形式。早在古罗马时期，密封遗嘱即已萌芽，大陆法系多数国家都承认密封遗嘱并将其设立为法定的遗嘱形式之一，如法国、日本、阿根廷、葡萄牙、俄罗斯、韩国、荷兰及我国台湾地区等。我国各地遗嘱库都非常受追捧，但只是遗嘱保管，可以借鉴密封遗嘱的相关法律制度进行立法规范。

3. 英美法系国家的律师公证人见证

与大陆法系各国为实现国家对重大经济活动和公民的重要法律行为的适度干预的目的不同，英美法系国家奉行“私权自治原则”，政府在经济上实行自由主义和不干预政策，所以公证制度的设计也就较为自由松散，属于弱势公证，其公证没有大陆法系国家“准司法制度”之强势。正是由于制度设计理念的不同，两大法系的公证制度在公证原则、公证证明形式、公证效力、公证人任职条件、公证作用等方面都有着很大的区别。

由于英美法系公证采用的是形式公证，见证行为相对简单，所以法律规定见证收费较低，公证人不可能以此谋生，英美法系国家公证人大多数由律师兼任，甚至在美国有的州规定可以由品德良好而毫无法律背景的 18 岁以上的公民担任。

普通法系国家受证据法言词证据原则和传闻证据规则的影响，公证文书本身属于传闻证据，其证据效力被认为是有缺陷的，除非公证人被传唤作为证人并言誓作证，否则该公证文书不能在诉讼中作为有效证据使用。

受到大陆法系国家公证制度蓬勃发展的影响，英美法系国家也有一些显著的变革，比如有的规定审判机关和行政机关也成为行使公证权的主体。但是，英美公证制度仍然没有得到规模性的发展。在许多英美法系国家，公证制度呈现分散、零碎状态，如美国公证制度属于州立法权的范围，并不存在一部全国统一的公证立法。英美法系国家公证活动与律师的业务紧密结合，大部分公证人均由律师兼任，经律师见证后的法律事实或法律行为的效力相当于公证，具有国家认可的法律效力，这和英美法系国家的具体国情和律师在这些国家中的社会地位息息相关。英美法系国家公证制度一般只局限于形式审查，仅能证明当事人签名的真实性，见证书不具有法定证据力，一般不能证明文书内容本身的真实性，更不具有强制执行力。从证明主体、证明效力上来看，英美法系国家公证人并不同于我国的公证员，更与我国见证律师相似，我国律师见证需要对见证事项真实性进行审查，而英美法系国家公证人大多还不需要实质性审查，中国律师见证的法律要求相对更加严格。

（1）英国

英国虽然两百多年前就颁布了《1801 年公证人法》（The

Public Notaries Act 1801)，但在此后的相当长的历史时期内，英国的“斯克莱温公会”垄断了在伦敦及其周边地区进行公证执业的权力。尽管英国《1995 年民事证据法》(Civil Evidence Act 1995) 规定了包括公证文书在内的一系列书证为“具有自我证明效力”的文件，实践中英国法官对于公证文书的态度改变仍然不明显。直到《1999 年接近正义法》(The Accessto Justice Act 1999) 的颁布，这种情况才得以改变，伦敦及其周边地区的公证业务才开始对所有公证人开放。

在英国历史上出现了多种类型公证人，包括普通公证人、地区公证人、教会公证人和在英国海外地区进行业务的公证人，都要受到教会的管辖。此外，还存在一种在威尔士开业的公证人，这类公证人执业活动受法院管辖，公证人由大法官办公厅所辖皇家书记官所指定，并且只有已获开业许可的诉状律师方可提出申请。英国《1990 年法院与法律服务法》(Courts and Legal Service Act 1990) 对公证人除规定了可以收费的权利以外，基本上未见有法律明文保障，英国公证制度更多规定的是公证人的义务。

第一，公证人非任意拒绝见证义务。获得公证是当事人的一项固有权利，规定公证人不得随意拒绝当事人提出的公证申请。同时，许多法律都规定了取得公证证明是法律行为成立、生效或者对抗第三人的必要条件。英国之所以说“不得随意”拒绝，实际上是给公证人留有一定的自由裁量权，如果公证人有适当理由则有权拒绝见证。

第二，公证人负有回避义务。英国《2001 年公证人职业规则》规定，公证人不得在任何涉及其利益的事项中担任公证人，公证人在其执业过程中不得从事任何损害或可能损害其独立性或中立性的行为。尽管公证不同于诉讼，但在大陆法系国家公证制度中，公证被看作一种重要的准司法行为，对公证人的独立性和中立性都规定有严格的义务。英国公证立法也同样规定，公证人不得参加与自己和亲属有利害关系或其他关系的见证。

第三，公证人亲自办理见证义务。一旦接受当事人的委托，公证人就不得再委托他人就该事项进行见证，包括委托给其他公证人，否则将受到处罚。不过，英国公证立法也规定：如果这种转委托确实发生且被授权的他人也是公证人，则公证书仍然是有效的——这主要是基于保障当事人权利的考虑。

第四，公证人记录见证行为义务。英国《2001 年公证人职业规则》规定，任何公证人均负有适当记录其所为之见证行为并保留此类记录的义务。这主要是为了保障见证程序的合法性，并为事后的审查提供依据。专业资格审查委员会和有利害关系的当事人都可以随时调阅相关见证程序的记录，核实其准确性。

第五，公证人保密义务。为了保障当事人的隐私权或商业机密，规定公证人负有保密的义务。在立法中，英国通过控制见证程序的参加人数、公证文书发放、档案管理等诸多具体公证制度的设计，最大限度来保障见证程序的保密性。

第六，禁止公证人与非公证人分享见证收费。英国《1990 年法院与法律服务法》规定，坎特伯雷大主教下属的执业资格办公室主事有权制定有关规则，禁止公证人与非公证人共同设立非法人组织，或限制此类行为。

第七，公证人谨慎见证义务。在见证过程中，见证行为往往对法律关系的存续或当事人的权属产生重大影响，“公证人必须运用其他人在从事自己事务时所运用的合理技能并履行通常的注意及勤勉义务”。[①] 根据英国的判例法，如果公证人违反勤勉义务，则应当基于合同关系向当事人承担违约责任。但必须注意的是，公证人承担责任的范围并不及于受到损失的第三人。

与大陆法系国家不同，英国对公证文书的证据效力并不是完全承认的。在司法判例中，既有承认公证文书的证据效力的情形，也有否认公证文书的证据效力的情形。造成公证文书的证据效力不确定的缘由，可以归因于英国法院在公证文书证据效力立场的影响，根据言词证据原则，除非特殊情形外，证人都有义务在经过宣誓以后如实陈述他所直接感知的与争议事实有关的全部情况，但证人如果拒绝宣誓，证言则不会被采纳。而根据传闻证据规则，不属于原始得来的证据通常不会被采纳。公证文书恰恰属于书面证据，根据传闻证据规则，其证据效力是有缺陷的，除非公证人被传唤作为证人并言誓作证，否则该公证文书不能在诉讼中作为证据使用。这也导致英国的判例法传统一直没有产生如大陆法系国家的公证制度，也在客观上造成了英美法系公证制度的起源难以考证的事实。

英国公证人的职务活动主要是认证文件作为海外所用，很少涉及国内的法律事务，国内法律事务通常由律师见证、律师公证人见证，并且公证人对其所见证的事项仅进行形式证明，不对内容负责。

---

① 张文章主编：《公证制度新论》，厦门大学出版社2006年版，第304～308页。

（2）美国

英美法系国家的律师见证、律师公证人见证，没有大陆法系国家公证法律规定的烦琐程式，更没有准司法特征。况且，美国的律师是各州颁发的律师执照，只在本州有效，所以见证的地域范围也受到一定限制。然而，正是因为见证由律师作出，所以见证内容范围比较宽泛。

新墨西哥州的公证立法规定，在该州担任公证人必须满足以下条件：是该州居民；年满 18 周岁；会读写英文；未曾被判有重罪；在前五年未曾被撤销过公证人委任状。提出申请时，申请人应当缴纳 500 美元的身份保证金和两份保书以及誓词，还应缴纳 10 美元申请费。最后的批准权由州长行使，委任状则由州务卿颁发。俄勒冈、宾夕法尼亚等州关于公证人任职资格的规定与新墨西哥州的规定大同小异。由此可以看出，美国一些州公证人的资格连律师资格都不要求，标准竟然低到只要识字的本地成年居民即可，这一点与大陆法系国家大相径庭，与英国也有较大的不同。

美国的公证制度并不是完全一致，有的州立法就有向大陆法系国家靠拢的迹象。亚拉巴马州 2001 年新《民事公证法》（Civil Law Notary Statute）生效，其中的“民事公证人”（Civil Law Notary）制度对传统公证人权力范围就有了质的提高。新《民事公证法》规定，民事公证人不但可以证明事实的存在，还可以作出“鉴证行为”（au-thenict acst），指民事公证人对某一事实或某一文件所持的法律方面的观点，包括：该行为是否有合法目的，当事人的意思表示是否真实，是否以合法途径履行，该文件是否违反善良风俗，等等。可见，民事公证人的见证、公证范围明显超越了传统上只认证的羁绊，而直接具备法律事实认定的效力。也就是说，民事公证人作出的鉴证行为有了准司法裁判的效力。《民事公证法》的这一规定也直接影响了亚拉巴马州民法的施行：在有民事公证人鉴证的案件中，主张鉴证行为无效的当事人必须承担更为严格的举证责任。同时，该州民事公证人的资格也是终身的，准入门槛也较高，必须经过专门的培训，执业还必须得到州务卿和州律师协会的双重许可。

根据《美国模范公证法》[①] 的规定，美国公证人的主要权力有："①确认。它包括：确认某人亲自在公证人面前出现并提交了一份文件；某一证据确实存在；签名的真实性。②宣誓、声明和宣誓证明。它指当事人分别以上述三种方式在公证人面前确认事实或行为的真实性。③签名见证。它指的是公证人见证一份文件签名的全过程，用以保障签名人身份的真实性以及意志的自愿性。在许多重要文件的签订中，签名见证都是必不可少的环节，因此，它也是公证人的主要业务。④副本证明。顾名思义，这项工作主要是由公证人证明文件副本与正本的相符和一致。⑤事实证明。这也是一项主要的公证业务，用以证明当事人的姓名、出生和死亡日期等自然信息。⑥制作票据拒绝证书。当票据发生拒绝承兑或拒绝付款的情况时，公证人可以出具此类证书以证明相关法律事实的存在。"[②]

---

① 《美国模范公证法》与我国《公证法》性质完全不同，其效力类似于中华全国律师协会《律师见证业务工作细则》。《美国模范公证法》由全美公证人协会于1984年制定，2002年进行了修订。有的州通过法案，确认《美国模范公证法》的效力。

② 转引自程翔：《英、美、德、法四国公证制度述评》，载《司法改革评论（第6辑）》，厦门大学出版社2007年版，第293～294页。

美国公证人的主要义务有：

第一，公证人必须亲自办理公证并审核当事人的主体资格和真实意思表示。禁止公证人执行公证职务时当事人不在自己的面前；禁止公证人不认识当事人或未通过充分的证据证实当事人的身份；禁止公证人认为当事人并非出于自愿而仍为其出具公证书等。

第二，回避义务，即公证人自身必须合格。禁止公证人是所公证文件的当事人或该文件中有公证人自己的名字；公证人是当事人的配偶、家庭成员、近亲属；公证人是当事人的代理人，对所公证文件进行过准备、解释和建议工作等。

第三，无正当理由不得拒绝公证。禁止公证人基于当事人的种族、年龄、性别、出生地、健康状况，或者并非公证人的客户等不正当理由，而拒绝公证。

第四，避免影响当事人的义务。禁止公证人在无正当理由的情况下，促使或者劝阻当事人订立涉及公证行为的交易。

第五，不得制作错误证明或虚假证明的义务。禁止公证人违反规定，制作其知道或相信包含错误信息的证明；在未完成的公证书、空白或未完成的文书上加盖公章或签名；公证人以欺骗或欺诈的故意实行公证行为等。

从公证人的上述权利不难看出，美国公证人更多地起到了一种“事实见证人”的作用，对于法律问题则几乎没有涉足。尽管美国有着庞大的律师队伍，律师在社会上享有较高的社会地位，但是公证行业属于自由职业，公证人义务多而高产值的业务十分有限，职能也相对比较弱，一般律师不会投入精力去办公证业务。

三、我国见证法律服务的发展方向

我国律师见证、公证，都是中国特色社会主义证明制度的有机组成部分，两者的历史沿革、社会功能、行为方式等都有许多交叉、重合或相似之处。相对于见证法律服务，我国公证法律制度比较健全。见证法律服务如何定位、如何规范、如何发展，值得探讨。

1. 从两大法系见证、公证制度比较中汲取营养

对于公证法律制度，两大法系的差别很大，但却与各自法律体系融合，相得益彰，都发挥了应有的作用。英美法系国家的公证与我国公证差别明显，却与我国律师见证血缘接近。

（1）与两大法系制度比较

以我国公证和律师见证的现状，与两大法系的公证制度进行对比，其渊源可寻。

①对公证原则的态度上

英美法系实行自愿公证原则。我国的律师见证与之相类似，也实行自愿见证原则，都是由律师开展形式见证活动，见证范围都比较灵活宽泛。

大陆法系实行法定公证原则，国家通过公证制度实现对重大经济活动和公民的重要法律行为的适度干预。我国公证制度也主要是借鉴大陆法系国家的公证制度原则建立起来的。

②对公证人资格的要求上

英美法系公证采用的是形式公证，公证人见证行为相对简单，公证人都是兼职担任，大部分都是律师。我国律师见证也并不要

求专职见证，除了应遵守回避义务以外，也并不影响律师开展其他法律服务。

大陆法系国家的公证采用的是实质证明，公证人被赋予较高的使命，大多要求公证人必须是专职人员，不得兼任审判、税收、警察、政府官员。我国法律规定，公证员要符合国籍、年龄、品行、资格和工作经历等法定条件，在公证机构从事公证业务的执业人员。

③在公证证明形式上

英美法系注重形式见证，见证事实出现错误造成第三人损害的，公证人不负赔偿责任。

我国法律上非常少见对律师见证的具体规定，只是对见证人有相关的规定。如果不局限于律师见证，我国的其他见证人，如果见证行为失当造成他人损害构成侵权的，也依法由当事人自行承担法律责任。但是，我国律师见证事实出现错误造成第三人损害的，往往会被判决承担专家责任。

大陆法系奉行“实质证明”制度，采取实质审查制度，公证人必须对公证内容的真实性和合法性负责。我国《公证法》规定，公证是公证机构依照法定程序对民事法律行为、有法律意义的事实和文书的真实性、合法性予以证明的活动。原则规定是基本相同的。

④在公证效力上

英美法系公证不具有法定的证据效力和强制执行效力。我国律师见证的效力也尚无任何法律保障性规定。

大陆法系公证则被赋予了法定的证据效力和强制执行效力。我国公证书在法律上应当作为认定事实的根据，但有相反证据足以推翻该项公证的除外。

⑤在公证作用上

由于英美法系公证采用的是形式证明，一般发挥不了预防纠纷的作用，对于实际发生的纠纷，国家则借助于事后救济来解决，即通过诉讼程序解决。我国没有律师公证人制度，也没有健全律师见证制度，律师见证也本应是限于形式证明，主要是用来满足人民群众法律服务方面的普遍需求。

而大陆法系国家公证奉行实质证明，并且赋予了法定的效力，因而能够发挥预防纠纷、减少诉讼的作用。我国的公证制度是国家司法制度的组成部分，是国家预防纠纷、维护法制、巩固法律秩序的一种司法手段。

（2）两大法系公证制度的发展方向

两大法系尽管在公证制度的设计上存在着明显的差异，但各自都具有内在逻辑性、合理性和结构的长期稳定性。但是，法治文明随着人类文明的发展而不断进步，见证、公证法律制度也在有规律地发生着变化。20 世纪以来，两大法系的公证制度不断调整，差别在逐渐缩小，并且有相互吸收、相互渗透、相互融合的趋势。

首先，大陆法系国家公证制度向市场化方向发展。

大陆法系国家视公证制度为一种准司法制度，公证人代表国家提供法律服务，以法定公证作为核心和支柱，甚至许多国家一开始就将公证业务放在法院系统实施，具有明显的公权特征，包括我国也不例外。公证制度的设立与实施，既满足了国家追求和谐的经济发展与社会稳定所需要的效率和交易安全，又为社会提供了高质量、高标准、抑纷争的法律服务。

随着国际交流的不断密切，两大法系国家的法律制度体系也在不断地借鉴和融合。许多大陆法系国家公证制度都在发生着变化：一是公证人从国家体制内公职人员向自由职业或者只由律师承担方向发展；二是从国家财力保障向非营利类自负盈亏方向发展；三是责任承担方面从国家赔偿向民事赔偿方向发展。

如德国专职公证人的地位很高，收入一般不低于法官，但职业已定位为非营利性质。专职公证人和律师公证人虽属于根据国家授权行使公证职能，但国家不再代替公证人承担责任，明确是为社会公共利益服务的自由执业人员。

日本公证人由国家司法行政机关任命，并确定执业区域。日本公证人性质上是执行国家公权的公职人员，任命与奖惩也参照本国公务员。但日本公证人的薪酬完全出自于公证收费，还需承担公证事务所运行的一切开支。

其次，英美法系国家公证制度向社会治理功能方向发展。

在英美法系国家，传统制度和理念上奉行事后的彻底“私权自治原则”和“不干预政策”，公证制度的目的仅限于证明当事人在公证人面前签署文件的行为属实。而在大陆法系国家，以保障私权自治原则为基础的国家对公民重要法律行为和重大经济活动进行适度干预的公证制度，有效预防了经济纠纷的大量产生，避免了许多潜在社会矛盾的发生，促进了社会秩序的稳定。

一些英美法系国家也逐渐放弃了完全“私权自治”的理念，有的国家立法也在调整注重公证人的地位。如自 20 世纪以来，在全美公证人协会的努力下，针对公证立法的缺失，加强了相关公证立法，如 1984 年的《美国模范公证法》，1998 年的《美国公证人职业责任法典》，2002 年又对《美国模范公证法》进行了修订。现在，许多州的公证立法都采纳或参考了全美公证人协会的《美国模范公证法》，有的州还借鉴和采纳了大陆法系国家公证制度之长处和优势，公证人的法律制度也正向大多数大陆法系国家靠拢。

同样，公证在英国甚至获得类似于其在大陆法系国家享有的地位，有学者认为，"英国公证制度的功能，与其说是在英国法律制度中发生作用，毋宁说是联结大陆法系与普通法系法律制度的纽带"。[①]

2. 我国公证制度、律师见证制度的协调发展

中国特色社会主义法治中的证明体系，由公证、律师见证和其他私证组成，有序推进、协调发展、服务人民，应是今后法制建设的重点。

（1）我国公证制度的发展完善

公证制度作为我国司法制度的组成部分，依法赋予公证机构代表国家行使证明职能的权力，明确规定一些重大经济活动和公民的重要法律行为必须经过公证，并且规定公证文书在诉讼中的证据效力和强制执行力。公证机构凭借其法律先导、预防纠纷、化解矛盾、减少诉讼、构筑诚信等方面的独特功能优势，在构建社会主义和谐社会和促进中国特色社会主义法治建设中的地位和作用正逐渐显现。

---

① N. P. Ready, Brooke's Notary, Sweet & Maxwell, 2002, p. 1. 转引自白世宏：《域外公证人法律责任制度之比较——以法、德、英、美等国为中心》，载《司法改革评论》2007 年第 2 期。

坚持和完善中国特色社会主义制度、推进国家治理体系和治理能力现代化，已经成为我国政府构建法治国家、法治社会的一项重大战略任务。公证制度作为广义司法不可或缺的部分，其与人民调解制度、仲裁制度等一起辅助我国司法体制的高效运行。随着时代进步，公证机构先从法院系统独立出来，再从政府行政机关转变为公益性事业单位法人，在人员、资金、布局等方面都在向自主方向发展，公证行业诸多市场化发展的表征使得其与律师事务所的形式越来越接近，这样的演变是符合历史发展规律的。但是，同法国、德国等多数国家一样，公证权的准司法权性质不会跟随公证机构组织形式的改变而改变，更有利于为社会公众提供更加优质的公证服务。

从我国宋代书铺证明制度可以看到，政府科学利用了民间资源，既尊重市场化有偿服务原则，允许通过商业性运作获取合理的利润保证其持续发展，又给予证明机构严格而有效的管理，避免了疯狂追求资本利益而践踏法治。

从未来发展趋势看，我国应建立与世界接轨的私人合伙性质的公证事务所。一是有利于使国家对公民社会的直接干预逐步减少，增加政府的监管和引导能力。二是在组建合伙的过程中，不仅使得公证事务所的综合能力有所提高，而且更有利于高精尖公证业务的发展，使我国公证行业驶入自由开放的高速公路。三是公证行业的大发展，才能更好发挥公证预防纠纷的效用。

此外，我国公证制度在维护市场经济秩序，保护公民合法权益方面的作用还没有充分发挥出来。如果我国在实施职业公证人（公证员）制度的同时，将律师见证纳入公证制度体系，形成有序的市场竞争机制，使我国证明制度得到统一、完善和强化，这是很值得法学界研究的课题。

（2）我国律师见证业务的发展方向

截至2020年底，我国全国律师有52万人。根据《全面深化司法行政改革纲要（2018～2022）》目标，2022年，全国律师总数将达到62万人，每万人拥有律师数达4.2名。

一是各国证明制度体系中是以律师见证形式为主。

在我国，律师见证与公证都是一种对事件或行为真实性、合法性的证明活动，这是二者的共同之处。

从世界各国公证人的组成来看，法国公证人全部转变为自由职业者。德国公证人中的80%多是律师公证人，律师公证人对于办理律师或公证业务具有较大的选择空间，法律对此并没有硬性规定，只是在同一业务中规定只能选择其一而为之，不能保持双重身份。英国90%以上的公证人员均为执业律师或被律师聘用的人士，在律师事务所工作，属于完全的自由职业者，执业机构并不具备任何国家机关的公权属性，属于民商事领域的私人合伙关系。在美国，公证人也大多是律师，少数公证人是没有明显劣迹的识字成年人，公证申请人的意思自治得以充分彰显，公证人只是就申请人在某些法律文件上签名的真实性进行形式上的确认，只直接见证行为，无须对文件内容实质审核。即使采用大陆法系制度的我国澳门地区和采用英美法系制度的我国香港地区，回归祖国以后，中国委托公证人（澳门）、中国委托公证人（香港）也都是分别从特别行政区的执业律师中选任……如果对我国的律师见证能力引导、规范适当，律师见证预防经济社会纠纷的功能将会得到极大的开发利用，中国律师在证明功能方面的力量还远没有得到有效释放。

二是律师见证有法律根据。

《律师法》第 28 条规定律师有权从事业务范围的第 6 项为“接受委托，提供非诉讼法律服务”。律师见证从性质上划分应属于律师非诉讼业务之列，当无异议。

《律师法》第 43 条规定，全国设立中华全国律师协会；第 44 条规定：“全国律师协会章程由全国会员代表大会制定，报国务院司法行政部门备案”；第 45 条规定：“律师协会会员享有律师协会章程规定的权利，履行律师协会章程规定的义务”；第 46 条第 1 款第 3 项规定，律师协会应当履行制定行业规范的职责。2007 年中华全国律师协会《律师见证业务工作细则》第 2 条规定：“律师见证是指律师应客户的申请，根据见证律师本人亲身所见，以律师事务所的名义依法对具体的法律事实或法律行为的真实性、合法性进行证明的一种活动。”

国务院于 1993 年 4 月 22 日发布的《股票发行与交易管理暂行条例》第 13 条规定：“申请公开发行股票，应当向地方政府或者中央企业主管部门报送下列文件……（九）经 2 名以上律师及其所在事务所就有关事项签字、盖章的法律意见书……”第 35 条规定：“为上市公司出具文件的注册会计师及其所在事务所、专业评估人员及其所在机构、律师及其所在事务所，在履行职责时，应当按照本行业公认的行业标准和道德规范，对其出具文件内容的真实性、准确性、完整性进行核查和验证。”这是我国以法规的形式明确规定了律师是某项经济活动的必然参与者。

原对外贸易经济合作部于1996年7月2日颁布的《关于印发〈机电产品出口招标办法〉的通知》第29条规定："招标工作由注册律师进行法律见证，并出具律师见证书。"这是律师见证以直接文字表述形式首次规定于行政规章中，赋予了律师在机电产品出口招标中的法律服务垄断权[①]，也是非常具有现实意义的一次与世界接轨尝试。

1998年4月20日，原对外贸易经济合作部颁发的《关于解决外商投资企业董事不出席企业董事会会议问题的指导意见》第5条规定："对于已经批准成立的企业，因严重亏损或其他原因而无法继续经营，确需解散的，且合资、合作一方或数方股东所委派的董事二年以上不出席或不召集董事会会议，致使企业董事会不能作出解散企业的有效决议，经其他股东多次书面催告，仍无任何音信的，经中国公证机关公证或律师见证，其他股东可向企业原审批机关申请解散企业……"

三是律师见证广为人知。

我国虽然至今没有制定律师见证法或其他较为系统的法律法规，也没有专门律师见证行业管理组织，但社会普遍知晓律师见证业务。通过百度搜索"律师见证"四个字，能找到相关互联网信息结果约986万个。在我国建立司法资格考试制度以前，律师就需要通过国家统一律师资格考试方能申请律师实习再申请执业，律师执业的法律知识门槛相对较高。

四是律师见证有利于对外交往。

---

① 冀祥德、杨曙光：《律师见证与公证比较研究》，载《中国司法》2003年第7期。

在国外，尤其是英美法系国家，律师享有很高的地位。外国投资者依据国际通行的意思自治原则，在与我国企业签订合同时，有许多不习惯我国公证机关代表国家的公证，只要不属于法律规定的必经我国公证程序，往往就会选择我国的律师见证。以沿用原英国法律制度的我国香港地区为例，如果需要内地证明的，几乎都会自动选择内地律师见证。在许多外商眼中，中国律师见证既可以通过具有专业知识和经验的律师参与起到保护自己合法权益的目的，也在一定程度上符合其本国的法治文化。因此，律师见证对于推动"一带一路"建设，增进国际经济与贸易，规范涉外合同管理，创造良好投资环境等，都将起到非常积极的作用。

五是律师见证是老百姓的客观需求。

法律所调整的社会关系越来越繁杂，决定了律师提供见证的范围也越来越广泛。目前，在社会经济领域，如企业购并、股份改制、证券业发展、农村承包、房地产开发和建设、引进外资、国际融资；在家事领域，如婚姻、监护、继承、赠与、析产、赡养、财富传承、信托、照护、委托、货物买卖等，都可以成为律师见证的服务对象。

六是律师见证有利于中国特色社会主义证明体系的建立。

中华民族有光辉灿烂的法治文明，证明制度体系也曾延绵两千多年，发挥了重要的社会调整和服务功能。中华民族的伟大复兴，就包括要继承中华民族的优秀文化传统，立足中国现实，摒弃糟粕，吸收西方法治精华，科学地借鉴外国优秀的文明成果，使中国特色社会主义法治文明的证明制度体系健全于世界东方，与时俱进，在新时代焕发出更加夺目的光彩。我国公证制度主要是在大陆法系国家公证制度基础上建立起来的，健全律师见证制度就应多借鉴英美法系国家律师自由公证的有益制度经验，重点研究以宋代书铺为代表的中国古代证明体系和新时代的相关社会问题的对接。实践证明，所有引进的法律制度，总会有多少水土不服，所以，律师见证制度的本土化继承、实践与发展，是建立新时代中国证明制度体系的好抓手。

（3）我国民间见证服务的现状与发展

无论是见证史还是公证史，无论是中国史还是外国史，最原始的见证或公证，都是从代书诉状过程中开始的，是为百姓开展最基本法律服务的产物。

《民法典》第1135条至第1138条规定，代书遗嘱应当有两个以上见证人在场见证，打印遗嘱应当有两个以上见证人在场见证，以录音录像形式立的遗嘱应当有两个以上见证人在场见证，口头遗嘱应当有两个以上见证人在场见证。[①] 第1140条规定："下列人员不能作为遗嘱见证人：（一）无民事行为能力人、限制民事行为能力人以及其他不具有见证能力的人；（二）继承人、受遗赠人；（三）与继承人、受遗赠人有利害关系的人。"[②] 关于遗嘱见证人，法律并没有作出更多限制性规定。

在见证行为主体未被法律限定的情况下，法律服务组织和个人都可以依法开展代书和见证法律服务。在现有的法律环境下，除了律师事务所、公证机构，适合提供代书和见证的还有法学界

---

① 在原《继承法》第17条基础上，变录音遗嘱为录音录像遗嘱，新增了打印遗嘱的法定遗嘱形式。

② 在原《继承法》第18条规定基础上，新增了"其他不具有见证能力的人"不能作为遗嘱见证人。

的社会组织，如北京老龄法律研究会开展的老年人遗嘱见证系列研究服务，以及经过培训和组织起来的退休法官、检察官、监察官、公证员和司法助理等法律人，他们有深厚的法律功底和丰富的司法经验可利用，一般60岁退休法律人还可以再向社会提供法律服务15～20年。

我国宋代书铺为我们司法证明活动社会化提供了一个好的范例，成功地利用民间资源为司法服务，即便是一个以营利为目的的书铺，通过法律规范引导，保证了证明活动公正可信，使民间组织和个人有效参与到严肃的司法活动中，既降低了司法成本，又使官府可以从容地通过监管使用到较高效的法律证明服务。

第二节　律师见证业务概述

律师见证业务的社会需求量越来越大，这是不争的事实。但因见证业务收费低、风险高，在当前的律师界，律师见证可谓是一项“爱恨交加”的业务。针对律师见证风险，北京的一线法官、专业律师、学者正有计划研究律师见证行为标准和见证纠纷裁判标准，本章后两节主要内容为阶段性研究成果，在写作上贯穿了三个主线，一是民法典遗嘱见证机遇解读，二是律师实务操作规范，三是律师事务所见证风险防控重点提示。

一、律师见证的由来与作用

所谓律师见证，是指律师事务所接受当事人的委托，指派律师对亲身所见的法律事实或法律行为的真实性、合法性予以证明的一种法律服务活动。

在中国传统法治文化中，民间见证制度可谓精彩纷呈。如本书前文所述，从西周到清朝末年，各朝各代都有完整的证明制度体系，见证服务了亿万百姓，助力了商品经济的社会治理，促进了经济繁荣，是我国重要的法治文明遗产。

1. 律师见证的由来

我国历经两千多年的民间证明制度，但现行的律师制度和证明制度都算是舶来品，西方法治的特征十分明显。我国现行律师见证制度的渊源，既有英美法系的律师公证人证明制度，也有大陆法系的公证制度。大陆法系国家的公证人见证活动，也主要是依靠自由职业的律师来完成，律师见证也是大陆法系国家公证体系的主要力量。

我国律师制度起源于清朝末年的被迫修律，移植西方律师制度的经验，1906 年《大清刑事民事诉讼法》首次引用了“律师”这个称谓。1912 年北洋政府公布实施《律师暂行章程》，律师制度在中国算是正式建立，“标志着中国传统法律服务者终于结束了地下讼师隐秘的生活，开始了光明正大的执业”。①

---

① 党江舟：《中国讼师文化——古代律师现象解读》，北京大学出版社 2005 年版，第 85 页。笔者认为，讼师受到主流文化的排斥依然，讼师至今都未得到过正名，律师制度的建立并没有完全改变人们的固有认识。

到了民国中期[①]，在一些房地产买卖的契约中，律师才开始作为见证人出现在契尾署名，这也可以算是中国律师见证的肇始。我国1949年彻底废除了旧的法律制度体系，现代律师制度是在新中国成立以后产生，在内外诸多因素的推动下才逐渐发展起来的。

1954年《宪法》明确规定："人民法院审查案件，被告人除自己行使辩护权外，可以委托律师为他辩护。"1955年，北京、上海、南京、武汉、沈阳等20多个城市，开始试行律师制度。1956年，经国务院全体会议批准，司法部颁布了《律师收费暂行办法》，从而使新中国律师制度正式建立起来，律师队伍迅速壮大。但是，受"文化大革命"的影响，刚刚建立的人民律师制度被迫中断。1978年《宪法》重新恢复了辩护制度。1980年8月，第五届全国人大常委会第15次会议通过了第一部关于律师制度的专门性法律文件《律师暂行条例》，它的颁布施行为我国律师制度的恢复重建奠定了坚实的法律基础。1996年5月，第八届全国人大常委会全票通过了《律师法》，2001年、2007年、2012年对《律师法》进行了三次不同程度的修改，增加了"三个维护"和"当事人"等全新概念，厘清了律师与当事人的基本法律关系，初步构建起法律职业共同体，并修改了有关律师身份、职能及权利义务的部分内容，推动了律师制度进入全面发展的新时代。

1980年《律师暂行条例》第2条规定的律师之主要业务包括："接受非诉讼事件当事人的委托，提供法律帮助……"律师见证就属于律师的非诉讼业务。该条例第3条第1款规定："律师

---

① 民国中期指1927年至1946年间（即民国十六年至民国三十五年间，为南京国民政府成立到第二次国共内战开始前期间）。

进行业务活动，必须以事实为根据，以法律为准绳，忠实于社会主义事业和人民的利益。”这也正是律师见证必备的职业操守。1985年原《继承法》第17条规定，代书遗嘱应当有两个以上见证人在场见证，以录音形式立的遗嘱应当有两个以上见证人在场见证，口头遗嘱应当有两个以上见证人在场见证。这些有关遗嘱见证人的法律规定，大大促进了律师见证业务的发展。“1988年4月，司法部和全国律协在深圳召开的非诉讼法律事务交流会上，决定把律师见证作为律师办理非诉讼法律事务的主要内容之一。”[①] 随后，1993年国务院《股票发行与交易管理暂行条例》、1996年原对外贸易经济合作部颁布的《关于印发〈机电产品出口招标办法〉的通知》等法规、法律文件，也都有了律师见证的具体规定，2007年全国律师协会《律师见证业务工作细则》的出台，形成了我国现行律师见证制度的雏形。

2. 律师见证的性质

从1988年司法部、全国律协组织的会议上确定把律师见证作为律师办理非诉讼法律事务的主要内容到现在，经过30多年律师见证的探索、研究和规范，沉淀了厚重的服务经验，但遇到的问题也很多，法律引导规范存在不足。

（1）律师见证属于私证

私证是相对于公证而言的，私证自古就有，一般私证只能证明发生过某种事情，至于这件事处理得是否公平合理，是否合法，

---

① 钟坚：《现行律师开展见证业务的思考》，载《法学杂志》1993年第2期。

见证人往往不过问，也不负法律责任。在我国，“律师执业必须以事实为根据，以法律为准绳”，“律师应当维护当事人合法权益，维护法律正确实施，维护社会公平和正义”①，“律师见证是指律师应客户的申请，根据见证律师本人亲身所见，以律师事务所的名义依法对具体的法律事实或法律行为的真实性、合法性进行证明的一种活动”②，所以与一般私证不同，律师见证是专业人士进行的私证。

（2）律师见证属于专家证言

我国的律师专家责任只在《证券法》中曾经作出过相关的规定，其他法律尚未规定律师作为专家所应承担的专家责任，但在司法实践中，法院判决律师承担专家责任的判例已经为数不少，未见例外。

如某律师事务所起诉客户律师服务费败诉的案件，法院判决认为：“‘企业借贷纠纷案’的提起损害了某公司利益，原告（某律师事务所）在有偿委托合同中作为专家受托人未尽注意义务，存在重大过错，提供的服务质量存在瑕疵。同时，被告某公司作为房地产公司系典型商事主体，无论保证金的返还还是借贷关系都并非复杂的法律关系，应属其认知范围，故原告在其与被告之间的法律服务合同履行过程中，对自己的事务缺乏应有的注意，对其损失的发生也存在过失。故被告有权请求减少代理费而非免除所有支付义务……”③ 可见，对于专家受托人的律师，法律要

① 《律师法》第2条、第3条。

② 中华全国律师协会《律师见证业务工作细则》第2条。

③ （2012）浙甬商终字第679号。

求尽义务标准明显要高于普通人。

在见证活动中，律师可能承担专家责任。如某案件裁判要旨："律师见证系民间证明的特殊子属，因为律师具有法律业务的专门知识，被普通第三人认为专家证明，提供见证的律师事务所应当承担专家责任。律师因为见证过程中出现过错，而第三人基于对专家的合理信赖发生权益损害时，律师应当就第三人损害承担补充赔偿责任。"① 可见，律师见证承担专家证明责任已经是法学界的普遍共识。

值得注意和研究的是，我国律师见证需要承担的法律责任与大多数国家律师公证人见证相比，有过之而无不及。我国律师执业同样需要国家行政许可，包括我国香港、澳门地区在内，世界上几乎都将律师公证人见证称为"公证"，只有我国证明制度体系将公证员公证与律师见证区分为公证与私证，既不利于我国公证与世界的接轨，也不利于国内律师见证制度的建立和发展。我国完全中立的律师公证人制度建设研究，意义重大。

3. 律师见证的作用

国家建立包括律师见证在内的证明制度，就是为了预防纠纷、减少诉讼，维护当事人的合法权益。

（1）律师见证业务的开展，有利于培养律师职业的公共精神和理想追求

我国民间在两千年前就有私人作证的习惯，在不动产交易、

---

① （2007）虎民一初字第0403号。

继承、借贷等民事活动中形成了中证人现象。不过，这时的民间见证基本没有法律保障，主要依靠社会道德力量来维护，中证人的品德形象很受尊崇。见证作为一种信用产品，其基本功能在于满足社会交往过程中对安全的需要。作为中介法律服务，律师见证为双方当事人构建了一个信用平台，借助这个平台，双方当事人能够获得一个彼此都信赖的证明，使人们对于交易的进行和结果的有序性及稳定性产生一种可靠的心理预期，并对任何企图规避义务和责任的侥幸心理施以强大的心理压力，这样人们可以放心地根据已达成的交易来合理安排事务。所以说，要想开展好律师见证业务，见证律师必须要有提供极致法律服务的永恒理念，必须要有追求天下为公的大爱精神。

（2）律师见证业务的开展，有利于克服利己主义、商业主义的积弊

见证与律师其他业务是不同的，律师的其他业务要以维护当事人的利益为核心，而律师见证是要维护整个社会的诚信，见证应该是一项视信誉为生命的特殊律师业务。律师从事见证业务，因为可以体现社会的信任，使律师更加重视自己的职业操守，在执业过程中时刻注意维护自己的职业形象和声誉。为了得到社会的进一步认可，律师会努力使客户在法律服务中有好的获得感，更加注重道德修养和自觉提高律师品格，树立在人民群众中的良好形象，提升在社会中的公信力。见证是一种预防性的制度安排，见证的核心作用在于预防纠纷、减少诉争。

虽然律师刑事辩护和现代证明制度都是从西方舶来的，但刑辩法治文明标志仍成为许多律师心中的理想。其实，证明制度是

中国传统法治文化的重要方面。相对来说，非诉讼法律服务的律师见证业务开展的人文环境要优越得多，律师的本土作用突出、易接受。所以，律师见证业务的不断拓展和光大，有利于克服传统文化不齿讼师“唆讼”“逐利”形象的影响。

（3）律师见证业务的开展，有利于提升律师在民众心目中的社会形象和职业声誉

律师的助讼作用与我国传统息讼文化时时发生着激烈碰撞，仍然有人认为律师不该帮助“坏人”，律师在民众心中的地位总是难以提高。律师作为社会法律服务者，律师事务所的名声及律师个人的名誉至关重要。律师见证要求律师必须站在公平公正的角度客观地反映所见证事项，无论所见证的事项大小，见证律师服务都必须精准到位。律师见证能反映出律师个人专业的知识水平、优秀的品德素养和良好的社会形象，能做见证律师的，绝不会偏袒任何一方，也绝不会只认钱不办事，既尊重当事人的自主意志，又满足了社会主体对有序竞争、安全交易、预防纠纷与不测的客观需求。所以，律师见证对于社会改观对律师的评价具有积极作用，有利于律师职业光荣融入当今社会文化之中，有利于提升律师的社会地位和影响力。

大多数国家和地区对律师公证人的德行都有严格的约束。比如我国香港地区，律师公证人一旦被从律师登记册上剔除，香港的司法常务官必须尽快将其姓名从公证人注册记录册上删除，并在删除后的 14 天内在宪报刊登公告。一旦律师被暂时吊销律师职业资格的，其在这段时间内也将被暂时吊销作为公证人执业的资格。

（4）律师见证有利于普及法律知识，培养人们守信、守法和依法维权意识

律师在办理见证业务时，必然会和当事人就相关法律适用进行讲解，对见证事项的法律意义、法律后果进行告知。当事人参与律师见证保障自身权益的过程，就是学法、知法、用法、守法的过程，从而起到了普法的作用，法律知识的普及是培养法律思维的必修课，更是建设法治社会的人文基础，有利于带动全社会法治观念的提高。如在各地许多医院采用的医疗手术告知律师见证的意义就在于："可以提高手术的成功率，增强医务人员对风险的重视程度""在心理上给医疗机构和医务人员吃一颗'定心丸'，心理层面的意义更大于法律层面的效果"[①]，在律师见证应用中培养了人们学法、用法、守法的积极性。

（5）律师见证有利于提高国家司法活动的效率

律师见证制度的建立，必将大大预防、减少民事纠纷的发生，可有效减轻和缓解政府机关，特别是司法机关的工作压力。

对于有些以政府批准为生效要件的合同，律师见证可以对合同进行合法性的早期把关，为政府审批提供法律上的参考意见，使政府从法律适用的细节和专业审查中解脱出来，提高工作效率。

在司法方面，律师见证可以有效减少诉讼数量，对法律行为保存证据、完善证据和固定证据，有利于还原事实真相，能减轻司法资源的浪费，加快诉讼程序的进程，提高司法效率。律师对于当事人之间的法律行为，通过法律服务使其完善合法，通过见

① 张广：《律师术前见证对医疗风险防范的法律意义》，网址：http：//news.sina.com.cn/sf/news/fzrd/2017-08-04/doc-ifyitapp0580908.shtml，最后访问日期：2020年2月29日。

证的形式将其确定下来，有利于当事人各方对此法律行为的理解、尊重及遵守，起到止争息诉的作用，从而节约了司法资源。

（6）律师见证有利于促进“一带一路”建设

丝绸之路起始于古代中国，成为东方与西方之间在经济、政治、文化等诸多方面进行交流的主要道路。古代中国经济繁荣，文明程度高，在经济贸易活动中，中国古时高度发达的证明制度体系的作用功不可没。

我国推动构建“一带一路”倡议的目标是要建立一个政治互信、经济融合、文化包容的利益共同体、命运共同体和责任共同体。发扬中国古时高度发达法治文明的伟大作用，积极引导推进现代涉外法律服务业的发展，大力加强涉外法律服务队伍建设，为中国企业和公民“走出去”保驾护航，显得格外重要。同时，为了便于交流与合作，专家证明活动成为“一带一路”的刚需法律服务，英美法系国家普遍采用律师见证，大陆法系国家也普遍接受其他国家的律师见证。所以，根据司法部着力扶持和培养一批具有国际竞争力的律师事务所和律师，拓展涉外法律服务领域，增强我国律师在国际法律服务市场中的竞争力，提升中国律师的国际地位的要求，加强我国律师见证业务的学习、交流和拓展，提高律师见证服务水准，一定会促进“一带一路”倡议的顺利进行，有利于展现中国特色社会主义法治的魅力，不断提升传递中华文明的中国律师的形象。

二、律师见证的内涵外延

“律师见证就是律师应当事人的请求，运用自己的法律专业知识，以律师事务所的名义，依法对某项法律事件或者行为的真实性与合法性进行证明的法律服务活动。”①

1. 律师见证的特点

（1）律师见证是以律师事务所名义进行的

律师见证是律师事务所的一项非诉讼法律服务项目，不得以律师个人名义开展见证活动，需由律师事务所接受当事人的委托，由律师事务所收取法律服务费，开具发票，出具见证书。

“不得以律师个人名义”，并不是说见证律师就不用在见证书上署名了，相反，见证律师的名义和形象同样具有不可替代的作用。从见证书形式上看，律师见证也是以律师事务所和律师个人名义进行的，两种说法并不矛盾。

《律师法》第25条规定：“律师承办业务，由律师事务所统一接受委托，与委托人签订书面委托合同，按照国家规定统一收取费用并如实入账”；第40条第1项规定，律师在执业活动中不得私自接受委托。这些规定要求律师从事法律服务时，必须由律师事务所统一接受案件，不允许律师在执业期间以公民个人身份开展法律服务，无论是否收取费用，都不能以公民身份代理案件。

见证律师，是由律师事务所接受委托后指派办理见证业务的专家证人，其见证的经过和结果需要由律师事务所盖章确认后才能生效，因此律师是律师见证的直接执行者，却不是见证法律责任的直接承担者。这些规定是国家对律师法律服务活动的合理监督机制，

① 冀祥德、杨曙光：《律师见证与公证比较研究》，载《中国司法》2003年第7期。

是法律服务质量的制度保证，也是律师见证的社会信誉基础。

比如，律师私自收案，虽未收费被停止执业一年："经审理查明，原告林某某 2018 年 10 月 18 日向被告某市司法局举报，请求对被举报人张某某律师在担任居民江某莲顾问律师期间，涉嫌私自收案问题进行立案调查，并依据《律师法》第 40 条第 1 项和第 48 条第 1 项的规定，对被举报人作出停止执业 6 个月的行政处罚。某市司法局转某县司法局办理，2018 年 12 月 25 日，某县司法局以《投诉办理情况告知函》函告林某某，具体内容：经依法调查，张某某律师确实参与了江某莲维权一案，没有按规定签订书面合同，后双方解除了委托关系。其间，张某某没有收取江某莲的代理费用，且自己承担了差旅费用。某县司法局认为，江某莲维权一案系较为重大法律服务事项，却未签订书面合同，应为私自收案，但情节较轻。根据《律师法》第 48 条第 1 项规定，建议某市司法局对张某某律师处以警告行政处罚。2018 年 12 月 28 日原告林某某以某县司法局为被申请人向某市司法局申请行政复议，请求变更被申请人某县司法局 2018 年 12 月 25 日《投诉办理情况告知函》的调查结论，经行政复议，决定对某律师事务所张某某处以停止执业 1 年的行政处罚。"①

因为法律规定了自然人可以作为见证人，有的律师就因此私自收案，以公民名义或以律师名义进行见证，一经发现就会受到行政处罚。从司法部公布的对违纪律师处罚的信息看，仅在 2018 年前 5 个月，就有多名律师因私自收案被处以 6 个月停止执业到

---

① （2019）鲁 1402 行初 26 号。

警告不等的行政处罚。

（2）律师见证有严格的时间与空间界限

见证的时间点，是指被见证的法律行为发生之时。见证的空间界限，是指律师本人见证时视线所能见到的范围。也就是说，律师需要在行为发生时，亲眼看见事实发生的整个过程，才可以进行证明。不允许律师用符合逻辑的推理来代替亲身经历，否则见证就是无效的。

案例1：对已签订的合同、已完成的行为进行见证，或者对即将发生的事实予以先期见证等无效

被继承人的遗嘱是其前往打印店寻找店员以打印方式制作的，而后找来两位律师，在两位律师的见证下，遗嘱人对遗嘱内容进行确认签字。法院认为："打印遗嘱在法律层面究竟应解读为何种遗嘱，应重点审核遗嘱人是否对该打印遗嘱的形成与固化具有主导力或完全的控制力。从遗嘱的形成方式看，被继承人口述，店员打印，应当认定为店员为代书人，所以认定为代书遗嘱。而两位律师不是遗嘱的代书人，也不是法律意义上的见证人，因为并未见证遗嘱的形成过程，所以即使有两位律师的签字，该份遗嘱也为无效。"①

案例2：见证人未见证遗嘱制作的整个过程，遗嘱被判无效

孙某（男）与朱某（女）婚后生育孙甲（男）和孙乙（女）。2008年11月6日，孙某与朱某订立一份遗嘱，载明二人名下的两处房屋由孙甲继承。遗嘱上有孙某、朱某的签名和手印，

① （2015）渝高法民抗字第00004号。《民法典》增加规定了打印遗嘱，本案遗嘱在现行法律环境下，可能是有效遗嘱。

A、B、C 作为见证人签名并按手印。该遗嘱由孙甲打印，落款日期为 2008 年 11 月 6 日，签名时间为 2008 年 11 月 8 日。2009 年孙某去世，2018 年孙甲诉至法院，要求按该遗嘱的内容继承两处房屋。朱某、孙乙对该份遗嘱不予认可，认为并非孙某、朱某真实意思表示，该遗嘱亦不符合代书遗嘱的形式要件，应属无效。朱某拿出一份经两名律师见证，于 2018 年 8 月 13 日立下的个人遗嘱，载明自己的份额由孙乙单独继承。一审法院经审理认为，该打印遗嘱上有两个以上无利害关系见证人见证且当时孙某神志清醒，系其真实意思表示，应属有效。朱某所享有的份额因其否认并立下新遗嘱，故不能按打印遗嘱处理。遂判决房产中孙某所享有份额按其遗嘱由孙甲继承。

朱某、孙乙不服上诉。二审法院经审理认为，孙甲提交的遗嘱为打印件且非孙某本人制作，应属代书遗嘱。代书遗嘱应当有两个以上见证人在场见证，并由其中一人代书，同时须有遗嘱人、代书人、其他见证人签名，并注明年月日，才是有效的代书遗嘱。本案中，遗嘱打印的时间与签名时间不一致，见证人未见证遗嘱制作的整个过程，并不符合时空一致性的要求，且该遗嘱由继承人孙甲制作完成。综上，该遗嘱不符合代书遗嘱的形式要求，应属无效。故判决撤销一审判决，驳回孙甲按该遗嘱继承的诉讼请求。[①]

案例 3：律师代书没有在现场进行，律师事务所赔偿百万

瞿某某于2017 年3 月3 日死亡，生前未婚，无子女。2017 年 2 月 28 日，瞿某某委托某律师事务所订立代书遗嘱，言明：“在

① 江苏省法院、省妇联联合发布2019 年度江苏法院婚姻家庭十大典型案例之九：朱某等诉孙甲遗嘱继承纠纷案。

我百年后，将我拥有的上海市×号×室房屋产权，给我的弟弟瞿某华和妹妹瞿某凤两个人继承，每人各继承一半。”“立遗嘱人”处由祁某某律师代瞿某某签字，注明“祁某某律师（代签）”，并由瞿某某捺印。代书人为祁某某律师，见证人为祁某某和李某某两位律师。同日，某律师事务所对该份遗嘱出具遗嘱见证书。瞿某某支付律师见证费6000元。

2017年5月，瞿某凤、瞿某华以遗嘱继承纠纷为由起诉案外人瞿某1、瞿某2、瞿某3，要求按照遗嘱由瞿某凤、瞿某华各半继承瞿某某名下上海市×号×室房屋产权。法院审理中，证人李某某出庭作证称：“此次见证由祁某某律师主要承办，据祁某某律师说，2017年2月28日，瞿某华来事务所与祁某某联系，称被继承人瞿某某想订立遗嘱，并将相关人员的身份证件和房产证文本交与祁某某律师。同日下午4点左右，我和祁某某还有一名助理三个人到新华医院，为瞿某某订立遗嘱。瞿某某见到我们，就表示系争房屋由瞿某凤、瞿某华继承，瞿某凤、瞿某华一人一半产权。谈话过程中，我们询问了瞿某某的身份情况、系争房屋地址等，从我们与瞿某某的对话来看，瞿某某神志清醒，谈话中助理负责拍照，但未制作谈话笔录，也没有录音录像。了解被继承人意愿后，三人返回律师事务所，根据之前瞿某某的口头表述为瞿某某制作遗嘱，房产证、瞿某华、瞿某凤的身份证复印件应该是瞿某华在委托的时候已经提交给祁某某了，所以遗嘱中我们写了瞿某凤、瞿某华的身份证号码。之后我和祁某某返回新华医院，分别用上海话和普通话为瞿某某宣读遗嘱，并要求瞿某某签字，但瞿某某的手无力握笔，最后祁某某在立遗嘱人处签字，让瞿某某捺印，每份遗嘱有四个捺印，目的是保证有清晰的手印，印泥是我们随身携带的。被继承人捺印后，我们当场在见证书上盖了律所的公章。遗嘱一式三份，一份律师事务所保留，一份瞿某某保留，另一份瞿某华、瞿某凤保管。此次见证收取了律师费，也出具了律师费发票，但我没有看到过委托合同，律师费发票复印件也是庭前祁某某交给我的。”一审法院据此判定遗嘱无效。

瞿某凤、瞿某华不服一审判决，提起上诉。2017 年 12 月 25 日二审法院作出终审民事判决，认为瞿某某所订立的代书遗嘱并非代书人在遗嘱人口述遗嘱内容时的当场记录，而系代书人返回律师事务所后根据记忆整理而成，且无整个过程的录音、录像等证据予以佐证，故不符合代书遗嘱时空一致性要求，也无证据证明该遗嘱系遗嘱人的真实意思表示，一审法院认定遗嘱无效且按法定继承处理，并无不当，判决驳回上诉，维持原判。

随后，瞿某凤、瞿某华起诉了某律师事务所。

一审法院认为，律师是依法取得律师执业证书，接受委托或者指定，为当事人提供法律服务的执业人员。律师事务所是律师的执业机构。律师担任诉讼法律事务代理人或者非诉讼法律事务代理人的，应当在受委托的权限内，维护委托人的合法权益。瞿某凤、瞿某华之兄瞿某某生前委托某律师事务所代书并见证遗嘱，目的是通过熟悉法律事务的专业人员提供法律服务，使其所立遗嘱具有法律效力。作为专门从事法律服务的机构，某律师事务所应当明知瞿某某的这一签约目的，在收取对价后，有义务为瞿某某提供完善的法律服务，以维护委托人的合法权益。但在代书遗嘱过程中，遗嘱人口述遗嘱内容时，某律师事务所指派的两位律师既没有作谈话笔录，也没有录音录像，而是回到律师事务所后仅凭自己的记忆整理出遗嘱版本，致使代书遗嘱因不符合时空一致性的要求，无法证明系遗嘱人的真实意思表示，而被法院生效判决确认为无效，瞿某某名下的房屋按法定继承处理。《律师法》第54条规定，律师违法执业或者因过错给当事人造成损失的，由其所在的律师事务所承担赔偿责任。律师事务所赔偿后，可以向有故意或者重大过失行为的律师追偿。瞿某某立遗嘱行为的本意，是要将遗嘱中所指的财产交由瞿某凤、瞿某华继承。现瞿某凤、瞿某华不能按遗嘱继承瞿某某遗产的根本原因，是某律师事务所没有给瞿某某提供完善的法律服务，以致瞿某某立下了无效遗嘱。某律师事务所在履行自己职责中的过错，侵害了瞿某凤、瞿某华依遗嘱继承瞿某某遗产的权利，由此给瞿某凤、瞿某华造成损失，应当承担赔偿责任。至于上海某律师事务所辩称遗嘱被确认为无效是瞿某凤、瞿某华在遗嘱继承纠纷一案中存在重大失误所致，事实证明即使瞿某凤、瞿某华提供了瞿某某因病无法正常握笔书写的证明，也无法改变代书遗嘱不符合法定生效要件的客观事实，故该抗辩意见不成立。至于赔偿范围，应以瞿某凤、瞿某华因遗嘱被生效判决确认为无效而被减少的继承份额为限。故判决：某律师事务所赔偿瞿某凤、瞿某华经济损失118.8万元。案件受理费15600元、评估费6638元，由某律师事务所负担。[1]

在进行遗嘱见证过程中，以上三个案件的6名律师及3家律师事务所都违反了律师见证的时间与空间界限，属于低级性错误，

---

① （2018）沪02民终10369号。

导致律师见证遗嘱无效，有的甚至造成律师事务所的巨额侵权赔偿。

在第三个案例中，两名律师都没有作谈话笔录，严重违反了律师见证行为的规范，发生遗嘱见证风险具有一定的必然性。

（3）律师见证必须遵循意思自治原则

一是指当事人有自由选择权，当事人可以选择公证、律师见证或其他见证人见证。即便当事人选择律师见证，其选择哪一家律师事务所、选择哪一位律师，都是当事人的权利。

二是指见证事项只能根据客户的申请，就客户申请的事项进行见证，律师不得在未经过当事人同意的情况下，超越委托范围见证，也不得违背当事人的意志进行见证，否则律师见证就会失去效力。

三是对当事人申请的事项是否见证，对于见证律师也没有强制性。但是，作为法律服务的专业部门，除了出于见证风险防控的考虑，其他情况没有合理事由的，一般不应拒绝见证。

意思自治原则是律师见证的重要原则，也是确保律师见证发挥作用的前提。

（4）律师见证范围不包括法定公证项目

公证制度是国家司法制度的组成部分，国家法律规定了一系列需要经过公证证明的法律事实和法律行为，当律师在见证过程中遇到法定公证项目时，应当指导当事人进行公证，而不得作见证。否则，会因为见证无意义，律师事务所可能面临被投诉，被要求退费的风险。

但是，我国规定公证员不得兼职律师，而在对外交往中，大多数英美法系国家，也包括过半数的大陆法系国家，公证人都是由自由职业者律师兼任或者出任，其民商证明习惯中喜欢采用律师见证的形式，甚至有一些国家、地区民间有普遍抵触我国公证的情形。我国法律规定的一些必须公证的事项，如果在境外法律环境下并不方便使用，而律师见证便捷有效，律师在这种情况下是可以进行见证的，这完全符合我国的法治精神。客观上，广东省的律师就承担了大量在我国香港地区使用的，而在内地本要求公证的律师见证业务，大大方便了两地的民商活动。

2. 律师见证和公证的差别

律师见证和公证机构公证的宗旨，都是从法律角度引导当事人正确实施民事法律行为、平衡合同各方利益、消除纠纷隐患，对于所发生的事实、法律行为进行客观记录和证明，以维护法律秩序，预防纠纷、减少诉讼。两者在回避制度、保密义务、不予办理事项等方面都有着相同、相似的法律规定。但是，两者之间也存在许多不同之处：

（1）证明机构的设立条件不同

律师见证的主体是律师事务所，律师事务所必须具备自己的章程、必须依法定程序提出设立申请、必须有符合规定的律师人数和资产数额；公证处的设立不需要申请，而是统筹规划、合理布局，人数和资产要求也不相同。

（2）证明的主体不同

律师见证的主体是律师，它以律师事务所名义和律师个人的名义进行；公证的主体是国家任命的公证员，它以国家公证机构的名义进行。

（3）证明的性质不同

律师见证的性质属于社会中介机构的证明，属于私证，与英美法系国家或地区的律师公证人见证类似，在诉讼中作为证人证言一般需要经过程序审查；我国公证是公证机构代表国家行使证明权，因此叫“公证”，具有很强的免证效力，具有部分大陆法系国家公证的特征。

（4）证明的缘由不同

律师见证需遵循当事人意思自治原则，对有关事项是否见证没有强制性；公证具有强制性，对于法律法规明文规定需进行公证的法律事件或法律行为，如果未经公证，即不产生法律效力。

（5）证明的范围不同

律师见证包括对客户法律行为的真实性、合法性进行证明，也包括根据客户委托对法律事实或复杂法律行为的深入调查，其实只要体现当事人意思自治精神，又不违反法律、法规的禁止性规定，也不违背公序良俗，社会依法不应干预的，都可以选择律师见证；《公证法》第 11 条列举了 11 个方面的公证事项，公证的事项是法定的，“公证的范围一般倾向于对法律事件的证明，这些法律事件如公民的出生、死亡等是不依当事人的主观意志为转移的，应当由公证机构加以证明，是一种国家职能的体现”。[①]

（6）证明的效力不同

律师见证具有一般的证据效力，在诉讼中的证明力位阶类似

---

① 冀祥德、杨曙光：《律师见证与公证比较研究》，载《中国司法》2003 年第 7 期。

于证人证言，不享有免证事实“待遇”，证明力有待于审查认定；公证的效力是一种绝对的效力，民事诉讼中对公证效力采取的是免除当事人举证责任原则，但规定有其他证据足以推翻的除外，有的公证书还是具有强制执行力的法律文书。

《民法典》修改了遗嘱效力规则，删除了原《继承法》关于公证遗嘱效力优先的规定，律师见证遗嘱和公证遗嘱同时存在并有抵触时，以最后一份有效遗嘱为准，切实尊重遗嘱人的真实意愿。

（7）受理选择性不同

律师见证须以当事人委托为前提，而当事人的委托又须取得受托律师事务所的同意，遵循双方意思自治原则，具有双向选择性；公证机构不具备这样的特性，公证作为一种国家赋予的公权力，公证主体对权力和职能没有处分权，当事人所需公证的事项符合《公证法》的规定时，除了像遗嘱公证风险大导致部分公证机关不得已设置一些高不可越的门槛外，公证机关没有理由拒绝受理公证申请。

（8）收费标准不同

律师见证可在不违反法律规定，根据实际工作量、繁简难易程度、律师水平高低、当事人对服务的合法需求等，确定收费数目；而公证收费须严格遵照国家规定，不得擅自提高或降低收费标准。

3. 律师见证和其他见证的差别

根据我国见证制度的安排，见证人并非执业律师的专属，社会组织派员、不受法律限制的自然人，也可以作为见证人。律师见证和其他见证的主要区别是：

（1）证明的主体不同

律师见证的主体是律师，以律师事务所名义和律师个人的名义进行见证，律师组织体系健全，覆盖面广泛，见证行为规范；其他见证的主体是社会组织派员或其他个人，以自然人的名义进行见证，即使是派员见证的社会组织，目前也没有全国性行业组织，其他见证人力量较为分散。

（2）证明的法律要求不同

律师见证，需对当事人申请的法律事实及法律行为的真实性和合法性进行专业审查，承担专家证明责任；其他见证人只对法律行为形式证明即可，通常只对当事人的声明或签名行为进行见证，见证行为相对简单，对内容的真实合法与否，没有审查的法律义务。

（3）对回避的要求有差别

《律师见证业务工作细则》第 9 条明确规定，律师不得办理与本人、配偶或本人、配偶的近亲属有利害关系的见证业务；而除了《民法典》第 1140 条规定无民事行为能力人、限制民事行为能力人以及其他不具有见证能力的人，继承人、受遗赠人，与继承人或受遗赠人有利害关系的人员不能作为遗嘱见证人以外，尚无明文对其他见证事项见证人的限制性规定。

（4）保密义务不同

律师见证遇到国家秘密、商业秘密和当事人的个人隐私，以及在见证活动中知悉的委托人和其他人不愿泄露的有关情况和信息，都有尽保密义务的职业操守；其他见证人主要是在道义层面上的遵守，只有侵犯他人隐私或秘密，突破了法律禁止的红线程度时，才有可能被追究法律责任。

（5）见证的范围不同

律师见证的范围受到限制，如当事人与所申请见证的事项没有利害关系的、所需见证的事项尚存争议的、当事人隐匿材料或提供虚假材料的、当事人虚构或隐瞒事实的、所需见证的事实不真实或不合法的、所需见证的事实违反公序良俗的，等等，律师都不可以提供见证服务；其他见证人对于以上情况都没有法律规定禁止见证，但见证结果可能会因为见证的对象不真实、违法或违背公序良俗而无效，导致见证无意义。

（6）承担的法律责任不同

律师见证行为失当造成他人损害构成侵权的，法院可能会判决出具见证的律师事务所对他人承担一定的赔偿责任；其他见证人因没有专业的法律知识和缺少职业的法律素养，很难对证明的事项的合法性进行确认，如果见证行为失当造成第三人损害的，也依法由当事人自行承担法律责任，但见证人同时作为担保人的除外。

（7）见证的法律效力不同

律师见证属于专家证明，公信力一般高于其他私证；其他见证人见证虽然在国内法律尚无明文规定证明效力低于律师见证，但如果用于境外法律环境，律师见证的证明力要普遍高于其他公民的见证，律师见证是境外最普遍的专家证明方式。

（8）见证效果的差别明显

熟人社会不需要证明，见证是随着商品经济发展而出现的。见证的作用就是证明，关键是证明力。见证当事人、见证律师本人可能不被社会所知晓，但是律师的执业标准、行业形象，决定了律师见证的社会效果普遍强于其他公民见证。

三、律师见证业务的种类

我国律师见证业务发展比较快，见证业务的种类也越来越多。但是，我们仍可以借鉴英美法系国家律师公证人见证业务种类，结合我国实际，坚持以为人民服务为中心，不断拓展律师见证的业务空间。目前，律师见证业务的种类主要有以下几种。

1. 合同见证

合同见证，是指律师事务所根据当事人的申请，对于当事人之间签订合同的真实性、合法性予以证明的活动。律师合同见证的范围非常广泛，尤其在对外经济贸易交往中。与公证相比，律师见证越来越受到国外友人的青睐，对我国开放经济的长足发展一直发挥着积极的作用。

律师合同见证的优势主要表现在几个方面。

（1）律师在对外交往中处于优势地位

在大多数西方国家，律师是民众的最好代言人，享有崇高的社会地位。在对外交往中，外国企业、组织或个人在与我国公司、企业、个人签订经济、贸易、技术合同时，双方当事人往往明确要求由我国律师给予见证。

（2）律师更擅长合同风险的防控

大多数律师事务所都倡导律师合作互补的团队服务，多数律师也直接从事过企业法律顾问工作，一般都擅长合同法律风险防控，对起草、审查合同具有丰富的专业经验，在对合同内容真实性、合法性审查方面优势明显，受合同双方当事人的欢迎。

（3）律师合同见证范围更广

在没有法律规定必须进行合同公证的领域，当事人签订重要合同使用律师见证的更多，合同范围非常广泛，可以拓展的合同见证空间更加广阔。

（4）律师合同见证在许多领域发挥了重要作用

近年来，在医疗合同、意定监护合同、搭伴养老同居合同、财富信托合同、以房养老合同、遗赠扶养协议、赡养协议、分家协议、慈善信托、生前预嘱、生前契约等方面的律师见证作用已日益凸显。随着见证领域的拓展，律师在家族财富传承领域的法律服务开始走向深入。

以在不同地区的众多医院开展术前谈话的律师见证为例，实践证明，这种律师见证业务能有效防范医疗纠纷的发生。如浙江省诸暨市人民医院的手术前谈话律师见证工作，2001 年至 2010 年 9 年多时间，该院共对 1800 余例手术实施了律师见证，术后无一例发生因沟通不到位而引起的医疗纠纷。[①] 在医疗合同见证中，律师见证的范围界限仅仅局限在相关主体之间的民事法律行为和法律文书的效力，不包括手术行为是否与医疗相关流程相符进行审查。因为手术医疗行为本身属于一种事实行为，更重要的是其具有非常专业的医学临床专业知识，尤其是该医疗行为有无医疗过错以及医疗行为与损害后果之间有无因果关系的问题，属于事

① 《术前谈话律师见证让诸暨市人民医院 9 年 1800 余例手术无一例医疗纠纷》，网址：http：//health. zjol. com. cn/system/2010/09/14/016930375. shtml，最后访问日期：2020 年 2 月 29 日。

实问题，需要由具有专业医疗知识的人加以判断，如医学会的鉴定专家或司法鉴定人员进行，律师见证时无权、更无能力对手术行为本身作出判断。

在合同见证中，对合同合法性审查非常重要。如果合同不合法，即使履行也得返还，实务中大量对律师事务所的投诉和起诉也是基于此。对于合同的合法性，需要交由具有深厚法律知识与大量实务积累的专业律师进行审查，经验不足或业务不精的律师容易疏忽形成见证风险。律师事务所应当建立严格的合同见证审查机制，盖章把关很重要。

2. 委托、声明、赠与见证

法律、行政法规规定应当公证的委托书、声明书、赠与文书，应当排除在律师见证范围之外。在与我国港澳台地区和中外民间往来中，委托、声明、赠与见证的律师需求量比较大。

（1）委托见证

委托见证，是指律师事务所根据当事人的申请，依法证明委托人授权他人以自己的名义实施某种法律行为意思表示的真实性、合法性的活动。

委托必须由委托人亲自办理见证，不得委托他人代为办理；委托行为必须是委托人的真实意思表示，委托内容应真实、合法；委托书是委托人的单方意思表示，只有在受托人表示接受委托时才能生效；转委托人要有转委托权，转委托的权限和期限不得超过原委托的权限和期限等，这些都是委托见证业务中需要特别注意的。

在我国境内委托，境外使用的授权委托书，委托律师进行见证的比较多。

（2）声明见证

声明见证，是指律师事务所根据当事人的申请，依法证明声明人声明意思表示的真实性、合法性的活动。

律师见证的声明与律师函的作用类似，有时可以交替使用。前者是当事人以自己名义的意思表示，如受遗赠人接受遗赠的声明；后者本质上是一种委托代理进行意思表示的法律行为，有时函内还有律师的法律评价等，使用更为广泛。两者一般都还需要以函告送达为法律行为成立要件，对于当事人维护自身合法权益具有重要的作用。

律师函是律师受托发表的声明，是代表委托人以律师的口吻和形式向委托人指向的人表达委托人的意志。律师是法律方面的专家，是最为严谨和认真的专业人员，律师函对委托人的意志赋予了更加强烈的法律救济色彩，所以律师函的使用相对更加普遍。

（3）赠与见证

赠与见证，是指律师事务所根据当事人的申请对赠与财产行为给予见证的证明活动。

赠与不动产等证明是依法需要公证的法律行为，律师不得进行见证。但遗赠不动产，律师可以见证。

赠与人处分的必须是其个人所有的合法财产；赠与必须是出于自愿，必须是真实的意思表示；不得以签订赠与合同的方式逃避税收或者逃避履行其他法定义务，否则，因此所导致的损失及后果由申请人自己承担；如不及时接受赠与物，不及时去办理转移登记手续，一旦出现预料不到的后果由当事人自负等，这些在赠与见证时需要特别注意。

3. 文书相关见证

文书相关见证，是指律师事务所对公民所要求的文书上的签名、印鉴、日期，文书的副本、影印本与原本相符见证等事项，经过审核认为真实合法所出具的证明。

文书上的签名、印鉴、日期，文书的副本、影印本与原本相符的证明。法律、行政法规规定应当提供公证文书的以上项目，应当排除在律师见证范围之外。

见证事项的当事人都必须实际到场，并且有见证律师亲眼见证其签字署名的过程，这是“真实性”的注意义务的必然要求。律师见证就是为一份书面文件的真实性的背书行为。见证律师只有在当事人在场并亲眼看见署名过程的情况下，才能免除自己有失注意义务的风险。

4. 遗嘱、意定监护见证

律师人数多、分布广，与民众接触较为密切，作遗嘱、意定监护见证更能及时、到位，有利于惠及普通民众，起到定分止争的预防作用。律师团队里多有精通金融法、财税法的专业律师，律师提供财富传承服务的经济效益也更加凸显。

遗嘱、意定监护律师见证，在本书后面的写作中将重点介绍，这里不再赘述。

5. 婚礼见证

律师证婚，或叫“婚礼见证”，并不能决定婚姻是否依法成立，如果领取了结婚证，即成为合法夫妻，本无须再公证或见证。

其实，我国曾长期坚持婚姻见证成立的婚姻法律制度。因为我国婚姻自古强调明媒正娶，且要有拜天地、拜父母、对拜等婚礼仪式，婚姻关系须有人见证方能合法生效。比如宋代书铺的婚礼见证，相当于如今的证婚人＋婚姻登记。

婚礼见证，是指对已经领取结婚证的婚礼现场进行证明的活动，是对结婚礼成行为的一种证明。见证律师，就是常见的婚礼上的证婚人。一是民间有需求，增加结婚仪式感，以提高婚姻当事人保护婚姻家庭的法律意识，增强婚姻家庭的责任感；二是在重视宣誓程序的一些国家，包括美国的某些州，需要提供《第三方证婚人宣誓书见证》来证明婚姻的成立，被纳入作为配偶申请移民的必经法律审查程序。

婚礼见证业务应是见证风险最小的，收费也应当最低，但见证业务均在新人新生活开始之际，婚礼现场对律师形象宣传极其有益。家事法律师对夫妻财产约定、家族财富传承、财税法服务、私人法律顾问等业务拓展，律师事务所工作装、律师礼仪、语言艺术等企业文化，都应当以婚礼见证业务为龙头加以研发。

6. 对外交往中的其他见证

主要用于英美法系国家使用的，发生在国内的婚姻状况、亲属关系、收养关系，出生、生存、死亡、身份、经历、学历、学位、职务、职称、有无违法犯罪记录，公司章程，证据保全，财产分割，招标投标、拍卖，以及继承等方面的律师见证。

在我国，这些不以人的意志为转移的法律事实，一般规定是由政府职能部门或者公证机构出具相应的文件确认，而律师在这些法律事件发生时难以亲身所见，这些法律事实以及由此而产生的法律关系，不属于律师见证的业务范围。

7. 电子证据保全见证

随着现代网络科技的飞速发展，电子证据越来越庞大，并且一直都有保全和取证困难的问题，由于容易篡改且难被发现，法院多会以此类证据存在修改可能而不予采信，造成了人民群众在新时代的一项维权难题。目前，我国个别公证机构已经开始了“数据电文保管箱”“重试购物经过”① 等证明权试用，公证机构的中立第三方法律地位使其成为数据电文证据服务中的最佳选择。但是，由于我国公证行业在现代科技领域人才力量还很薄弱，远不能满足还在继续加速发展的电子证据证明需要，况且如恋情誓言等“数据电文保管箱”证明本来也不应该是国家公证机构的证明范围，而律师队伍中理工科出身且具有工程师、高级工程师职称的人数很多，技术优势明显。可是，律师见证在国内一直未被

---

① 重试购物经过，是指在见证人面前完成重新购物的过程。“某公证处公证员告诉记者，他们在接到维权者请求后，一般会让维权者在公证员的全程监督下，使用公证处提供的电脑和网络，将购买过程重复一遍。从下单、询价、确认订单、付款到最后收货，这一系列过程均被公证员完整记录下来，最后这一‘电子公证’便可作为证据，在维权过程中，作为该商户售假的有力证据。”《爱情誓言可进行电子公证，年收费 200 元》，网址：http：//news. mydrivers. com/1/206/206848. htm，最后访问日期：2020 年 3 月 2 日。

赋予法定的证明权。期待有能力的律师事务所先试先行，有关部门尽快开展相关立法研究，发挥好律师见证的宝贵社会法律服务资源的作用，为广大网民提供切实可行的法律保障。

2019 年 12 月 26 日，最高人民法院发布了新修正的《关于民事诉讼证据的若干规定》，该规定自 2020 年 5 月 1 日起施行。该规定第 14 条细化了电子数据的种类，包括五大类形式：

（一）网页、博客、微博客等网络平台发布的信息；

（二）手机短信、电子邮件、即时通信、通讯群组等网络应用服务的通信信息；

（三）用户注册信息、身份认证信息、电子交易记录、通信记录、登录日志等信息；

（四）文档、图片、音频、视频、数字证书、计算机程序等电子文件；

（五）其他以数字化形式存储、处理、传输的能够证明案件事实的信息。

该规定第 94 条第 2 款规定，电子数据的内容经公证机关公证的，人民法院应当确认其真实性，但有相反证据足以推翻的除外。但是，对于律师见证，在该条第 1 款第 2 项规定，由记录和保存电子数据的中立第三方平台提供或者确认的，人民法院可以确认其真实性，但有足以反驳的相反证据的除外。

也就是说，中立的律师见证虽然可以确认其真实性，但司法解释并没有明确律师见证享有免证待遇。

8. 认罪认罚具结书见证

认罪认罚具结书见证，是指对自愿认罪，同意量刑建议和程序适用的犯罪嫌疑人，辩护人或者值班律师在场对其签署认罪认罚具结书进行的见证。具结书应当包括犯罪嫌疑人如实供述罪行、同意量刑建议、程序适用等内容，由犯罪嫌疑人、辩护人或者值班律师签名。

2019 年 10 月 24 日，最高人民检察院、最高人民法院、公安部、国家安全部、司法部发布《关于适用认罪认罚从宽制度的指导意见》规定，犯罪嫌疑人、被告人自愿如实供述自己的犯罪，对于指控犯罪事实没有异议，同意检察机关的量刑意见并签署具结书的案件，可以依法从宽处理。认罪认罚从宽制度贯穿刑事诉讼全过程，适用于侦查、起诉、审判各个阶段。侦查阶段、审查起诉阶段签署认罪认罚具结书时，均需要辩护人或值班律师到场见证。

办理认罪认罚案件，人民法院应当对认罪认罚的自愿性、具结书内容的真实性和合法性进行审查核实。人民法院适用速裁程序审理案件，可以集中开庭，逐案审理；人民检察院可以指派公诉人集中出庭支持公诉。被告人在第一审程序中未认罪认罚，在第二审程序中认罪认罚的，二审人民法院应当根据认罪认罚的作用决定是否从宽，确定从宽幅度时应当与第一审程序认罪认罚有所区别。

在庭审中，人民法院对认罪认罚的自愿性、具结书内容的真实性和合法性应当重点核实以下内容：1. 被告人是否自愿认罪认罚，有无因受到暴力、威胁、引诱而违背意愿认罪认罚；2. 被告人认罪认罚时的认知能力和精神状态是否正常；3. 被告人是否理解认罪认罚的性质和可能导致的法律后果；4. 人民检察院、公安机关是否履行告知义务并听取意见；5. 值班律师或者辩护人是否与人民检察院进行沟通，提供了有效法律帮助或者辩护，并是否在场见证认罪认罚具结书的签署。

认罪认罚具结书见证，由辩护人或者值班律师一人以上进行。虽然规定在律师资源短缺的地区，可以通过现场值班和电话、网络值班相结合，值班律师可以定期值班或轮流值班，但是，认罪认罚具结书见证时，辩护人或者值班律师必须全程现场进行见证。从目前情况看，各地都尽可能对被追诉人认罪认罚过程进行留痕，所采用的主要表现形式为文字材料和同步录音录像资料两种形式。实践中，在被调研地区，虽然依法让律师参与见证，但是律师在大多数情况下根本不知道自己见证案件的具体内容，部分侦查人员、检察人员表示，录音录像的应用完全可以替代值班律师见证职能的发挥，甚至比值班律师所能发挥的作用更为突出。认罪认罚具结书见证，是新的法律规定，也是律师见证涉足刑事诉讼的第一次尝试。律师如何能在刑事诉讼中发挥更大作用，控辩审三方还在磨合之中。

案例1：签认罪认罚具结书获轻判

2020年3月12日，公安机关以王某某涉嫌妨害公务罪移送审查起诉，检察机关即通知值班律师为王某某提供法律帮助，全面告知其认罪认罚从宽制度及相应的法律后果。王某某对检察机关贯彻宽严相济的刑事政策表示充分信任，愿意认罪认罚，在值班律师见证下自愿签署了认罪认罚具结书。3月13日，某区人民检察院对其提起公诉。

3月24日，检察机关与法院、法律援助中心三方连线，通过网络视频远程“云审判”，法院采纳了检察机关指控的事实、罪名及量刑建议，以妨害公务罪判处王某某有期徒刑6个月，缓刑

1 年。王某某当庭表示认罪服判不上诉。[①]

9. 对群众取证见证

在公权力面前，个人处于弱势地位，当遭遇公职人员不作为、乱作为时，公民应寻求及时有效的律师见证。

案例 2：报案公安不立案，律师见证帮助自诉

原告于某某、袁某芳、袁某雪、袁某飞与被告藏某稳、杨某、刘某某机动车交通事故责任纠纷一案，法院于 2013 年 12 月 10 日作出民事判决，判令被告藏某稳在机动车交通事故强制保险限额内，于判决生效后 15 日内赔偿原告于某某、袁某芳、袁某雪、袁某飞死亡赔偿金、医疗费、丧葬费等共计人民币 12 万元，被告杨某、刘某某承担连带赔偿责任；被告藏某稳在机动车交通事故强制保险限额外，于判决生效后 15 日内赔偿原告于某某、袁某芳、袁某雪、袁某飞死亡赔偿金、医疗费、精神损害抚慰金等共计人民币 202023 元。判决生效后，于某某、袁某芳、袁某雪、袁某飞向某区法院申请强制执行，其间杨某已缴纳执行案款人民币 12 万元。在强制执行期间，执行人员通过电话联系、前往户籍地等方式查找藏某稳，均未能与其取得联系。

2015 年 8 月 21 日，藏某稳与某公司签订《征地项目房屋拆迁补偿回迁安置协议》。2015 年 10 月 14 日，藏某稳的账户收到拆迁款人民币 53.86 万元。次日，藏某稳将上述款项中的人民币 40 万元转入其妹妹臧某莲的北京银行账户，并将剩余人民币

---

① 最高检发布第十批全国检察机关依法办理涉新冠肺炎疫情典型案例之四：江苏省常州市王某某妨害公务案。

13.86 万元全部现金支取。

2017 年 6 月，在多位律师的见证下，袁某飞等人就藏某稳涉嫌拒不执行判决、裁定罪向某公安分局提出控告，公安机关不予受理，但并未出具不予受理通知书。2017 年 6 月 28 日，袁某飞等人以藏某稳犯拒不执行判决罪，向某区人民法院提起自诉，并提交了律师见证书，用以证实自诉人曾向公安机关报案但未予受理。该院经核实见证书后，确认公安机关不予立案属实，依法立案。在法院审理期间，被告人藏某稳亲属应其要求已代为缴纳执行案款人民币 205088 元，被告人藏某稳对此事表示认可。

法院经审理认为，被告人藏某稳在获得足以执行生效判决的拆迁款后，转移财产，逃避执行的行为，致使判决长达 3 年无法执行，严重侵害了自诉人的合法权益及人民法院的司法权威，情节严重，其行为已构成拒不执行判决罪。鉴于其到案后如实供述自己的犯罪事实，且判决宣告前积极缴纳执行案款，确有悔罪表现，可酌予从宽处罚。该院以拒不执行判决、裁定罪判处藏某稳有期徒刑 8 个月，缓刑 1 年。①

被告人藏某稳在明知案件进入执行程序后，隐匿行踪，转移财产，拒不履行判决确定的义务，致使生效裁判无法执行，情节严重，构成拒不执行判决、裁定罪。在申请执行人向公安机关控告时，尽管公安机关没有出具不予立案通知书，但人民法院根据律师见证书等证据确认公安机关不予立案的事实，依法受理申请执行人刑事自诉，及时审理，依法判决，促使被执行人履行了义

① 人民法院依法打击拒不执行判决、裁定罪典型案例之八：藏某稳拒不执行判决、裁定案。

务，有效惩治了拒执犯罪。

《刑事诉讼法》第112条规定，刑事自诉是指被害人、被害人的法定代理人、近亲属为了追究被告人的刑事责任而直接向人民法院提起的诉讼。除了告诉才处理的、被害人有证据证明的轻微刑事案件以外，被害人有证据证明对被告人侵犯自己人身、财产权利的行为应当依法追究刑事责任，而公安机关或者人民检察院不予追究被告人刑事责任的案件，被害人也可以提出刑事自诉。那么，公安机关既不受理也不给开具不受理案件通知书的，怎么办？在本案中，法院依法确认了律师见证的，应立案而不予立案的事实，保障了公民的合法权益。最高人民法院将本案列入了人民法院依法打击拒不执行判决、裁定罪的典型案例中，很有意义。

10. 行政行为见证

行政行为见证，是指政府及行政机关委托律师对政府采购、招投标、政府谈判，以及对非法建设、非法占地行政处罚决定的强制执行等行政行为的真实性、合法性提供见证服务。从全国各地行政行为律师见证的情况看，几乎都是政府机关单方委托见证，虽然见证律师有职业操守约束不至于影响其中立立场，但是将来应当规范由作出行政行为的机关和行政行为相对人共同委托见证律师，或者规定于强制执行决定同时公布由上级政府统一购买服务的顾问律师担任见证人，并向制度化方向发展。

行政行为律师见证，在许多地区已被广泛应用，取得了非常好的社会效果。

一是律师事务所是相对于行政机关和行政相对人的第三方中

介组织，身份是独立的民间机构，其中立性、公平性比较可信。

二是律师见证主要是对行政行为或事务的真实性和合法性进行审查和见证，可以使行政行为的合法性得到有效保障，促进行政行为的合法化，推动法治建设的进程。

三是基于行政相对人对于律师社会地位的认可，以及行政行为更加透明的真实性、合法性的彰显，行政行为的权威性和稳定性可以得到更好的保障，有利于国家信誉的积累。

四是律师见证对行政行为整个过程进行记录，对于行政行为的相关资料进行收集、整理并制发见证书。行政行为律师见证的介入，客观上可以避免很大一部分行政诉讼的发生。对于未能避免的讼争，律师见证档案材料不失为证据保存的有效途径之一，可以减轻法庭调查的难度，有利于对事实的认定和裁判。

行政单位的公职律师、常年法律顾问律师、曾经的委托代理人，均不得担任该行政单位行政行为的见证人。国家对行政行为合法性要求越来越高，行政行为见证律师应当精通行政法，避免行政行为合法性审查出现差错，从而影响到见证律师和律师事务所的专业形象。

第三节 律师见证行为规范与风险

我国传统法律文化中有着久远、丰富多样的证明制度体系，发挥了重要的历史作用。但是，我国现行的律师制度和公证制度却只是在一百多年前刚从西方舶来的法律制度。我国现行公证业务始于1946年的哈尔滨法院，现行律师见证制度起步得更晚，律师制度与传统文化的冲突又时而复发，加之律师见证制度设计的缺失导致这一项快速发展的律师业务缺少得力的支撑和制度保障。客观上，律师见证在无序中的摸索使律师执业遵循无所适从，影响了律师业的健康发展。所以，我国亟待健全律师见证制度，使得律师见证活动真正有法可依、有章可循，促进公证和见证为主的证明体系融合发展，使其在经济民生活动中发挥切实有效的法治促进作用。

律师职业完美融合于中国文化还有很长的路要走，我们既要努力走本土化律师见证发展之路，又要把规避见证风险转化为提高律师业务水准的动力。

一、专家证人与专家责任

所谓专家证人，系源于英美法系的一项法律制度，本是指具有专家资格，并被允许帮助陪审团或法庭理解某些普通人难以理解的复杂的专业性问题的证人。专家证人提供的意见被称为“专家证言”。专家不一定是该专业方面的权威，但在该专业方面必须具备一定的经验和资格。在只有专家才能帮助法官或陪审团解决争议的情况下，专家意见可以被采纳为证据。[①]

1. 专家证人

作为专家证人的律师，是指合法持有国家颁发的律师执业证书，熟练掌握相关法律知识和实务技能，接受社会公众的委托，并且为其提供证明法律服务的专业律师。

以法国为例，作为自由职业者的法国公证人享有崇高的社会地位，主要来源于法国公证行业的极高准入门槛。取得公证人的从业资格必须具备以下条件：具有法国国籍；未曾有不端行为而受刑事处罚或纪律、行政处分；未曾被宣告个人破产；申请人必须具备法学硕士学位或者司法部长认可的同等学力；掌握至少两门外语。具备了上述条件之后，经过严格的职业培训才能最终加入公证人的队伍。培训分为行业培训和高校培训两种，申请人可以任选其一。行业培训是一种全日制的教学课程，学员一般已经取得法学硕士学位。培训结束后还将进行严格的结业考试，通过

---

① 齐树洁、洪秀娟：《英国专家证人制度改革的启示与借鉴》，载《中国司法》2006年第5期。

者在担任“实习公证人”两年之后方可正式获得公证人资格。高校培训则是一种由被授权的高校组织的一年期课程，结业之后同样要经过考试和实习方可取得正式执业资格。

从民法公平原则角度看，高门槛决定了自由职业公证人的专家地位和身份，他们垄断了某个领域的信息和话语权，在地位和信息上的不对称使得人们必须信赖他们，自由职业的公证人在提供服务中就有权利获得比较高的对价，根据权利义务对等原则，这也是与他们的高度注意义务相对应的。

我国也应当设定适当的从事律师见证业务的入围门槛，开展律师见证人的专业培训，增强见证律师的责任感，有利于提升中国律师的整体形象。可以先由律师协会或专业社会组织①试办先行，逐

---

① 如北京老龄法律研究会培训管理的遗嘱见证专员，一般需要执业七年以上的律师或公证员，或者担任法官、检察官、监察官七年以上，方有资格参加专业培训与考试，通过后还需承诺履行9项义务：第一，遗嘱见证专员负有参加遗嘱见证业务学习的义务。未经过当年遗嘱见证业务培训考核，或存在本会规定的失职行为，未通过年检的，不得再以遗嘱见证专员名义进行证明活动。第二，遗嘱见证专员负有不得随意拒绝见证的义务。本会是社会组织，获得遗嘱见证专员的见证是当事人的权利，遗嘱见证专员不得随意拒绝当事人提出的遗嘱见证申请。“不得随意”拒绝，即如果遗嘱见证专员没有适当理由不得拒绝见证。第三，遗嘱见证专员负有回避的义务。遗嘱见证专员须遵守独立性和中立性的义务，不得在任何涉及其自身利益的事项中担任遗嘱见证人，遗嘱见证专员在其服务过程中不得从事任何损害或可能损害其独立性或中立性的行为。第四，遗嘱见证专员负有亲自办理见证的义务。一旦接受当事人的委托，遗嘱见证专员就须亲自全程见证，不得再委托他人就该事项进行见证，包括委托给其他遗嘱见证专员。第五，遗嘱见证专员有记录见证行为的义务。遗嘱见证专员均负有适当记录其所为之见证行为并存档保管此类记录的义务。主要是为了保障见证程序的合法性，并为事后的审查提供依据。第六，遗嘱见证专员负有保密义务。为了保障当事人的隐私权或商业机密，遗嘱见证专员负有保密的义务。遗嘱见证专员通过控制见证程序的参加人数、见证文书发放、档案管理等诸多具体遗嘱见证环节，最大限度来保障遗嘱见证的保密性。第七，禁止遗嘱见证专员与他人分享见证收费。第八，遗嘱见证专员负有谨慎见证义务。在见证过程中，遗嘱见证专员必须运用其他人在从事自己事务时所运用的合理技能并履行通常的注意及勤勉义务，如果遗嘱见证专员违反勤勉义务，则应当向当事人赔偿，或者在本会基于合同关系向当事人承担违约责任后赔偿本会的损失。第九，遗嘱见证专员负有出庭作证义务。遗嘱见证文书恰恰属于书面证据，根据传闻证据规则，其证据效力是有缺陷的，当法庭需要遗嘱见证专员作为证人出庭时，该遗嘱见证专员负有出庭接受质证的义务。

步形成见证行为标准，再过渡到健全的见证制度体系，取信于民，惠及民众。

2. 专家责任

律师作为专业法律服务提供者，对于过错的责任，律师事务所承担的是专家责任。在见证律师的专家注意义务中，包含了获得高额服务对价利益应当承担的高风险——间接侵权风险，这种风险是可预见的，也属于合理范畴。一旦专家违反高度注意义务，不但直接侵害了服务相对人的利益，同时也间接侵害了第三人因合理信赖而期待产生的经济利益，有侵权即可追究责任，委托人、第三人可以依据民法追究其所在律师事务所的侵权责任。

律师必须以其严谨、专业的工作状态介入到合同制定、意定监护、遗嘱、继承、出国留学等众多经济社会活动中。

在美国，所有律师都可以成为公证人开展见证业务，入职门槛相对较低。但是，如果公证人提供的证明文件中有其明知不真实的陈述，或者在要求公证的各方当事人未亲自到场的情况下，便在相关文件上加盖职务印章和签名的行为就算是轻微犯罪，将受到200美元以下的罚金，或者3个月以下的有期徒刑，或者二者并罚。

可见，律师见证在中外法律环境中，均应承担专家责任，我国的律师见证也应当受严格的约束。

（1）负有亲自办理见证的义务

律师必须亲自办理见证并审核当事人的主体资格和真实意思表示，即见证书署名律师与实际见证律师务必同一。“本人代理”

是民事代理制度的基本原则，因为代理关系的发生是基于委托人对代理人本人某一方面能力的信赖。许多国家公证人制度都规定，律师一旦接受当事人的委托，就不得再委托其他人（包括律师同事）就该事项进行见证，否则将受到处罚。不过，值得注意的是，英国立法规定虽然如果这种转委托确实发生且被授权的他人也是公证人，则公证书仍然是有效的——这主要是基于保障当事人经济利益以及提高公证效率的考虑，而转委托的公证人仍然要受到处罚。

（2）负有回避的义务

律师见证人必须保持中立立场。《律师法》第39条规定，律师不得在同一案件中为双方当事人担任代理人，不得代理与本人或者其近亲属有利益冲突的法律事务。《公证法》第23条规定，公证员不得为本人及近亲属办理公证或者办理与本人及近亲属有利害关系的公证。《律师见证业务工作细则》第9条规定："……律师不得办理与本人、配偶或本人、配偶的近亲属有利害关系的见证业务。"在德国，律师公证人的执业范围受法律约束，如果律师公证人从事了该业务项目中有关的律师业务，就不得再从事该项目中当事人的公证事务。

（3）负有保密的义务

律师固有的专家责任之一，就是负有保密义务。《律师法》第38条规定，律师不得泄露当事人的隐私，对在执业活动中知悉的委托人和其他人不愿泄露的有关情况和信息，应当予以保密。在德国，要求公证人只忠诚于自己的职业，对于任何人都具有绝对的沉默权，即使在执行公证职务时发现当事人有违法行为或者犯罪行为，公证人可以选择不予公证，但不能向其他任何人透露，甚至对于检察官的调查，也有绝对的权利予以拒绝，此时的公证人要绝对地承担沉默之义务，而不会受到法律上的任何谴责和制裁。对律师公证人职务行为以周全的制度保障，促进了其保持中立的意志，增强了民众对公证的信赖和尊崇。

（4）负有谨慎守则的义务

律师见证人不得制作错误证明或虚假证明，不够专业和欠缺谨慎的需担责。《律师法》第 3 条规定，律师执业必须遵守宪法和法律，恪守律师职业道德和执业纪律；律师执业必须以事实为根据，以法律为准绳。

见证律师对于当事人身份、见证事实都负有审查义务，因此存在不尽职的风险。《公证法》第 28 条及《公证程序规则》第 24 条虽然都规定了公证机构对于当事人的身份负有审查义务，但是这些规定过于原则，对于公证机构履行审查义务达到何种程度才算尽责却没有明确规定。所以，见证律师据此对于当事人的身份也应当审查其客观真实性。

律师虽然不是鉴定专业人员，但是其作为法律专业人员同样应当具有高于普通人相应的审查证明事项和证明资料真伪的能力，而当事人也正是因为对见证律师审查能力的信赖才委托律师进行见证。

《公证法》第 29 条还规定，公证机构对申请公证的事项以及当事人提供的证明材料，按照有关办证规则需要核实或者对其有异议的，负有核实义务。《公证法》第 42 条规定，为不真实、不合法的事项出具公证书的公证机构和公证员要受到主管部门的处罚。见证律师如果不能审查出证明材料的虚假性，导致最终作出的律师见证错误，即使其严格依照法定程序出具见证书，人民法院会根据以上这些规定认定事实，律师事务所仍有可能承担相应的责任。[①]

3. 专家责任风险与防范

(1) 律师见证非亲自办理

律师执行见证职务时，如果当事人实际并不在律师的面前，律师事务所存在责任风险。所以，律师见证必须由本人亲自全程办理，并签署姓名、日期。

例如，见证书上两名律师见证签名，其中一人并没有在现场，就属于律师见证非亲自办理，见证无效。

案例1：在外加工“半成品”的公证书带到现场，公证书被判无效

2015年9月18日，沈某某在县人民医院住院治疗期间，其子沈某1到县公证处要求代沈某某办理遗嘱公证，并以沈某某的名义在县公证处制作了2份谈话笔录和1份公证书，由公证人员带到县人民医院，向沈某某宣读，沈某某点头并捺手印。公证遗嘱内容为“一、我名下原有房产一处，后未经我的同意转到他人名下，我对该转移登记不服，向县人民法院提起诉讼，经县人民法院判决撤销县房地产管理局对该房屋的转移登记，并将该房屋恢复原房屋所有权证，现本案处于二审阶段。因我年事已高，担心在二审结束前出现生命意外（死亡），特作出如下安排：若法

① 如果没有获得法院普遍认可的律师见证行为标准，如果法院不能出台具体的裁判标准，根据现有的法律规定，一旦见证事实出错，律师见证的风险是看不到边际的，也就是不可预防的。

院最终判决该房产恢复到我名下，则属于我的部分由女儿沈某继承，任何人无权干涉。二、我的后事由我的儿子沈某1负责安排，百年后将我送回×××进行安葬。我生前没有用完的钱用于为祖人修建墓茔墓碑，如有结余，则所有的继承人平分。以上遗嘱行为是我的真实意思表示，没有受到任何外界的干扰和他人的胁迫，如有不实自愿承担相应的法律责任。"

另查明，沈某某自2007年起身患老年痴呆，2015年进行公证时已不能用口头语言和书面语言表达其意思。沈某某于2017年5月18日病故。

法院认为：本案中，县公证处的工作人员虽前往沈某某住院的医院为其办理公证事项，但当时沈某某已不能用口头语言和书面语言表达其意思，公证人员向沈某某问的相关笔录及公证书，均是其子沈某1在县公证处办公室事先制作好以后带到医院由沈某某捺的手印，结合沈某某的身体状况，根本无法判断其真实意思表示，不能认为是沈某某本人申请办理的公证，故该公证遗嘱无效。[①]

（2）当事人身份出现错误

律师未通过充分的证据核实当事人的身份，律师事务所存在责任风险。所以，律师事务所应当安装身份证人脸识别系统，通过姓名、身份证号、人脸图片三要素验证，与权威数据源进行比对验真，判断用户是否为本人。同时，需要打印比对结果，并将识别系统型号、比对经过和结果记入笔录。

---

① （2017）湘0724民初1032号。

案例2：身份证持证人与身份证照片不符，公证处应担责

公证借款合同借款到期后，因（借款人）李某某、施某某未按照合同约定向（出借人）某某霞还本付息，某某霞向某公证处申领执行证书，某公证处于2015年7月14日向某某霞出具执行证书，据此，某某霞向县人民法院申请强制执行。该院于2015年7月23日受理，在执行过程中，（合同担保人）刘某某以公证债权文书存在违法情形向县人民检察院申请执行监督，该检察院作出检察建议书，认定：公证处所拍照片并非刘某某本人，身份信息与照片不相符，且经鉴，借款合同第三页上丙方处的签名字迹刘某某三字，不是刘某某书写，据此，认定某公证处出具的公证债权文书内容与事实不符，建议县人民法院裁定不予执行公证处执行证书。县人民法院于2016年10月24日作出执行裁定书，裁定不予执行公证处执行证书。后债权人提起诉讼。法院经审理认为，根据县人民检察院检察建议书认定事实，某公证处所拍照片并非刘某某本人，身份信息与照片不相符，据此可以认定某公证处在进行本案债权公证事项时，并未按照《公证机构审查自然人身份的指导意见》的规定尽到了严格核验义务，公证机关对身份证件的真伪的核验并不能当然免除其对持有真实身份证件的自然人与身份证件显示的自然人是否为同一人的核验义务，故该院认定某公证处在进行本案涉案公证事项时存在过错。故判决某公证处对李某某、施某某偿还借款本息义务承担补充赔偿责任。[①]

（3）明知当事人可能受欺骗、受胁迫或非自愿仍出具见证书

① （2018）豫01民终20739号。

见证律师认为当事人并非完全出于自愿，或者不能确定当事人的意思表示是否真实，或者不能排除当事人是否受到胁迫、欺诈，而见证律师仍为其出具见证书，都将存在责任风险。如果失实见证文书具有社会危害性，造成严重后果的，见证律师还有可能承担刑事责任。

案例3：律师作见证应对合同内容进行实质审查

叶某对于委托服务的合法性有疑问，于是找律师对《服务合同》作见证，后叶某因履行合同被追究了刑事责任。法院判决认为："《服务合同》的内容存在违法性。律师作为专业法律工作者，在叶某反复求证之下，理应对上述《服务合同》的内容进行仔细分析，并向求证心切的叶某作出认真的解读。然而，相关律师并未认真分析《服务合同》的内容，以及《服务合同》实际履行过程中可能出现的违法后果，而是草率地确认《服务合同》为合法的合同，已具有明显过失。律师事务所的上述过失行为，使得叶某求证《服务合同》合法性的目的未能达到，且为叶某履行内容上存在违法性的《服务合同》提供了可能，对叶某此后被判决定罪已具有一定的因果关系，故叶某要求律师事务所对其承担侵权责任的主张，合法有据，应予支持。其中，叶某见证费损失系律师事务所的过失行为直接所造成，应由律师事务所全额赔偿；至于叶某其余损失，因叶某被判决定罪主要系其自身超越《服务合同》约定范畴的行为所致，律师事务所过失行为所占的原因力比例较低，法院酌情确定为3万元"。①

① （2009）长民一（民）重字第1号。

本案的典型意义在于，见证律师不要把自己定位于只是见证当事人签名的形式见证上，对合同事实的基本审查必不可少。本案当事人对于合同履行是否合法前来求证、见证，作为专业法律人，回避求证只见证，结果导致了风险。

（4）见证律师违反了回避原则

见证律师是所见证文件的当事人，或该文件中有律师自己的名字；律师是见证当事人的配偶、家庭成员，近亲属；律师是见证当事人的代理人，对所见证文件进行过准备、解释和建议工作等，律师都不得作见证。否则，因见证律师中立立场易受影响，见证可能无效，律师事务所存在责任风险。

比如，有律师担任房地产开发商的法律顾问，作为开发商的法律顾问，或者只是曾经代理过开发商的案件，因为该律师是法律专业人士，就不可以再为该开发商作房屋销售合同的见证了，属于存在利害关系需要回避的情形。否则，因开发商违法导致合同无效，见证合同的律师事务所则存在赔偿风险。如果律师事务所与开发商只是合同见证的律师服务关系，每一单都单独签订法律服务合同，则不应认为存在需要回避的情形，是可以对房屋买卖合同见证的。但是，见证律师当然需要对合同内容进行审查，承担相应责任。

在医院术前见证中，见证律师先前不可以是该医院的法律顾问或者是曾经的代理人，否则的话，是治标不治本，一旦发生纠纷，见证律师可能因未自行回避导致见证的无效。

如果律师事务所规模较大，有单独的房地产法律服务部门、医患纠纷部门和单独的律师见证部门，法律顾问律师与见证律师处于不同部门，客观上律师之间也不存在利害关系，该律师事务所的见证业务就属于不需要回避的情形。

（5）见证律师不可随意影响当事人的见证事务

在无正当理由的情况下，当事人之间对申请见证的事项有争议的，律师不得办理见证；见证律师不得对争议事项居间调解，不得做工作促成一致以后再作见证。

当事人之间对见证事项有争议，是指当事人之间就见证事项的权利与义务还没有确定，权利义务还是待定状态，应当告知当事人，待双方对见证的事项没有争议以后再来见证。

见证律师也不得劝阻当事人订立涉及见证行为的交易。

但是，为实现当事人的见证目的，便于见证书的使用，增进证明制度的价值，见证律师应向当事人提供相关法律咨询，遇到复杂问题的咨询还可以按规定另行收取服务费。实践中，律师释法和解答的法律咨询包括：①在见证事项办理过程中，律师应向当事人阐释见证事项所涉及的法律，介绍我国目前公证与律师见证的区别；②律师可就当事人关心的其他事务，比如不符合见证受理条件的事务、当事人未申请见证的事务等所涉问题进行释法说明；③解释见证在所涉法律事务办理中所处的阶段、地位和作用；④见证方案的利弊分析。在家庭财富传承中，对当事老年人意定监护安排，赠与、买卖的选择，遗嘱、遗赠的设计，通过分析金融法、财税法、程序法、老龄法等法律政策的适用和保障，权衡利弊，对老年人的人身安全、财产的保值增值，以及传承信托等所涉及的各种法律关系和产生的法律后果，应向当事人进行充分告知。这也是一种普法宣传，让当事人在一定程度上了解律师在处理家事中的作用，知道哪些事情聘请律师有意义。

（6）见证律师可能触犯刑律的行为

一是律师违反规定，制作其知道或相信包含错误信息的律师见证；二是在未完成的见证书、空白或未完成的文书上加盖律师事务所公章或律师签名；三是律师存欺骗或欺诈的故意实施见证行为。

根据《刑法》第229条的规定，提供虚假证明文件罪，是指承担资产评估、验资、验证、会计、审计、法律服务等职责的中介组织的人员故意提供虚假证明文件，情节严重的行为。所谓情节严重，主要是指多次提供虚假证明的；违法所得数额巨大的；造成国有资产严重流失的；给公司、公司股东、债权人及其利益人造成严重经济损失的；提供虚假证明给公司用于进行非法发行股票，低价折股、低价出售国有资产、虚假出资等违法犯罪活动的；造成恶劣社会影响的等。

二、事实审查与风险防控

律师见证的对象主要是法律事实和法律行为，见证工作分为事实审查和形式审查。

1. 见证的事实审查

见证的事实审查，是指在律师事务所受理当事人的见证申请后，制作见证书之前，见证律师对当事人申请见证的事项及其所提供的证明材料进行调查、核实的活动。

见证律师应审查：

（1）当事人的人数、身份和民事行为能力

无关人员不得进入见证现场；见证现场的人数准确，记录不可以遗漏；当事人身份要核实、甄别，身份证明需留存复印件；当事人应当具有完全民事行为能力。

无民事行为能力人或者限制民事行为能力人，没有监护人代理申请办理见证的，不得办理见证。

（2）当事人申请办理见证的资格，当事人的意思表示和相应的权利

律师询问当事人时，应告知其权利、义务、法律责任和注意事项，并制作谈话笔录。

对于当事人与申请见证的事项没有利害关系的不得办理见证。申请见证的事项与当事人没有利害关系，是指见证的事项对当事人来说，既不能享受权利，也不要承担什么义务，见证的事项对他来说，没有任何关系。

（3）需见证的行为、事实或文书的内容是否完备、真实、合法

审查当事人申请见证的事实和文书以及有关文件是否真实、合法。当事人对申请见证的事项负有举证责任，应当向律师如实陈述与见证事项有关的事实，并提供相应的材料。律师应当通过询问证人，调取书证、物证、视听资料、现场勘验、进行鉴定等方式认真收集相关证据。

当事人虚构、隐瞒事实，或者提供虚假证明材料的，一经发现，不得作见证。因为当事人虚构、隐瞒事实、提供虚假证明材料，已经损害一方或他人的利益，当事人的行为已经违法，所以不能申请见证。

申请见证的事项违背社会公德的、不真实的、不合法的，不得作见证。

案例1：明知遗嘱内容无法实现仍进行见证

被继承人赵某某与前妻育有四个子女赵某1、赵某2、赵某3、赵某4。1983年3月25日，赵某某与郑某登记结婚，二人均系再婚，婚后未生育子女。赵某3于2007年4月18日去世，冯某1系赵某3之子。赵某4于2010年10月1日去世，冯某2系赵某4之女。2011年5月17日，赵某某去世。

在一审法院庭审中，赵某1、赵某2、冯某1、冯某2提交赵某某于2010年10月21日所立的《遗嘱》一份，要求由赵某1、赵某2、冯某1、冯某2按照遗嘱继承803号房屋中属于赵某某的份额。《遗嘱》为代书遗嘱，代书人为某律师事务所律师杨某某。《遗嘱》内容为："立遗嘱人赵某某。我与前妻刘某捷1947年5月结婚，共有四个子女，长女赵某1、儿子赵某2、二女赵某3、三女赵某4。我前妻1979年5月去世。我同郑某1983年3月结婚。郑某带有两个女儿，长女阎1、次女阎2。我与郑某的共同财产如下：1. 1988年3月分配给我的位于北京市朝阳区新源里的房屋，产权人赵某某；2. 1987年8月单位分配给郑某位于北京市西城区新街口的房屋，产权人郑某。我现在年迈多病，但神志清醒，为防止我去世后遗产发生争议，特立如下遗嘱：一、上述我与郑某共同所有的两套房屋属于我的份额全部由我与前妻所生的四个子女继承；二、我要求和前妻安葬一起，合葬墓地的费用从抚恤金里支出，不足部分从我去世后单位的各项补贴中支出，此事由赵某2办理。立遗嘱人赵某某，代书人、见证人：某律师事务所律师杨某某，见证人颜某某。"此外，北京市某律师事务所出具见证书，写明：该日，由赵某某在北京军区总医院分院病床上口述，在杨某某律师、颜某某的见证下，杨某某执笔订立代书遗嘱；赵某某神志清醒，自愿立此遗嘱，此遗嘱完全是赵某某本人真实的意思表示；订立遗嘱全过程录音、录像、真实合法。

经一审法院审理查明，803号房屋登记在赵某某名下，属于赵某某和郑某的夫妻共同财产。

一审法院认为：代位继承只能适用于法定继承，遗嘱继承不适用代位继承。遗嘱无效部分所涉及的遗产按照法定继承办理。本案中，赵某3、赵某4均先于赵某某死亡，故赵某某所立遗嘱中由赵某3、赵某4继承的部分无效，这部分遗产应由郑某、赵某1、赵某2以及享有代位继承权的赵某3的晚辈直系血亲冯某1以及赵某4的晚辈直系血亲冯某2按照法定继承予以分割。

因赵某某所立遗嘱中关于由赵某1、赵某2继承803号房屋中赵某某所享有的一半份额的内容合法有效，故赵某1、赵某2有权根据遗嘱各自继承803号房屋1/8的份额。因遗嘱中由赵某3、赵某4继承803号房屋的部分无效，故该部分遗嘱所处分的1/4份额中由郑某、赵某1、赵某2、冯某1、冯某2各享有1/5的份额。故判决位于北京市朝阳区东直门外新源里房屋由郑某占有1/2份额，由赵某1、赵某2各自继承上述房屋的1/8份额，由赵某1、赵某2、冯某1、冯某2、郑某各自继承上述房屋中1/20份额。[①]

该案件并不复杂，根据原《继承法》第27条[②]规定：“有下列情形之一的，遗产中的有关部分按照法定继承办理……（三）遗嘱继承人、受遗赠人先于遗嘱人死亡的……”所以遗嘱中由赵

① （2018）京03民终4306号。

② 《民法典》第1154条。

某3、赵某4继承803号房屋的部分无效，只能适用法定继承。本案的特殊性在于，赵某某在立遗嘱时，两个女儿赵某3、赵某4已经死亡，其所立遗嘱仍确定由已死亡的人继承遗产，其遗愿倾向很明显，但这却是无法实现的。该遗嘱是由律师代书并见证的，赵某某本想将其遗产在其与前妻的四子女间平均分配，或者想让外孙冯某1、外孙女冯某2也平均继承一份，但本案依法判决的结果却是，赵某1、赵某2与冯某1、冯某2相比，所继承的财产比例是7∶2。在本案中，该遗嘱见证律师明知自己是证人身份，还接受委托承担了继承人的继承纠纷诉讼代理人，未遵守证人不能做代理人的相关法律规定。可见，该律师事务所既不能依法保护遗嘱人遗愿的实现，又继续承接遗嘱见证业务，先后都存在一定的隐患。

本案情况的法律规定比较明确，很多人把相关规定简化为“遗嘱见证不适用代位继承”。但是，笔者却发现有法官把“遗嘱见证不适用代位继承”当成了直接的法律规定，判决结果就不一样了：

一审法院认定事实：被继承人闫某某于2016年12月6日去世，原告任某系被继承人的配偶，双方于1989年9月9日登记结婚，任某婚前有一儿子贾某，闫某某婚前有四个儿子为闫某光、闫某1、闫某2、闫某3，其中，长子闫某光先于闫某某去世，闫某系闫某光之子。2007年5月6日，闫某某留有《遗嘱》一份，主要内容为“我2007年3月20日与任某签订备忘录，某楼某单元405房屋所有权归我所有，我决定离世后该房屋由我四个儿子继承，任何人不得干涉”。

一审法院认为，本案中，任某与闫某某共同签字按印确认的《备忘录》中主要涉及二人婚姻关系存续期间的房产问题，故该备忘录应视为二人对婚姻关系存续期间所得的财产归各自所有的约定，对任某与闫某某具有约束力，故涉案房屋应归闫某某个人所有。因闫某某就涉案房产的继承问题留有遗嘱，该遗嘱系闫某某本人所写并签字，应认定为真实有效，故涉案房产应按照闫某某留的《遗嘱》由闫某光、闫某1、闫某2、闫某3继承。因闫某光先于闫某某去世，且遗嘱继承不适用代位继承，故涉案房产由闫某1、闫某2、闫某3继承。因闫某1、闫某2、闫某3未明确房屋价值且就房屋价值未申请鉴定，故一审法院无法就房屋价值进行分配，涉案房屋应由闫某1、闫某2、闫某3按份平均继承。故判决被继承人闫某某名下位于某楼某单元405号房，闫某1、闫某2、闫某3各继承其中1/3份额。①

继承法律规定遗嘱继承不能直接适用代位继承，原《继承法》第27条的具体规定是：遗嘱继承人、受遗赠人先于遗嘱人死亡的，遗产中的有关部分按照法定继承办理。具体到本案，遗嘱继承人闫某光根据遗嘱本应继承的部分不能适用代位继承由闫某继承，但是相应遗产应当依法转化为法定继承，闫某仍然可以代位继承闫某光法定继承应得的份额。如果闫某某与贾某未形成继父继子关系，本案似乎应当判决，闫某1、闫某2、闫某3各继承该房屋3/10份额，任某、闫某各继承1/20份额。

（4）需见证的文书内容是否完善、含义是否清晰、文字是否

① （2020）吉01民终1353号。

准确，签名、印鉴是否齐全

案例2：遗嘱设置了生效条件，公证遗嘱失效

法院认为，该公证遗嘱是附生效条件的公证文书，公证书中载明“因我年事已高，担心在二审结束前出现生命意外（死亡），特作出如下安排”，即该公证书附的生效条件是沈某某在行政案件二审诉讼期间死亡，二审行政诉讼是2015年12月16日结束，而沈某某是2017年5月18日病故。《合同法》第45条第1款规定“当事人对合同的效力可以约定附条件。附生效条件的合同，自条件成就时生效。附解除条件的合同，自条件成就时失效。”本案公证文书的生效条件未成就，故该公证书未生效。[①]

该民事判决认定事实的重心并不在此，主要是因为公证程序存在问题而判决公证遗嘱无效的。笔者并不认同该节事实的认定和法律的适用，遗嘱是单务民事法律行为，适用《合同法》规定并不恰当。之所以引用在此，个人认为遗嘱行文应以简洁明确为主，“担心在二审结束前出现生命意外（死亡）”，似乎应删除。

（5）当事人提供的证明材料是否真实、充分

见证律师认为当事人提供的证据材料不完备或有异议的，应通知当事人作必要的补充，或向有关单位、个人调查索取有关证明材料。必要时，律师要到现场作实地调查，调取有关档案或核实其他书面证据材料。遇有专门性问题，律师事务所可聘请或委托专业部门、有专业知识的人员进行鉴定、翻译。

如果申请见证的事项属于专业技术鉴定、评估事项的，则不

---

① （2017）湘0724民初1032号。

属于见证事项，不得作见证。

综上，律师对见证事实，负有调查核实、谨慎见证的义务。由于见证行为往往对法律关系的存续或当事人的权属产生影响，见证的质量要努力得到保证，这就要求律师必须运用合理技能并履行通常的注意及勤勉义务。如果律师违反勤勉义务，则应当基于合同关系向当事人承担违约责任。不受监督的主体自然不会真正勤勉履行其义务，相对严苛的监管有其存在的必要。

2. 见证的风险防控

律师见证的风险防控，见证律师团队的专业素质最为关键，没有经过专门知识储备的律师，最好不要轻易提供律师见证服务。在具体见证服务中，应当从拟订服务合同条款开始就要注重风险的防控了。

（1）见证服务合同

律师对见证事实的调查核实，应当遵循意思自治和等价有偿的原则。合同中必须约定但不限于以下事项：当事人委托清楚明确的见证事项；律师与当事人的权利义务；当事人对律师见证的特别要求，该要求不得违反法律规定和公序良俗；律师见证的风险告知、律师免责事项，对于见证的法律事实和法律行为的真实性、合法性的范围要作出合理限制，作出明确约定；律师见证文书出具的时间等。

同时，见证服务合同应当对事实深入调查核实的事项及律师收费单独确定，对于证据真实性的法律责任依法进行划分，双方根据工作量具体确定律师服务费收费数额。

比如，对于合同签订的见证，见证律师对于双方营业执照的真实性可以通过企业信用网站进行核实，对于双方代表人的身份证可以通过身份证人脸识别系统进行核实，对于合同内容可以通过法律检索和专业经验判断是否符合法律的规定，等等。但是，如果对于公章的真实性、合同标的物的客观状态、双方信用情况等也需要律师证明的，律师则需要较多的时间进行外出调查取证，当合同的主张方在见证时拒绝按照《见证法律服务合同》确定的该项服务内容交纳律师费，则应在谈话笔录中如实记录，根据民事意思自治的原则，律师对该事实未能深入调查真实性出现的问题，依合同约定不承担法律责任。

案例3：未进行合法性审查，律师事务所有可能承担责任

某案件的原告与被告1分别签订租赁合同1、租赁合同2、租赁合同3，后租赁合同1和租赁合同3被依法撤销，租赁合同2被确认无效。在上述三份《房屋租赁合同》中，被告2（某律师事务所）为见证人。原告请求法院判决被告2与被告1共同向原告返还租金。法院判决认为：讼争租赁合同中存在公司主体不存在、私刻公章、租赁期限违反法律强制性规定的事实，而被告2在从事见证业务过程中，未作工商登记调查及合法性审查，致使其事实上见证了违法行为。由于被告2某律师事务所违反了执行见证业务时应负的注意义务，故其见证行为存在过错。但讼争租赁合同无效及撤销的原因是被告1隐瞒了真实情况，而非被告2的见证，且被告2并非合同相对方。故其即便因为过错需承担责任，也是与之过错相适应的民事补充赔偿责任，且不应高于担保责任。根据案件的实际情况，法院酌情确定被告2应承担的责任比例为原告债权不能追偿部分的30%。[①]

公司主体不存在，见证律师如果未能审查出来，造成第三方损失的，律师事务所承担赔偿责任的可能性比较大。如果公司主体是真实的，公章是假的，见证律师未能识别，赔偿风险就很小。

但是，也不是说律师对公章就可以不审查，保持谨慎的工作态度始终是必需的，如在一起诈骗案件的侦查中，出现一份1993年与鞍山钢铁公司的销售合同，侦查人员准备去鞍山钢铁公司核实，笔者一看签章是鞍山钢铁公司行政章，马上判定该合同是假的，因为如此大规模集团公司的行政章只能有一枚，用章规范会更加严格，行政章是不可能用来签订购销合同的。所以，如果律师可以识别却未能识别的，仍然有可能承担责任。

英美法系国家公证并不要求对事实真实性进行审查。我国民国时期的公证事务共有两种，一种是公证书的作成，一种是私证书的认证。凡是关于法律行为或是其他关于私权之事实，由当事人或其他关系人请求公证处公证人给他作成公证书，就叫作公证书的作成。凡是关于法律行为或其他关于私权之事实，私人作成的证书，由当事人或其他关系人提出于法院[②]，请求公证处公证人加以认证，就叫作“私证书的认证”。也就是说，对于合同签订的见证，我国现行法律对律师见证的要求，远高于旧中国和大多数英美法系国家的法律认定标准。故此，在设计律师见证法律服务合同时，最好将律师服务内容分层次作好约定，避免有限的服务费却承担无限的责任，导致律师事务所遭受无谓的经济损失风险。

---

① （2013）杭临民初字第758号。

② 当时的公证处属于法院的组成部分。

总之，对于见证范围的界限，法律服务合同要作出明确约定，谈话笔录应对合同条款作出必要说明，见证书的表述要准确到位，三者的有机统一可把见证风险降到最低。

（2）谈话笔录

签订周到细致的律师见证法律服务合同固然重要，往往服务合同要使用律师事务所的制式合同，或者在律师原有合同范本上进行修改完善，如果将来出现服务合同争议，一般依法需有利于当事人进行解释。况且，服务合同难以涵盖所有的见证风险，许多应当面面俱到的告知内容还不便约定在合同中。那么，谈话笔录就显得非常珍贵。

即使是英美法系国家，律师公证人须记录见证行为，也是法定义务。如英国《2001 年公证人职业规则》规定，任何公证人均负有适当记录其所为之见证行为并保留此类记录的义务。主要是为了保障见证程序的合法性，并为事后的调阅审查相关见证程序提供依据。

案例 4：未尽告知义务，见证存在程序性瑕疵

法院判决书认定：某律师事务所在见证过程中对《借款协议书》涉及的借款抵押物未尽审慎的审查义务，没有就其知悉的借款人陈某某承诺提供作为借款抵押物的土地、房产部分已经涉讼且已被法院查封的情况，向当事人告知存在的风险和可能的不利后果，因此某律师事务所提供的见证法律服务存在瑕疵。律师见证后所借款项为 50 万元，加上垫付受理费损失为 6320 元，故认定佘某某因律师见证造成的损失为 506320 元。综合考虑当事人的过错程度，根据公平原则和诚实信用原则衡量，某律师事务所对其造成的佘某某经济损失承担20%的赔偿责任。[①]

本案中见证律师出现的见证风险，就是需要在谈话笔录中加以防范的内容，恰恰因为谈话笔录有告知缺项，才导致了律师事务所10多万元的赔偿。

谈话笔录应当交由见证申请人核对后签名、盖章。笔录中有修改之处的，应由见证申请人在修改处盖章或捺指印认可。

（3）出具见证书

案例5：律师事务所对于见证书盖章的审查把关很重要

2010年7月9日，原告之兄于某乙在被告律师事务所律师的见证下立遗嘱一份，明确其所有的上海市某室房屋50%的产权份额在其死亡后由原告继承，被告对于某乙立遗嘱之过程进行了见证并出具了见证书。2011年1月23日于某乙死亡，原告与其他继承人就于某乙遗产继承问题协商不成后涉讼。后经法院审理，认定于某乙所立上述遗嘱因不符合法定形式要件而归于无效，于某乙遗产依法定继承处理。法院认定：被告所指派的律师未全面、妥善地履行其专业职责，其在起草、打印涉案遗嘱后未告知于某乙应进行自书，而是直接由于某乙在打印遗嘱上签字、捺印，且又未分别以代书人及见证人名义在遗嘱上签字使之符合代书遗嘱的形式要件，同时在见证书中被告还特别声明其不证明遗嘱本身及其内容的真实性，最终造成涉案遗嘱因不符合法定形式要件、无法确认是不是于某乙真实意思表示而被法院认定为无效，对此被告确存在过错。被告应对原告损失进行相应的赔偿。综合审查

① （2017）粤51民终553号。

被告的过错情况及与原告损害的因果关系程度，判令赔偿25万元。[①]

该案承办律师明显忽视了自书遗嘱的法定形式，又因“不证明遗嘱本身及其内容的真实性”，撞在了律师见证该尽未尽的法定义务上，导致了律师事务所的败诉赔偿。

最后，见证书上应有律师事务所的印章、见证律师的签字和见证日期。

三、回避原则与跟踪服务

要想建立真正的律师见证法律制度，律师见证要想成为我国律师的重要业务之一，那么，首先律师服务要专业显著、律师见证作用明显，其次律师见证要坚持回避原则，永葆中立公正的信誉形象。

1. 回避原则概述

（1）律师见证的回避原则

与诉讼案件中的法官一样，见证律师负有类似的回避义务。见证律师的回避原则，是指见证律师不能为本人及近亲属办理见证或者办理与本人及近亲属有利害关系的见证。尽管见证不同于诉讼，但见证人作为一种重要的中立者形象，见证律师的独立性和中立性同样是见证制度的必然要求。见证律师的特有回避原则，与律师职业伦理中的利益冲突原则也有着密切的联系，恰是严格

① （2014）徐民一（民）初字第4326号。

遵守利益冲突规则的正确抉择。

（2）见证律师的利益冲突

所谓利益冲突，本是指一个律师事务所代理的委托事项与本所其他委托事项的委托人之间有利益上的冲突，继续代理会直接影响到相关委托人利益的情形。见证律师的利益冲突，首先是与法官相似的利益冲突原则，主要限于见证律师本人，是指影响到本人中立地位的冲突；其次也要遵守律师利益冲突的有关规定。

在作为中立地位的利益冲突中，因为律师是自由职业者，与律师事务所之间的关系并不稳定，律师的流动性较大，一般比不上法官与法院之间的关系紧密。所以，见证律师的回避也属于个人回避，不包括律师事务所以及律师事务所其他律师同仁的回避。

（3）回避原则的法律根据

《律师法》第 39 条规定："律师不得在同一案件中为双方当事人担任代理人，不得代理与本人或者其近亲属有利益冲突的法律事务。"《公证法》第 23 条规定，公证员不得为本人及近亲属办理公证或者办理与本人及近亲属有利害关系的公证；第 41 条规定，公证员为本人及近亲属办理公证或者办理与本人及近亲属有利害关系的公证的，由省、自治区、直辖市或者设区的市人民政府司法行政部门给予警告；情节严重的，处 1000 元以上 5000 元以下罚款，并可以给予 3 个月以上 6 个月以下停止执业的处罚；有违法所得的，没收违法所得。《律师见证业务工作细则》第 9 条规定："回避原则，即律师不得办理与本人、配偶或本人、配偶的近亲属有利害关系的见证业务。"可见，在回避范围上，律师见证比公证增加了配偶的近亲属，回避范围更大，要求更加严格。

对于律师见证的回避原则，大多数国家也都有类似规定。如英国公证立法规定，公证人不得参加与自己和亲属有利害关系或其他关系的公证。英国《2001 年公证人职业规则》规定，公证人在其执业过程中不得从事任何损害或可能损害其独立性或中立性的行为。《美国模范公证法》规定，回避义务，即公证人自身必须合格；禁止公证人是所公证文件的当事人或该文件中有公证人自己的名字；禁止公证人是当事人的配偶、家庭成员，近亲属；禁止公证人是当事人的代理人，对所公证文件进行过准备、解释和建议工作等。

2. 跟踪服务

律师见证的跟踪服务，是指见证业务结束以后，律师事务所对见证档案的保管、见证事项的执行、律师见证的使用、履行证明义务等的后续服务。

（1）见证档案的保管

见证档案，是指律师事务所为了保存证明活动的真实记录，根据案卷档案管理的有关规定，为见证活动建立的存档材料卷宗。见证档案的保管，是律师事务所律师见证跟踪服务的基础。

见证案卷一般包括：卷宗封面、卷内目录、见证书正文、见证书审批表、见证书译文、见证申请表、当事人的身份证明、当事人提供的有关证明材料、当事人申请证明的文书材料原件、接谈笔录、律师调查所取得的证明材料、见证业务指派单、见证书发送回证、委托见证合同、见证费收据、其他有关材料、备考表、附件袋、卷底。

（2）见证事项执行的后续服务

见证事项的执行与公证的强制执行不同，见证事项在法律效力上没有强制效力。这也正是公证与律师见证的不同之处之一。

见证事项执行的后续服务，主要是指意定监护见证、遗嘱见证等，在见证当事人丧失民事行为能力或者死亡以后，由律师事务所根据约定指派律师担任意定监护人、意定监护监督人、遗嘱执行人等的后续服务。

意定监护人，是指具有完全民事行为能力的成年人，以书面形式确定的自己的监护人。意定监护监督人，是指根据意定监护合同和意定监护监督合同确定的，对监护事务的执行情况进行监督的人。遗嘱执行人，是指负责将遗嘱付诸实施的人。为了避免发生影响见证律师中立立场的情形，见证律师不应既见证又担任有偿服务的意定监护人、意定监护监督人、遗嘱执行人。如果将意定监护人、意定监护监督人、遗嘱执行人作为律师服务项目，律师事务所应当另行指派其他律师承办具体后续服务业务，并且不得因此给见证律师分配利益。

除了与见证事项相关的后续法律服务以外，见证当事人可能会有其他法律事务指明要求见证律师本人承办，如财富传承、以房养老、离婚再婚等家事法律服务的需求较为常见，只要当事人不是在律师见证业务结束以前提出的，见证律师都可以承办。

（3）律师履行证明义务

律师履行证明义务，是指见证律师有履行对见证书内容的证明义务。律师见证不同于公证，法律未赋予律师见证的免证权利，在律师见证活动结束以后，当事人使用见证文件遇到需要对见证书内容证明时，律师事务所有义务履行证明责任。律师事务所在履行见证书证明义务过程中，以助强见证书证明力为原则，在证明过程中应注意避免出现违反律师见证保密义务的行为。

3. 利益冲突与防范

（1）避免违法见证

根据律师见证的回避原则，律师为本人及本人或配偶的近亲属办理见证或者办理与本人及本人或配偶的近亲属有利害关系的见证，都属于违法执业行为，见证是无效的，律师事务所无疑会因此承担法律风险。

（2）加强执业冲突审查

有法官认为，律师因见证而变成了证人，所在律师事务所都应当适用回避原则，该事务所的所有律师不可以再代理该当事人的其他案件。这种扩大化的适用是错误的，也是不现实的。

律师的工作性质决定其较少坐班的工作状态。30 名以上执业律师的律师事务所，同所律师就已经多有互不相识的情形，何况百人以上大所，甚至 500 名执业律师以上的超大事务所越来越多，律师与本事务所的大部分律师都没有过任何交往。律师事务所都是自负盈亏，是提供有偿法律服务的中介机构，当事人由于信任才前来见证，一次律师见证服务只能收费 2000 元至 2 万元人民币，当事人其他案件的代理可能收费几万元、几十万元的服务费，若有此明确的限制，后面的案件都被禁止代理，估计大多数律师事务所都会因此进一步禁止本所律师开展见证业务了。

《律师法》第23条规定，律师事务所应当建立健全利益冲突审查制度。虽然不应有类似“一人见证全所回避”的规定，但应以见证律师不得从事任何损害或可能损害其独立性或中立性行为为原则，律师事务所应当对律师见证格外加强执业冲突的审查，确保避免瑕疵见证或瑕疵代理的发生。

（3）律师应当主动回避的情形

律师是专业法律人士，应当知晓回避原则的法律意义，虽然没有法律列举律师应当回避的情形，即使在全国律师协会《律师见证业务工作细则》规定的回避范围以外，见证律师也应当根据与见证事项的实际利害关系情况，进行主动回避。

一是见证当事人原本就是律师的客户，该律师应当避免为其办理双务型的文书见证，如合同见证，但不影响办理该客户的遗嘱、声明等单方法律行为的见证。同时，若是昔日的见证当事人委托的法律事务，则不影响该见证律师接受其委托，代理委托的法律事务。

二是律师应当避免为自己或配偶的亲属（指近亲属以外的亲属）、同学、战友、工友、农友、邻居等关系密切的人见证。但是，办理遗嘱、遗赠、声明等单方法律行为的见证除外。

三是律师应当避免为有利害关系相对人的遗嘱、声明等单方法律行为作见证。也就是说，如果律师与遗嘱继承人、受益人有密切关系，就应避免做该遗嘱见证人；如果律师与声明涉及的相对人存在过代理，或是近亲属，或是其他关联的，也应避免做该声明的见证人。

四是见证律师应当避免代理见证当事人与见证事项相关联的诉讼案件。如律师为客户作过合同见证，当合同发生纠纷时，就不可以再做该合同任何一方的诉讼代理人。再如，为老年人作过遗嘱见证之后，不影响该律师代理该老年人的合同纠纷、侵权等案件，但在该客户去世以后，就不得代理其继承人、受益人的遗嘱继承纠纷案件，因为不可以既做证人又做代理人。

第二章　遗嘱见证业务标准化

律师见证业务的风险大。其实，在律师见证业务中，遗嘱见证风险才更大，是律师见证业务风险防范中的最短板，这也是本书写作研究的初衷。

第一节　律师见证遗嘱的特别风险

除了具有律师见证的一般风险以外，律师事务所承担律师见证遗嘱的风险会更多、更复杂。律师遗嘱见证更大的风险主要有以下几种。

一、迟到的风险

因为遗嘱见证纷争往往出现在遗嘱人的百年以后，比如有人在 50 岁时立了遗嘱，活到 98 岁去世的，承担责任的律师事务所如果依然“健在”，可能也物是人非。

在遗嘱继承诉讼中，有的纷争起因可能是见证遗嘱造成了遗产分配的不公。更多的可能是见证遗嘱会成为庭审的关键证据，律师事务所面临出庭举证不能的风险。

在律师事务所开展遗嘱见证业务前就应当有预案如何出庭接受质证，见证后续工作要扎实有效。

如果遗赠受益人、遗嘱受益继承人因为遗嘱无效败诉导致了财产损失，受损失的人根据以往相关判例向律师事务所主张赔偿的可能性非常大，律师事务所可能面临作证不能而承担赔偿责任的风险。

案例：司法所派人协助遗嘱见证，忘了如何见证的，遗嘱被判无效

经法院前往村民委员会调查，王某3表示：几年前（具体时间记不清了）崔某找到村委会，说要立遗嘱，后村委会协调镇司法所，司法所派了两个人去崔某家，当时村委会让我和贾某跟着去。我不知道遗嘱是谁打印的，不知道手写部分是谁写的，也不知道遗嘱的内容，记不清崔某和她老伴王某本人是否签字，我没有全程在场，中间有出来抽烟，我的名字是我本人签的。贾某表示：几年前（具体时间记不清了）镇司法所派人去崔某家帮她立遗嘱，村委会让我和王某3跟着去，当时有崔某、王某、他们的大儿子、司法所的人在场；我不知道遗嘱是谁打印的，不知道手写部分是谁写的，也不知道遗嘱的内容，记不清崔某和她老伴是否本人签字，我全程在场，我的名字是我本人签的。经法院与司法所联系，该所表示：本案涉及的遗嘱年代久远，该所人员流转更换，无法查询到当时是否有工作人员到崔某家办理代书遗嘱。

法院认为，王某1提交的王某遗嘱，系打印与手写结合的书写方式，性质为代书遗嘱，经法院调查，代书人王某3、贾某见证代书遗嘱的过程不符合法定形式，遗嘱打印人无法确定，遗嘱手写部分填写人无法确定，遗嘱是否为王某签字无法确定，故该代书遗嘱为无效遗嘱，王某的遗产应当按照法定继承处理。[①]

本案参加遗嘱见证的有四个人，两名签字见证的人不懂遗嘱见证的法律规定，两名法律人见证后却未签字，导致遗嘱继承纠纷发生后，没有人能为遗嘱人立遗嘱过程提供有效证明，结果遗嘱被判无效。

司法所工作人员多数是法律人，他们掌握的继承法律知识与执业律师、公证员水平基本相当。所以，如果换作未经遗嘱见证专业训练的律师去作见证，本案遗嘱无效的可能性也是存在的。

本案的承办法官对案件审理已经采取了极为谨慎的态度。在大多数类似案件中，法庭一般只会释明当事人承担举证义务，进而为当事人代理律师签发调查令而已，法官在休庭以后能够亲自前往村委会、司法所展开庭外调查核实，难能可贵。

司法所领导可能是考虑到其工作人员见证遗嘱因无效而带来的赔偿风险，但根据笔者推测的司法所、村委会的指派任务内容，司法所工作人员本应当发现遗嘱人在打印遗嘱上补充了手写内容，如果不是一次性形成的遗嘱会因存疑而被认定为无效的，应当建议王某重新打印，或者重新全部手写，或者重新全部代书，然后再亲笔签名、签日期；指导村委会指派的遗嘱见证人正确承担见

① （2019）京02民终11526号。

证义务，如全程见证遗嘱的形成过程，监督代书人、见证人的签名和签署日期，要求村委会留存一份见证遗嘱存档，等等。

为了服务好留守老年人，有必要对司法所的工作人员进行专业的遗嘱见证法律业务培训，保障好老年人享有遗嘱权利。在本案的立遗嘱过程中，司法所工作人员到场本应当有职责指导遗嘱的有效确立，普及相关法律知识，既然见证了遗嘱的形成过程，司法所工作人员就应当也据实在遗嘱上签名见证，对于遗嘱形成过程应当作好记录，事后将工作记录和遗嘱一起存档保管。

本案司法所工作人员的不作为，也充分说明了我国目前的遗嘱证明制度体系存在缺陷。根据司法实践，对于法律人担任见证人的，法院大多要求对遗嘱内容合法性、真实性进行审查，但判决把握的法律人审查程度的界限不清，遗嘱一旦被判决无效，法律人属于专家证人，常推定见证人存在过错，担任见证人的法律人及指派其任务的机构就可能承担对第三人损失的赔偿责任。这可能就是本案中实际见证遗嘱的法律人自己不签名，通过村委会叫来两名工作人员充当遗嘱见证人的根源所在。

这也正是大多数律师事务所不允许本所律师承办遗嘱见证事务的根本原因，遗嘱见证成了老年人获得法律服务的一大堵点、痛点和难点。司法所工作人员即使在现场尽全力指导，也容易出现无法预见的所立遗嘱存在瑕疵而无效的情形，结果仍被判不尽职、不到位，赔偿第三方损失。

二、不尽职风险

在见证中，虽然律师不尽职风险普遍存在，像合同见证，如果合同无效，签订合同的当事人可能会承担相应责任。但是，因为遗嘱见证不仅是要对遗嘱人签名行为的真实性见证，还有对“法律事实的真实性和合法性进行见证”的法律明确要求，如果遗嘱处分的遗产记录事实与客观实际有出入或难以核实，或者遗嘱处分的财产权属不合法或存在瑕疵，或者遗嘱人欠缺民事行为能力，致使遗嘱被确认无效，律师事务所就有可能承担审查不尽职而被判决侵权的风险，遗嘱人已经去世，遗嘱见证中不尽职风险会成倍增加。

见证人还必须明确意识到是在为他人立遗嘱进行见证，并且需要亲临见证遗嘱的形成过程。因为只有亲眼所见，才能保证立遗嘱行为的真实性，否则见证律师就会因失职而承担风险。

在我国香港地区，“非大律师或公证人不得直接地或作为其他人的代理人草拟或订立遗嘱认证的文据……否则即属犯罪”①，而律师公证人只有在“申请委任前 7 年一直登记在律师名册上的人或者有 7 年以上执业律师经验的人”② 才有资格被委任。香港律师进入执业的门槛就要远高于内地的相关规定，还要求必须执业七年以上，对见证律师资格的高格要求可见一斑。前文提到的法国公证人资格申请人，不仅须具备法学硕士学位以上，而且至少要掌握两门外语。所以说，遗嘱见证律师需要具有较高的业务素质，没有充足的历练是不可以承接遗嘱见证的，这在许多国家和地区都是普遍要求。律师业务水平不够，就容易出现不尽职的风险。

---

① 香港特区《法律执业者条例》。

② 香港特区《法律执业者条例》。

案例1：遗嘱人签名不能确定为真，遗嘱被判无效

司法鉴定意见书显示，限于目前条件，不能确定装订在2009年8月8日《某律师事务所遗嘱见证书》中订立时间为“2009年8月3日”、订立遗嘱人为“刘某某”的《遗嘱》原件上“订立遗嘱人”部位“刘某某”署名字迹与供检样本字迹是否出自同一人书写。

一审法院据此认定遗嘱无效，按法定继承处理。二审法院维持了原判。①

案例2：见证人心不在焉，遗嘱被判无效

只有明确意识到自己在为他人立遗嘱进行见证，才能认真负责地记录立遗嘱人的真实意思表示，从而保证遗嘱内容的真实性。本案被继承人赵某某在打印服务部立遗嘱时，赵某甲作为打印服务人员，为其记录、打印遗嘱的行为，只是为顾客提供的商业服务，并没有明确的为他人立遗嘱进行见证的意思。赵某甲未当场在遗嘱上签名，而是事后应白某某的要求补签，也充分证明赵某甲没有为赵某某立遗嘱进行见证的意思。一、二审法院以赵某甲不属于代书遗嘱的见证人为由，认定代书遗嘱不符合两个以上见证人在场见证的规定，因此无效，并按照法定继承处理，适用法律正确。②

从以上两个案例可以看出，遗嘱人必须在见证律师面前完成遗嘱上的签名才能出具见证书，见证律师必须在立遗嘱现场用心、全程完成见证任务，只要这些细节都严格按照法律规定精神去完

---

① （2019）豫01民终9970号。

② （2014）川民申字第1791号。

成了，遗嘱见证的风险是可以避免的。

案例3：经鉴定，遗嘱人不具有行为能力，公证遗嘱被判无效

刘某生与王某英系夫妻关系，双方系再婚。2001年10月15日，国土资源和房屋管理局颁发×号区×楼1403号房屋所有权证，该证书登记的房屋所有权人为刘某生。2002年10月28日，刘某生去世。2005年1月21日，王某英在某公证处订立一份遗嘱，内容为："坐落在×号区×楼1403号的房产产权归我和丈夫刘某生共有，刘某生已于2002年10月28日死亡。上述房产尚未办理继承手续。现我自愿立遗嘱将上述房产中属于我的份额及属于刘某生份额中应由我继承的份额在我去世后遗赠给张某个人所有。"2010年2月19日，王某英去世。

后张某以刘某1、刘某、刘某2、张某1为被告起诉至区人民法院，要求：1. 确认王某英于2005年1月21日所立公证遗嘱有效；2. 刘某生与王某英所有的诉争房屋归其所有。法院经审理认定：虽然张某当庭提交了某公证处出具的遗嘱公证书，证明其为诉争房屋产权的继承人，但王某英在立遗嘱时已近77岁高龄，公证机关在为王某英出具遗嘱公证书时，并未对王某英的精神状况进行严格审查，在此情况下，刘某等人依据相关证明材料对公证机关出具的遗嘱公证效力提出异议并要求对王某英立遗嘱时是否具有民事行为能力进行鉴定，该请求合理，于法有据。根据法医学会鉴定中心出具的司法鉴定意见书，王某英在订立公证遗嘱时并不具有相应的民事行为能力，故王某英在公证机关所作遗嘱并不具有法律效力，张某依据此份公证遗嘱主张继承王某英的房产，没有事实和法律依据，不予支持。法院判决驳回张某之诉讼请求。

张某不服，提出上诉，中级人民法院于2012年12月14日判决驳回上诉，维持原判。

2019年，刘某又向一审法院起诉请求：要求某公证处、张某赔偿各项损失律师费15万元、鉴定费4650元，其他费用包括复印费、交通费、误工费共4万元，精神损失费1万元，等等。

一审法院认为：行为人因过错侵害他人民事权益，应当承担侵权责任。本案争议的焦点在于侵权责任的承担者及侵权赔偿范围确定问题。

第一，关于侵权责任的承担者问题。

本案中，刘某所诉损失为2011年至2012年诉讼期间产生的各项费用。法院作出的生效裁判文书认定："……王某英在订立公证遗嘱时并不具有相应的民事行为能力，据此，王某英在公证机关所作遗嘱并不具有法律效力。"《最高人民法院关于审理涉及公证活动相关民事案件的若干规定》第5条规定，当事人提供虚假证明材料申请公证致使公证书错误造成他人损失的，当事人应当承担赔偿责任。依据查明的事实，张某并未向公证处提交虚假证明材料或进行其他导致公证书错误的行为，不能认定张某对刘某的损失存在过错，故张某无须承担赔偿责任。

《最高人民法院关于审理涉及公证活动相关民事案件的若干规定》第4条规定，当事人、公证事项的利害关系人提供证据证明公证机构及其公证员在公证活动中具有下列情形之一的，人民法院应当认定公证机构有过错……（五）公证机构在公证过程中未尽到充分的审查、核实义务，致使公证书错误或者不真实的；（六）对存在错误的公证书，经当事人、公证事项的利害关系人申请仍不予纠正或者补正的……公证机构及其公证员因过错给当事人、公证事项的利害关系人造成损失的，由公证机构承担相应的赔偿责任。公证是公证机构根据自然人、法人或者其他组织的申请，依照法定程序对民事法律行为、有法律意义的事实和文书的真实性、合法性予以证明的活动。由于公证机构出具的公证书对外具有公信力，公证机构应当谨慎履行审核职责。本案中，某公证处作为公证机构，其出具的公证书对社会具有重要公信力，理应恪尽职守尽较高注意义务，对办理公证手续者的能力进行严格的审查。但是，某公证处在办理本案所涉公证书的过程中，未能尽到充分的注意义务，为不具备民事行为能力的王某英办理了公证。另外，根据《公证法》第 25 条规定：申请办理涉及不动产的公证，应当向不动产所在地的公证机构提出；申请办理涉及不动产的委托、声明、赠与、遗嘱的公证，可以适用前款规定。因本案涉及不动产的公证，位于其他区域的某公证处办理另外行政区房屋委托公证时，理应更为审慎认真。但公证处在办理涉案公证时，对王某英的精神状况并未认真审查，导致公证书被法院认定没有法律效力，虽刘某经过诉讼并未失去房屋份额，但支付了相应代价，损失已经造成。故因某公证处在办理公证过程中存在较大过失，应当承担与其过错程度相应的侵权责任。另外，本案涉及的公证书早在 2012 年就被法院生效判决认定为没有法律效力，在刘某多次提出撤销申请，市公证协会作出“《关于刘某提出撤销公证申请的复函》适用法律错误，根据《市公证协会公证复查争议投诉处理细则》第 24 条第 3 项的规定，建议某公证处就原公证争议重新进行复查，对原复查决定予以修正”的决定后，至今仍未撤销公证书，属于不作为，故结合公证处的过错程度确定责任。

第二，关于刘某的损失认定问题。

根据上述查明的事实可知，刘某主张的损失主要集中在维权的律师费用、产生的误工费及复印费等。由《民事委托代理合同》可知，委托人为刘某一人，且费用均由刘某支付。刘某为追回房产因诉讼支出的合理的律师费应作为其维权的实际损失，予以支持，法院依据某公证处过错程度酌定赔偿数额。刘某所诉误工费一项，因未能提交证据，故不予支持。交通费及复印费，在诉讼过程中必然产生，因刘某未能提交证据证明实际发生的数额，故予以酌定。鉴定费用一项，因生效民事判决书已经判定由张某承担，本次属于重复起诉，不予处理。刘某所诉精神损害赔偿一项，系某公证处多年的不作为行为造成刘某精神上的痛苦，故予以支持，数额予以酌定。刘某所诉利息一项，没有法律依据，不予支持。刘某所诉撤销公证书及赔礼道歉一项，《最高人民法院关于审理涉及公证活动相关民事案件的若干规定》第2条规定，当事人、公证事项的利害关系人起诉请求变更、撤销公证书或者确认公证书无效的，人民法院不予受理，告知其依照《公证法》第39条规定可以向出具公证书的公证机构提出复查。故不予处理。

据此，一审法院判决某公证处赔偿刘某律师费5万元、交通费及复印费共计5000元、精神损害抚慰金1万元。

二审法院认为：本案双方争议焦点为某公证处是否应赔偿刘某损失的问题。

公证损害责任纠纷作为特殊类型的侵权纠纷，其特殊性就表现在公证机构承担的赔偿责任是专家责任。公证员作为专家在公证业务方面具有高于社会普通水平的专业能力，所以对其过错的认定标准应当高于社会普通人的标准。根据《侵权责任法》规定，一般侵权责任的构成要件包括过错、损害结果、因果关系。本案中，某公证处在办理案涉公证时，未对王某英的具体情况进行严格的审查、核实，即为不具备民事行为能力的王某英办理了公证，因其未尽到审慎核查的义务，导致其出具的公证书被法院认定无效。公证机构虽不是鉴定机构，但其作为证明机构也应当具有与其职业资格相应的审查能力，根据《最高人民法院关于审理涉及公证活动相关民事案件的若干规定》第4条第5项的规定，应属于公证机构存在过错。虽刘某并未遭受房屋份额的损失，但其为追回房产因诉讼支付了相应的律师费，该费用是刘某为追偿损失而产生，系侵权责任法所指的基于过错行为造成的损失，对此，某公证处应当承担与其过错程度相应的侵权责任。某公证处主张其在公证过程中无过错，不承担赔偿责任的请求，与查明事实不符，法院不予采信。一审法院根据某公证处的过错程度，结合当事人的实际损失情况，酌定某公证处应对刘某的赔偿数额，并无不当，法院予以维持。判决驳回上诉，维持原判。①

刘某系因判决遗嘱无效的受益人，遗产可谓失而复得，判决公证机构赔偿其经济损失和精神损害抚慰金的案件比较罕见。

在许多遗嘱纠纷案件中，遗嘱受损人都要求对遗嘱人立遗嘱时是否具有民事行为能力申请鉴定，但基本都被鉴定机构以不具

① （2020）京02民终468号。

备鉴定条件予以驳回。本案鉴定结论肯定了遗嘱人不具有相应的民事行为能力，这一鉴定结论也相对较少。

客观上，我国尚无法对于全国老年人每年进行一次民事行为能力的法医学鉴定，即使要求只在立遗嘱前做一次法医学精神鉴定，也是不可能实现的。遗嘱纠纷发生后，如果再对遗嘱人生前立遗嘱时的民事行为能力去做法医学鉴定，首先，在程序上就毫无科学可言，也违背了《公证法》的有关立法精神。其次，这样的法医学鉴定结论的科学性无法保证，在对于遗嘱能力的判断上，这样的法医学鉴定结论与公证员现场认定相比较，前者是主观推断，后者是依照《公证法》行事的目击证人，后者更可靠。

因为我国法院还没有专家遗嘱见证行为的“米兰达法则”，目前推定不尽职的案件虽然数量少，但是在法律服务界的影响是巨大的，这样的遗嘱见证风险防范因无章可循，遗嘱见证、遗嘱公证成了法律服务中的“多雷区”，老年人的遗嘱权利也难以得到有效保障。故在此呼吁法院系统对相关裁判标准进行研究，发布指导意见，疏通法律应对老龄化的一大堵点。

三、形式的风险

现行法律对遗嘱见证程序、遗嘱形式、遗嘱内容都有严格规定，如果见证律师没有认真学习，或者稍有不慎，在司法裁判中，其见证的遗嘱极易被划入无效遗嘱之列。律师事务存在律师遗嘱见证业务不精、工作大意、忙中出错等实际问题，从而导致遗嘱无效败诉赔偿的风险。

在真实性和合法性审查风险方面，如果有证据能够证明律师尽到了应有的足够注意，律师事务所就不会承担败诉赔偿责任。但是，因为有明确的法律规范，在律师事务所见证遗嘱纠纷败诉案件中，90%以上都是由于遗嘱见证形式方面的缺陷造成的。也正是因为有明确的规范存在，只要律师经过严格培训，律师事务所也严格把关，遗嘱见证形式方面的风险是完全可以克服的。

案例1：见证时录像、拍照存档都不可少

一审法院判决认为，关于遗嘱是否有效问题。涉案遗嘱为打印件，据遗嘱备注内容“本遗嘱由代书人陈某律师负责代书”，可见，其属代书遗嘱。根据《继承法》第17条第3款规定“代书遗嘱应当有两个以上见证人在场见证，由其中一人代书，注明年、月、日，并由代书人、其他见证人和遗嘱人签名”。但涉案遗嘱上并无代书人陈某，见证人曾某的签名，虽然某律师事务所出具证明称，黄某2签署遗嘱时陈某、曾某在场，但未附有其他证据，如相片、录音或录像等对此加以佐证，冯某所交相片也未能证实黄某2签订遗嘱时有两名见证人在场，故根据上述法律规定，一审法院认定黄某2所立遗嘱无效。

二审法院另查明：遗嘱见证人陈某、曾某到庭向法院陈述，涉案遗嘱系冯某委托二人去黄某2家中作见证，立遗嘱时，立遗嘱人黄某2意识清醒，遗嘱作好后，二人将遗嘱内容向黄某2宣读，黄某2确认系其真实意思表示。当时问黄某2是否有需要抚养的人，黄某2说没有。见证时所作的谈话笔录，因律师事务所搬迁，现无法找到，现场也有用手机拍过照片，因时间太长了，更换了手机，故手机照片现在也无法找到。二审法院认为，本案为继承纠纷。本案二审争议的焦点为：涉案的遗嘱是否有效。对此问题，法院综合评析如下：《继承法》第16条“公民可以依照本法规定立遗嘱处分个人财产，并可以指定遗嘱执行人。公民可以立遗嘱将个人财产指定由法定继承人的一人或者数人继承。公民可以立遗嘱将个人财产赠给国家、集体或者法定继承人以外的人”。依照上述法律规定，公民可以立遗嘱处分自己的个人财产。本案中，被继承人黄某2委托了某律师事务所的陈某、曾某律师到场见证其立遗嘱的过程，在遗嘱内容上注明了“本遗嘱一式四份，在立遗嘱人签名和按指模，并经某律师事务所见证后生效……本遗嘱由代书人陈某律师负责书写，经立遗嘱人黄某2的同意后在本遗嘱上签名并按上指模”，见证人陈某、曾某亦在见证书一栏签名确认黄某2在遗嘱上的签名及指模属实，虽然见证人陈某、曾某的签名与遗嘱内容并不在同一张纸上，但是遗嘱内容已注明了遗嘱经某律师事务所见证后生效，由见证人之一的陈某律师代书，该见证书与遗嘱内容装订成册，构成遗嘱内容的全部。陈某、曾某二审到庭陈述了其二人到现场见证黄某2立遗嘱的过程，因此法院认为，黄某2的遗嘱有两名见证人现场见证，且由其中一人代书，符合了《继承法》第17条第3款“代书遗嘱应当有两个以上见证人在场见证，由其中一人代书，注明年、月、日，并由代书人、其他见证人和遗嘱人签名”所规定的代书遗嘱的要件，黄某亦没有提供证据证明遗嘱上黄某2的签名并非其本人所签，故涉案遗嘱合法有效。一审认定黄某2所立遗嘱无效属认定事实错误，法院依法予以纠正。[①]

---

① （2019）粤20民终276号。

从保护老年人遗嘱权角度看，本案二审改判无疑是正确的，应当纳入维护老年人遗嘱权的典型案例。本案虽然终审改判律师见证遗嘱有效，但是，律师代书遗嘱书上没有见证人、代书人的签名，遗嘱见证卷宗存档管理上也存在像丢失卷宗这样的严重纰漏，现场照片也没有及时导出存档，律师见证瑕疵是客观存在的。在类似案件中，二审法院维持一审判决遗嘱无效的概率要高于改判的概率。

为了避免律师事务所因遗嘱无效产生赔偿，一定要严格遵守法律的规定，在遗嘱上签名、谈话笔录、照片、录音录像证据等要周全存档，切莫大意。北京老龄法律研究会举办的各律师见证行为标准化研究基地的遗嘱见证规范中，不仅遗嘱见证行为规范可查，还要求全程同步录音录像，遗嘱人、见证人、见证遗嘱同框拍照等存档作法，值得借鉴。

案例2：律师遗嘱见证需要专业，切莫凭感觉发挥

2001年，原告王某1之父王某某与被告某律师事务所签订非诉讼委托代理协议，约定某律师事务所接受王某某的委托，指派律师张某作为王某某的代理人；代理事项及权限为：代为见证；律师代理费用为6000元；支付时间为2001年8月28日；协议上还有双方约定的其他权利义务。2001年9月10日，王某某又与某律师事务所指派的律师张某签订了一份《代理非诉讼委托书》，内容为：因见证事由，需经律师协助办理，特委托某律师事务所律师张某为代理人，代理权限为：代为见证。2001年9月17日，某律师事务所出具一份见证书，附王某某的遗嘱和某律师事务所的见证书各一份。王某某遗嘱的第一项为：将位于×单元楼房中我的个人部分和我继承妻子的遗产部分给大儿子王某1继承。见证的内容为：兹有王某某老人于我们面前在遗嘱上亲自签字，该签字系其真实意思表示，根据《民法通则》第55条的规定其签字行为真实有效。落款处有见证律师张某的签字和某律师事务所的盖章。王某某于2001年9月19日收到该见证书。

2002年12月9日，王某某去世。原告王某1于2003年1月起诉至法院，要求按照王某某的遗嘱继承遗产。

2003年6月30日，二审法院判决认定：王某某所立遗嘱虽有本人、张某律师签字且加盖某律师事务所单位印章，但该遗嘱的形式与继承法律规定的自书、代书遗嘱必备条件不符，确认王某某所立遗嘱不符合遗嘱继承法定形式要件，判决王某某的遗产按法定继承处理。王某1因此提起本案诉讼，要求某律师事务所赔偿经济损失。

经核实确认，按法定继承，原告王某1所得遗产比按遗嘱继承少114318.45元。据此，法院判决被告某律师事务所赔偿原告王某1经济损失114318.45元。

法院认为本案的典型意义在于：律师事务所是依靠指派律师去为委托人提供服务，从而获取相应对价的机构。有关继承法律规定，代书遗嘱应当有两个以上见证人在场见证，由其中一人代书，注明年、月、日，并由代书人、其他见证人和遗嘱人签名。[①]律师与普通公民都有权利作为代书遗嘱的见证人，但与普通公民相比，由律师作为见证人，律师就能以自己掌握的法律知识为立

① 这是原《继承法》关于代书遗嘱形式的规定。《民法典》第1135条虽然保留了代书遗嘱的形式，但是增加了遗嘱人、其他见证人也需注明年、月、日的形式要件。如果没有掌握这一新变化，律师在提供遗嘱见证服务时将面临较大的风险。

遗嘱人服务，使所立遗嘱符合法律要求，这正是立遗嘱人付出对价委托律师作为见证人的愿望所在。原告王某1的父亲王某某与被告某律师事务所签订代理协议，其目的是通过律师提供法律服务，使自己所立的遗嘱产生法律效力。某律师事务所明知王某某这一委托目的，应当指派两名以上的律师作为王某某立遗嘱时的见证人，或者向王某某告知仍需他人作为见证人，其所立遗嘱方能生效。但在双方签订的非诉讼委托代理协议上，某律师事务所仅注明委托事项及权限是“代为见证”。某律师事务所不能以证据证明在签订协议时其已向王某某告知，代为见证的含义是指仅对王某某的签字行为负责，故应认定本案的代为见证的含义是见证王某某所立的遗嘱。某律师事务所称其只是为王某某的签字进行见证的抗辩理由，因证据不足，不能采纳。非诉讼委托代理协议的签约主体，是王某某和某律师事务所，只有某律师事务所才有权决定该所应当如何履行其与王某某签订的协议。张某只是某律师事务所指派的律师，只能根据该所的指令办事，无权决定该所如何行动。某律师事务所辩解，关于指派张某一人去作见证人的决定，是根据王某某对张某的委托作出的，这一抗辩理由不能成立。

《民法通则》第106条第2款规定：“公民、法人由于过错侵害国家的、集体的财产，侵害他人财产、人身的，应当承担民事责任。”被告某律师事务所在履行与王某某签订的非诉讼委托代理协议时，未尽代理人应尽的职责，给委托人及遗嘱受益人造成损失，应当承担赔偿责任，但赔偿范围仅限于原告王某1因遗嘱无效而被减少的继承份额。虽然某律师事务所在履行协议过程中有过错，但考虑到王某1在本案选择的是侵权之诉而非合同之诉，况且王某某的继承人并非只有王某1一人，故对王某1关于某律师事务所应当退还王某某向其交付的代理费之诉讼请求，不予支持。某律师事务所在代为见证王某某所立遗嘱过程中的过错，不必然导致王某1提起并坚持进行了两审继承诉讼，故对王某1关于某律师事务所应当赔偿其在两审继承诉讼中付出的代理费和诉讼费之诉讼请求，亦不予支持。

某律师事务所不服判决，提出上诉。二审法院判决认为：王某某立遗嘱行为的本意，是要将遗嘱中所指的财产交由被上诉人王某1继承。由于上诉人某律师事务所接受王某某的委托后，在"代为见证"王某某立遗嘱的过程中，没有给王某某提供完善的法律服务，以至王某某所立的遗嘱被人民法院生效判决确认为无效，王某某的遗愿不能实现。无效的民事行为自然从行为开始时起就没有法律约束力，但这只是说王某1不能依法获得遗嘱继承的权利，不是说王某某从来不想或者不能通过立遗嘱把自己的财产交由王某1继承，更不是说王某1根本就不能通过遗嘱继承的途径来取得王某某的遗产。王某1不能按遗嘱继承王某某遗产的根本原因，是某律师事务所没有给王某某提供完善的法律服务，以至王某某立下了无效遗嘱。某律师事务所履行自己职责中的过错，侵害了王某1依遗嘱继承王某某遗产的权利，由此给王某1造成损失，应当承担赔偿责任。故裁定维持原判。①

法院审理认为被告某律师事务所须对遗嘱无效而承担赔偿责

---

① 《最高人民法院公报》2005年第10期。

任时还指出，某律师事务所在“代为见证”王某某所立遗嘱过程中的过错，不必然导致王某1提起并坚持了两审继承诉讼，故不予支持赔偿其在两审继承诉讼中付出的代理费和诉讼费之诉讼请求。从性质上来说，因遗嘱无效而减少的继承份额、代理费和诉讼费都属于纯经济损失，法院能对各项损失区分对待是有意义的。如律师应当预见或者能预见委托人损害的发生，并且有条件能够避免损害的发生，而未能避免损害的发生，即存在过失，须对此产生的纯经济损失承担赔偿责任；如果委托人遭受的损害本来是不可预见的，或者是不可避免的，就不能认定律师负有过失。

根据我国的司法实践，律师见证遗嘱无效给第三人造成损失的就可能承担赔偿责任，这是律师遗嘱见证业务的最大风险。

从律师事务所承担遗嘱见证形式方面风险的案例看，见证律师本都是应该懂法、敬法、守法的，这些案件本不该发生，只要依法见证就不会给当事人造成损失。像本案，“代为见证”是指代表他人去见证，签订法律服务合同时就与本人亲自见证的要求不一致，遗嘱见证律师业务知识匮乏是明显的。所以说，律师事务所若想承接遗嘱见证业务，一定要先汲取这些败诉赔偿案例的教训，律师在继承法律方面如果不学习、不专业，律师的见证业务水平就不够、不稳定，最易出纰漏，也就不要轻易提供遗嘱见证服务了。

四、赔付力风险

从全国各地各级人民法院审理的遗嘱公证或见证案件来看，公证员、见证律师，甚至基层法律服务工作者，无一例外被认定为专家证人，一旦遗嘱失实或不合法就要对第三方造成的损失承担赔偿责任。

从某种意义上说，遗嘱是造成遗产分配“不公平”的源头。随着改革开放后40多年的财富积累，遗嘱财产往往数额过大，在大城市拥有多套房产、价值数千万的遗嘱人并不少见，而且涉及财产越多，引起至亲反目诉讼的可能性也越大，一旦承担败诉责任，律师事务所可能面临现有律师责任险无法承担的巨额赔偿风险。

近几年之内，该风险尚无法实质性解决。一方面应当适当增加遗嘱见证服务的收费标准，但需要大力培育遗嘱见证法律服务市场才能实现；另一方面目前保险企业测算风险水平对律师服务非常不利，责任赔偿保额提高到适当水平尚需时日。

第二节 律师遗嘱见证的必要环境与规范

遗嘱见证风险大，主要是因为人死不能复生，无法核实，隐患成纠纷常需经历许多年月，时过境迁，所以遗嘱的规范要求就异常严格。古今中外莫不如此。况且人民法院对遗嘱见证纠纷的裁判标准并不统一，裁判对律师的见证要求相对较高，增大了律师遗嘱见证的风险系数。

一、遗嘱见证要有独立的工作环境

北京老龄法律研究会在北京三家律师事务所设立了律师见证行为标准化研究基地①，专门研究律师遗嘱见证的行为标准。

根据研究基地的标准，律师事务所从事遗嘱见证服务，一般需要有一个独立的工作环境。

遗嘱人的遗嘱内容必须是其真实意思表示，否则见证律师会有见证风险。尤其是高龄老年人立遗嘱，多有家人陪伴，而家人往往是老年人较为信任的继承人或者受遗赠人，无论继承人在遗嘱中是否会多分遗产，即使该继承人不分财产，如果环境不够独立而造成见证过程中遗嘱人意志可能会受到影响，遗嘱就有可能被判决无效，见证律师则因此需承担风险。因此，律师见证行为标准化研究基地均按要求配备了专门的、密闭的、警示清晰的律师见证室，独立的遗嘱见证空间很有必要。

如有一位老年人来律师事务所作自书遗嘱见证，内容主要是将房产遗赠给侄女，自己的儿子不继承，从律师见证录像里看到其侄女一直都在见证现场。因为自书遗嘱本可以没有见证人，如果没有找律师见证，自书遗嘱本来可能有效。可是，因为自书遗嘱见证录像里有受遗赠人在场，反而是律师见证了利害关系人参与了立遗嘱的过程，就不能排除遗嘱人的主观意志可能会受到受遗赠人的影响，反而可能会导致遗嘱的无效。同时，如果遗嘱被

① 北京老龄法律研究会的三家律师见证行为标准化研究基地，分别位于北京东部的朝阳区大望路、西部的石景山区古城和南部的丰台区，没有独立见证室的律师事务所都可以在就近研究基地开展遗嘱见证法律服务业务，还可以参照研究基地遗嘱见证的工作流程开展见证活动。

判决无效，受遗赠人可能就会因此起诉律师事务所赔偿，因为受遗赠人可以不懂得回避的法律规定，律师事务所则要承担不专业的责任风险。

法律只是明确规定了继承人等利害关系人不得作为遗嘱的见证人或代书人，虽然法律并未规定继承人不得在遗嘱现场，但是作为专业法律人的律师对遗嘱真实性负有谨慎之义务，律师应当尽职尽责保证遗嘱人的主观意志不受外界的影响，同时，律师还有对遗嘱内容负有保密之义务，所以在行为上，律师职责要求见证现场不得有与见证人、代书人资格相类似不合格人员的存在。

在研究基地的见证规则中，立遗嘱现场所有人员均需要在谈话笔录中予以真实记录。

二、遗嘱见证要配备现代化的工作设施

律师事务所开展遗嘱见证业务，需要与时俱进地配备必要的办公设备。遗嘱见证业务必须有全程、全时空、有备份的同步录音录像系统，要求整个见证过程记录不间断。在独立律师见证工作环境中，还要配备但不限于网络、身份证识别系统、电脑、打印机、装订机、粉碎机、纸张、签字笔、印泥等必要设备和文具，避免人员的进出流动和提高见证工作效率。

律师见证室最好配有律师事务所的固定标识，张贴当事人须知、见证工作流程等，规范和有提示性的工作环境有利于安全见证的产出。

除了录音录像遗嘱见证以外，虽然法律并没有规定要求录音录像，但是，有的遗嘱人文化水平有限签名笔画不稳定，有的律

师见证遗嘱的谈话笔录内容不足以判定遗嘱人的民事行为能力，甚至有冒充遗嘱人的情形等，正是因为缺少现场视听证据导致了遗嘱无效，进而主张律师事务所赔偿，所以律师事务所作遗嘱见证配备录像设备非常必要。

律师事务所还应当设有长期保管见证遗嘱的管理机制、保密措施和跟踪服务机制。

三、遗嘱见证要有专业的见证律师

律师遗嘱见证风险的发生，多数出于律师不够专业。遗嘱见证业务看似简单，但法律规范细致严格，专业性很强。具有一定规模的律师事务所若开展遗嘱见证业务，应当选拔 3 至 5 名执业七年以上的律师固定作见证工作。一是便于遗嘱见证律师及秘书人员进行岗前必要的专业培训，如定期参加遗嘱见证专员学习班学习、律师协会遗嘱见证业务培训，或者到律师见证行为标准化研究基地实习。二是执业经历丰富的律师对风险防范更有经验，警惕性高，遗嘱见证工作要求稳重和资历。三是见证律师因出具见证书便成为证人，证人如果再担任遗嘱人或继承人的代理人就会出现利益冲突，引发不该有的违规，固定见证人也有利于律师事务所对利益冲突的审查，有利于对老年人财产、人身权益保障的后续法律服务。

遗嘱见证律师不仅要精通遗嘱见证的工作流程，还要充分了解遗嘱纠纷案件的裁判规则，不断总结遗嘱在保障老年人权益、调整家庭成员关系、传承保值增值家庭财富等方面的经验和教训，熟悉有关老年人的家事法律服务的各项律师业务。

开展遗嘱见证业务的律师事务所，应当以律师见证业务、老年人遗嘱权保护为牵引，注重发展助孝信托、遗嘱执行、遗产管理、老年人监护、以房养老、财富传承、慈善信托、长期照护、搭伴养老、被赡养权保护等专业法律服务部门，培养更多的老龄法律服务的专业律师人才。

案例：遗嘱见证不够专业引发赔偿、退费

2014 年 10 月 13 日，陈某 1、陈某 2 的母亲陈某某在某镇法律服务所见证下进行代书遗嘱，后因其中一名见证人郁某某无法确认遗嘱上的签字系其本人所签，加之遗嘱订立时陈某某生病、生活不能自理又不能言语等因素，经另案[①]生效民事判决书认定，该遗嘱因形式上存在瑕疵而适用法定继承，判决陈某 1、陈某 2 给付陈某 3 共 25 万元。陈某 1、陈某 2 认为因某镇法律服务所未提供专业合法的法律服务，导致陈某 1、陈某 2 的经济损失，遂涉讼。

一审法院认为，根据《继承法》相关规定，遗嘱的形式必须符合法律要求，不符合法律规定的，遗嘱不发生效力。本案中，陈某 1、陈某 2 与某镇法律服务所之间存在服务合同关系。陈某 1、陈某 2 作为陈某某所立遗嘱的受益人，若该遗嘱有效，其可以依据遗嘱取得所涉房屋的所有权，由于该遗嘱被生效判决认定为无效，虽陈某 1、陈某 2 取得了房屋所有权，但陈某 1、陈某 2 被判令支付其他继承人房屋折价款 25 万元。某镇法律服务所的法律工作者在熟知法律规定的情况下未以其专业法律知识和技能为委

① （2015）崇民一（民）初字第 7669 号。

托人提供法律服务，致受益人陈某1、陈某2未能按遗嘱内容继承陈某某的遗产，某镇法律服务所存有过错，应当对陈某1、陈某2由此受到的损失承担赔偿责任。陈某1、陈某2庭上诉称根据法定继承和遗嘱继承的差额，要求某镇法律服务所赔偿156250元。法院认为，遗嘱是一种期待的利益，可能存有变数。法律工作者以一种专家身份参与到见证活动中，由其出具的见证结论与事实不符或见证过程存在瑕疵时，由该职责所衍生的责任就是专家责任。专家提供专业服务在性质上应属于手段保证性而非结果保证性，专家只能保证应用自己的知识和技能以合理的注意和必要的技能处理事项，但不能等同于保证能达到特定结果，不能以结果没有达到预期而要求专家承担与损失相对等的全部责任；再者，某镇法律服务所在提供见证服务时收费金额少，若要求其承担全部赔偿责任，从权利义务对等的角度而言，缺乏公平性。综合上述因素，法院酌定某镇法律服务所承担一定的赔偿责任。至于陈某1、陈某2诉请某镇法律服务所返还陈某1、陈某2代书和见证遗嘱的服务费用，法院认为，因见证服务没有达到预期效果，故该服务费应予返还。

一审法院判决：某镇法律服务所返还陈某1、陈某2代书和见证遗嘱的服务费500元；某镇法律服务所一次性赔偿陈某1、陈某2共2万元；对陈某1、陈某2的其余诉讼请求，法院不予支持。

陈某1、陈某2不服判决，提出上诉。

二审法院认为，当事人对自己提出的主张，有责任提供证据。本案中，上诉人主张被上诉人违反了服务合同所负义务，造成了上诉人的损失，被上诉人应承担赔偿责任。法院认为，上诉人对其主张需举证被上诉人违反义务、上诉人产生损失以及上诉人的损失与被上诉人的行为有因果关系。对于被上诉人行为的评判，已在另案生效法律文书中予以认定，被上诉人所代书遗嘱在过程及形式上确与相关法律规定的要求不符，法院不再赘述。上述案件中，从上诉人及有关当事人对被继承人陈某某身体状况的陈述及法院查明的事实，法院认为即使被上诉人所代书遗嘱在形式上符合法律规定，依据我国《继承法》相关法律规定，也不足以认定遗嘱内容是被继承人真实意思的表达，遗嘱效力也难以被认定。故，虽然被上诉人的行为因缺乏法律专业性，违反了应负义务，但其行为并未必然导致上诉人产生损失，与上诉人主张的损失之间也无足够关联性。上诉人在本案中的主张，缺乏充分的事实和法律依据，法院不予采纳。故判决驳回上诉，维持原判。[①]

本案是一起比较典型的因遗嘱见证人不专业而导致的退费、赔偿案件。存在的主要问题有：遗嘱见证人应当有 2 人以上，而本案只有 1 人，见证人必须现场见证而见证书上出现的见证人没到场系代签名字，应确定遗嘱人具有完全民事行为能力却没有证据，见证过程本应有录音录像，本案中作见证的基层法律服务工作者显然没有注意到这些重要环节，该见证代书遗嘱无效具有一定的必然性。另外，对于遗嘱见证的法律服务费仅有 500 元，服务成本如此低廉也说明其学习成本严重不到位、知识基础非常薄弱的特点，这与提供遗嘱见证服务应有水准是不相匹配的。

一审判决认为："法律工作者以一种专家身份参与到见证活

① （2018）沪 02 民终 9341 号。

动中去，由其出具的见证结论与事实不符或见证过程存在瑕疵时，由该职责所衍生的责任就是专家责任。专家提供专业服务在性质上应属于手段保证性而非结果保证性，专家只能保证应用自己的知识和技能以合理的注意和必要的技能处理事项，但不能等同于保证能达到特定结果，不能以结果没有达到预期而要求专家承担与损失相对等的全部责任。”这一说理部分是值得肯定的，律师见证“属于手段保证性而非结果保证性”，“某镇法律服务所在提供见证服务时收费金额少，若要求其承担全部赔偿责任，从权利义务对等的角度而言，缺乏公平性”，遂作出不足诉讼主张的1/8、服务费的40倍之赔偿。判决赔偿时能与收费水平进行平衡，都彰显了判决说理、判决追求公平正义等非常积极的一面。

本案的见证服务费的退费判决是值得商榷的。首先，遗嘱见证申请人是已故陈某某，法律服务合同的交费义务人也应当是陈某某，“陈某1、陈某2与某镇法律服务所之间存在服务合同关系”并不符合遗嘱见证规程，隐患已经埋下。其次，即使法律服务费是陈某1、陈某2实际缴纳的，但是在法律关系上，遗嘱见证属于老年人的正常生活支出，陈某1、陈某2作为赡养人，代缴有关费用属于赡养职责范围以内，属于正常，而陈某1、陈某2并非法律服务合同的相对人，陈某1、陈某2也不能作为遗嘱见证的委托人。本案的风险提示是，遗嘱见证法律服务合同应当与遗嘱人本人签署，律师服务费最好由遗嘱人缴纳，禁止由赡养人以外的遗嘱受益人缴纳律师服务费。

二审判决认为：“……不足以认定遗嘱内容是被继承人真实意思的表达，遗嘱效力也难以被认定。故，虽然被上诉人的行为因缺乏法律专业性，违反了应负义务，但其行为并未必然导致上诉人产生损失，与上诉人主张的损失之间也无足够关联性。”从本案认定的有关事实看，二审法院判决的逻辑是，上诉人明知自己母亲已经丧失了民事行为能力，不能正常表达遗嘱内容，还强行带其作遗嘱见证，虽然见证人中一人未实际在现场导致了见证遗嘱的无效，遗嘱无效结果是二者的叠加，而且上诉人有过错在先。

笔者认为，如果陈某某因缺失民事行为能力而导致认定其遗嘱无效，那么遗嘱受益人自始不能实现遗嘱利益，与见证无关，见证人不应对遗嘱受益人承担赔偿责任。

四、遗嘱见证要有缜密的谈话笔录

遗嘱见证的谈话笔录是律师遗嘱见证的必备流程，是避免律师承担见证风险的最重要环节，是避免承担法律责任的最重要证据，是遗嘱见证律师专业与否的集中体现。

1. 谈话笔录的主要内容

遗嘱见证谈话笔录担负着重要风险防范的证明责任，应当着重记录以下几个方面事实和内容。

（1）遗嘱人的身份经过了核对

2017 年 8 月 14 日，司法部发布了《关于公证执业“五不准”的通知》，该通知第 1 条规定，不准为未查核真实身份的公证申请人办理公证。公证机构、公证员应严格审查公证申请人的身份，告知冒充他人、伪造证件、骗取公证书的法律责任后果，未经证件视读、单独谈话、交叉印证、身份证识别仪核验等程序，不得办理公证。申请人使用临时身份证，公证员未到公安部门核实的，不得受理公证申请。对涉及敏感、重大权益事项的公证申请，应当由有经验的公证人员认真审核。

该通知公布后，法院审理律师见证案件会参照执行。所以，见证律师必须按照通知精神严格审查遗嘱见证申请人的身份，告知冒充他人、伪造证件、骗取见证书的法律责任和后果，未经证件视读、单独谈话、交叉印证、身份证识别装备核验等程序，不得办理遗嘱见证。遗嘱人使用临时身份证的，见证律师未到公安部门核实的，不得受理遗嘱见证申请。

案例 1：律师将见证地点写错，被认定为遗嘱人主体不确定

2010 年 3 月 20 日，孙某之母李某（甲方）与某律师事务所（乙方）签订《非诉讼委托代理协议》，某律师事务所指派其律师至李某所住医院为李某出具见证书及遗嘱，在该份遗嘱中写明：我（李某）自愿将北京市某胡同 33 号房屋中我享有的全部份额中的 50%，在我去世后由我的次女孙某继承，其他子女均不得对此份额主张任何权利且不得干涉。李某于 2010 年 4 月 17 日去世。后孙某之兄弟姐妹以孙某为被告向法院提起民事诉讼，要求继承北京市某胡同 33 号房屋。

区法院认为，该份遗嘱存在以下瑕疵点：1. 由两位执业律师签字并加盖某律师事务所公章确认的见证书中载明的李某订立医院的名称与被继承人李某住院治疗的医院名称明显不一致，法院无法确认由律师进行见证订立遗嘱的李某是否为本案的被继承人李某；2. 出庭的见证律师刘某不接受当事人的询问，另一位见证律师王某未出庭陈述事实并接受询问……3. 立遗嘱人身份的核实确认系进行见证遗嘱的前提要件……两位执业律师仅凭提前打印的人口信息表如何确认李某的真实身份……见证律师如何确认李某的身体状况具有民事行为能力；4. 见证律师称该遗嘱系在医院为李某制作谈话笔录后，回到律师事务所打印……但该份由执业律师打印的遗嘱存在诸多不严谨之处。综合以上见证遗嘱存在的瑕疵点，法院对此遗嘱效力不予确认，基于此，判决结果为：北京市某胡同33号房屋按照法定继承由案外人孙某博、孙某玲共有，孙某获得房屋补偿款。[①]

庭审中，就孙某要求某律师事务所赔偿25万元的依据，孙某认为：涉诉房屋评估价值为180万，如果某律师事务所所出具的见证遗嘱有效，其可以获得母亲李某50%的份额，即可以获得72万元的房屋补偿，而其现只获得47万元的补偿，故差额25万元，是由于某律师事务所错误造成，故某律师事务所应予赔偿。

2012年11月15日，一审法院判决某律师事务所赔偿孙某25万元。

二审法院认为，委托律师做见证人，更多是出于律师是掌握法律知识、具有专业技能的法律从业人员，能以自己掌握的法律知识为立遗嘱人服务，使所立遗嘱符合法律要求的考虑。被上诉人孙某的母亲李某委托某律师事务所为其立遗嘱见证，其目的显而易见，即通过律师提供的法律服务，使自己所立遗嘱具有法律效力，从而使孙某在其去世后能顺利继承其所有的北京市某胡同

---

① （2010）宣民初字第8039号。

33 号房产份额的 50%。某律师事务所作为专业法律服务机构，应当明知李某的合同目的，该所有义务为李某提供完善的法律服务，维护当事人的合法权益。李某与某律师事务所签订的《非诉讼委托代理协议》中约定律师事务所的代理权限为：为李某立遗嘱见证。现某律师事务所不能证明“为李某立遗嘱见证”，只是对李某在遗嘱上签字、盖章行为的真实性进行见证，也不能证明该所已告知李某“为其立遗嘱见证”的含义仅是对其在遗嘱上签字的行为见证而非对遗嘱见证。原审法院作出某律师事务所接受李某的委托制作遗嘱并出具见证书，应当对遗嘱效力负有直接责任的认定，并无不当。律师见证之所以不同于一般人的作证，就在于见证律师还担负着对见证事物是否符合法律规定存在审查义务。

孙某不能按照遗嘱继承李某遗产的原因在于某律师事务所指派的律师在为李某制作遗嘱并出具见证书的过程中未尽职责，致使李某所立遗嘱被生效判决认定为存在瑕疵，据此瑕疵，法院对李某所立遗嘱效力不予确认，按照法定继承原则平均分割遗产。某律师事务所的行为存在过错，亦违反代理协议确定的义务。因此，该所应当对孙某的损失承担赔偿责任，赔偿范围应限于孙某因遗嘱效力未被法院确认而减少的份额。

孙某虽与某律师事务所未有直接法律合同及委托代理关系，但孙某作为李某所立遗嘱的直接受益人，在其母亲李某去世后，其有权就其所受损害提起诉讼。

2013 年 4 月 20 日，终审判决驳回上诉，维持原判。

（2）证明遗嘱人具有完全民事行为能力

遗嘱人以中老年人居多，随着年龄的增加，老年人患有阿尔茨海默病（即 AD 或老年痴呆症）的概率快速加大。立遗嘱时，老年人是否具有完全民事行为能力，经常会成为法庭调查的重点，遗嘱见证必须保留充足的证据。

有的法官认为，律师作遗嘱见证前，应当要求老年人提供精神状态的医学证明，认为这样老年人的民事行为能力证明最保险。这种要求在当今社会条件下难以实现。首先，中国人传统上忌讳精神上有问题，“精神病”也一直停留在贬义词库中，除了医学界，很少有人认为“精神病”是中性词汇，客观上具备精神医学鉴定的医疗机构也非常少，程序更是烦琐。其次，一般医院检查尚无安装患者身份识别系统，容易出现替身检查的情形。所以，这种安排目前还不现实也不科学，反倒会人为地阻碍绝大多数老年人获得律师的见证服务，尤其是阻碍急需遗嘱见证服务的高龄老年人，进而也会阻断或减少律师为老年人提供其他法律服务的机会，客观上会损害老年人的财产自主权益的法律保障。

律师事务所要科学设计一套判断老年人或间歇性精神病人是否存在失智状况的问答题目，建立并不断更新题库。在《谈话笔录》中，见证律师要从题库中随机抽取 3 至 6 个问题，看遗嘱人对穿插提问回答的具体情况来确定是否具有民事行为能力。如果发现老年人、间歇性精神病人的民事行为能力有限，律师就不能再出见证书了。题库问题的科学与否，应当从社会学、老年医学、精神医学角度加以研判，实践中不难做到。客观上，科学设计的问答题目，再有两位以上见证服务律师的谨慎观察，加上现场录音录像的直观佐证，判断民事行为能力的准确度要高于一纸证明。

值得推广的是，北京老龄法律研究会的遗嘱见证专家发明了一种“精神正常试错法”，是指遗嘱见证人在作谈话笔录时，要有一两次故意读错遗嘱人的家人姓名、财产地址等，老年人如能及时准确予以更正，即可证明其具有民事行为能力。成功穿插一两个误读，这是见证律师的一项很必要的基本功，并且要将“运用精神正常试错法”加括号如实记入谈话笔录。但是，在进入核对遗嘱内容阶段时，为了避免引起歧义，专家建议不要再通过读错的方式来考察遗嘱人的民事行为能力了。

如果通过沟通交流，发现遗嘱人的民事行为能力有限，无法通过正常自然的人的意志能力合理地、理智地控制自己的行为，如认知困难、表达意思前后颠倒等情形，即使持有医院出具的健康证明，见证律师也应当立即停止办理见证业务。

需要绝对禁止的情况：如果有法医学鉴定或医院诊断或生效裁判，明确遗嘱人为限制民事行为能力人或无民事行为能力人，即使看上去神志清醒，完全具备立遗嘱能力，也不得为其作律师见证遗嘱。

但是，民事行为能力的原认定机构有新证据证明其恢复了完全民事行为能力的除外。

（3）遗嘱人要出于完全自愿处分自己的遗产

在谈话笔录中，见证律师要查明遗嘱人作遗嘱时是不是受到了胁迫，是否属于自由意志。如果记录显示，遗嘱人的意志受到了某种外界影响，如出现犹豫不决、赌气情绪明显，律师见证就不可以继续了，否则律师事务所就可能承担风险。

案例 2：律师“强行见证”遗嘱无效

对于 2016 年 10 月 28 日所立遗嘱，一审法院分析如下：（1）

该遗嘱虽经律师见证，但从见证书内容来看，律师仅确认梁某身份及盖章属实，并未见证该遗嘱的制作形成过程，且陈某1（遗嘱人梁某的大儿子）及见证律师对于遗嘱形成过程的陈述不一致。(2) 该遗嘱内容系电脑打印，除盖有梁某印章外，没有其他人作为代书人或见证人签名，不具备《继承法》第17条规定的自书遗嘱或代书遗嘱的形式要件。(3) 陈某1提交的《视频光盘》显示，虽律师就遗嘱与梁某进行了询问，但梁某在询问时存在答非所问的情况；律师在明知梁某还存在其他继承人的情况下，仅提及陈某1一人，律师询问的问题具有倾向性及诱导性，且始终未提及其他继承人或通知其他继承人到场，有失作为见证人的中立性；梁某在询问过程中未明确所有涉案遗产均由陈某1一人继承。(4) 2016年10月28日梁某已93岁高龄，且2016年6月2日经区中心医院诊断为“脑梗死后遗症”，无证据证明其具备完全民事行为能力。(5) 梁某连自己的名字都不会书写，而律师在进行见证过程中亦未向其完全宣读遗嘱的内容，无证据证明梁某系已经完全知悉、理解并同意遗嘱内容。因此，该遗嘱不符合《继承法》第17条规定的形式要件，亦无法确定遗嘱内容是否为梁某本人的真实意思，故一审法院对于该遗嘱不予采信。

二审法院另查明，二审庭审中，陈某1确认2016年10月28日遗嘱的内容系由陈某1起草，再交由其孙子打印。该遗嘱的见证律师黄某某称在见证前，其没有见过案涉遗嘱，也没有修改过，只是核对内容。二审法院认为，首先，案涉遗嘱不属于公证遗嘱、以录音形式立的遗嘱及紧急情况下的口头遗嘱。其次，陈某1确认案涉遗嘱由其起草并交由其孙子打印，并非被继承人梁某亲笔书写，故案涉遗嘱也不符合自书遗嘱的形式要件。其次，案涉遗嘱是否符合代书遗嘱的形式要件。第一，该遗嘱中记载由黄某某律师和唐某某实习律师见证，但唐某某并未作为见证人签名确认。第二，即使唐某某在现场，但根据法律规定，代书遗嘱的代书人必须是见证人之一，而由陈某1和黄某某所述可知，案涉遗嘱并非由其中一名见证人代书。第三，根据前述法律规定以及《继承法》第18条有关“下列人员不能作为遗嘱见证人……（二）继承人、受遗赠人……”的规定可知，遗嘱代书人必须是见证人，而继承人不能是见证人，故继承人不能是代书人。陈某1二审庭审中确认案涉遗嘱由其起草并交由其孙子打印，即陈某1系案涉遗嘱的代书人。陈某1作为继承人，其作为代书人不符合法律规定的代书遗嘱的形式要件。综上，案涉遗嘱不符合《继承法》规定的有效遗嘱的形式要件，应为无效遗嘱。陈某1上诉主张按照该遗嘱继承梁某的遗产理据不足，法院不予支持。①

本案的典型性在于，一是没有通过谈话笔录证明遗嘱人具有完全民事行为能力。二是没有通过谈话笔录证明遗嘱人是出于自愿处分自己的遗产。如本案遗嘱人梁某有5名子女，见证律师只问了“你这份遗嘱的意思，就是说你在的那间房子日后给陈某1（遗嘱人梁某的大儿子）”对于遗嘱内容本身是给陈某1继承这一事实，见证人本应该还要问“那间房子是否要给陈某3（至少要多问一个）一部分，为什么?”按照北京老龄法律研究会“精神正常试错法”要求，应当直接问“你这份遗嘱的意思，就是说你

① （2019）粤06民终2728号。

在的那间房子日后给小儿子陈某3?”如果能正确回答并标注“（精神正常试错法）”，既可以根据回答确定梁某是不是出于自愿，也可以佐证梁某的精神状态是否正常，更可以从反面印证遗嘱人的真实意思表示。三是遗嘱不是在见证下形成，违反了见证的空间界限和时间点要求。四是违反了应当有两个以上见证人的硬性规定。五是违反了由继承人或者与继承人有利害关系的人代书和见证的禁忌。六是见证律师又作为陈某1的代理人参加了该遗嘱引起的继承纠纷诉讼，违反了既作证人又作代理人的禁止性规定，律师在同一件遗嘱见证中出现如此之多的执业问题，还是比较罕见的。法院的判决也很具有代表性，一审法院直接认定见证律师违反了中立性的专家证人原则。

在本案中，即使陈某1没有进行代书操作，在律师见证遗嘱制定过程中，默许遗嘱继承人在现场，也容易被判定影响遗嘱人的自由意志，存在见证风险。但是，如果遗嘱人召集全部第一顺序法定继承人到场，并能够由继承人共同签字确认遗嘱效力，这种情况并不为现行法律所禁止，同时可以避免对老年人遗嘱能力认定的争议，还会增强遗嘱的执行力。如果这种情况成行，见证律师应当现场普及意定监护、意定监护监督、赡养协议等相关法律知识，使见证遗嘱同时具备多种功能，从而可以更好地维护老年人的合法权益。

（4）遗嘱人处分的应是自己所有的财产

遗嘱人处分的财产权属清晰并属于遗嘱人有权处分的财产，见证律师有谨慎核实的义务。在谈话笔录中，见证律师要查明遗嘱人遗产的性质、权属情况，不动产要写明准确的坐落位置。对于遗嘱人提供证据的真实性义务和不实后果等，见证律师务必明确告知。

复杂事项需要调查核实的，应当另行约定调查项目和收费。收费事小，风险事大，没有约定、没有明确告知，风险隐患也就形成了。

（5）要明确自书遗嘱还是代书遗嘱，或是打印遗嘱，或是录音录像遗嘱

遗嘱人自书遗嘱见证的，见证律师应告诉遗嘱人，需要在见证人面前完成自书，允许誊写，并签名和签年、月、日。有自来遗嘱稿的，要询问具体情况，要将自书遗嘱或代书遗嘱不一致之处和原因记入笔录。笔录中记录的自来稿，应当存档备查，不可以带走或销毁。

随着录音录像遗嘱、打印遗嘱规定的实施，律师遗嘱见证的选择性更加多了，应当在笔录上记录遗嘱人的选择。

（6）记录需要避免其他风险的内容

老年人虽然具有民事行为能力，但可能出现了行动能力受限的情况。如手抖不能签名，眼花不能阅读、不能签字，还出现过不识字、能签名却签不了日期的立遗嘱老人，这些情况只要经过审查并记入笔录，遗嘱瑕疵才清晰可查，见证遗嘱风险才能避免。

2. 谈话笔录可以参考的内容范例

（1）遗嘱人的身体状况、精神状况。遗嘱人系老年人、间歇性精神病人、危重伤病人的，还应当记录其回答问题的具体情况和对事物的识别、反应能力。

（2）遗嘱人家庭成员情况，包括其配偶、子女、父母及与其共同生活人员的基本情况。

（3）遗嘱所处分财产的情况。是否属于遗嘱人个人所有？以前是否曾以遗嘱或者遗赠扶养协议等方式进行过处分？有无已设立担保、已被查封、已被扣押等限制所有权的情况？

在第（2）项、第（3）项核实过程中，见证律师应当学会“精神正常试错法”来判断遗嘱人是否具有民事行为能力。

（4）遗嘱人作遗嘱是不是本人的真实意愿？所提供的遗嘱或者遗嘱草稿的形成时间、地点和过程？是自书、代书、打印，还是录音录像？有无修改、补充？对遗产的处分是否附有条件？代书人的情况如何？遗嘱或者遗嘱草稿上的签名、盖章或者手印是不是其本人所为？

（5）遗嘱人未提供遗嘱或者遗嘱草稿的，应当详细记录其处分遗产的意思表示。

（6）是否指定遗嘱执行人及遗嘱执行人的基本情况。

（7）见证律师认为应当询问的其他内容。

在录音录像遗嘱见证中，如果遗嘱人出于对遗嘱内容保密的想法，有权利在笔录中不涉及遗嘱的内容。但是，即使因此不需要核实遗嘱内容，谈话笔录也应当写明原因，仍然需要考察遗嘱人的民事行为能力。

3. 谈话笔录要由双方签名

谈话笔录应当当场向遗嘱人宣读或者由遗嘱人阅读，遗嘱人无异议后，遗嘱人、见证人应当在笔录上签名。最好在录像中同时记录有笔录内容影像的画面。

谈话笔录是律师见证遗嘱的主要步骤，是律师遗嘱见证卷宗的重要文件，对于保证遗嘱有效性具有十分重要的意义。

4. 律师对谈话内容负有保密义务

谈话笔录的以上规定主要是为了保障见证程序的合法性，并将不宜公示在见证文书上的重要内容记录在案，为事后的审查提供依据。因为有这些记录的存在，一旦律师事务所风控机构和律师事务所可能承担责任时，可以调阅相关见证程序的记录，重现见证的各重要环节。

同时，为了保障当事人的隐私权，或者，在商业活动的见证中，为了保护当事人的商业机密，律师负有保密的义务。在各律师事务所的见证规范中，应通过控制见证程序的参加人数、见证文书的发放、档案的管理、保密教育等诸多具体的制度设计，最大限度地保证见证过程和内容的保密。

五、要与遗嘱人签订恰当的法律服务合同

遗嘱人的法律服务需求，一般分为法律咨询、调查核实和见证服务。律师事务所与公证机构不同，最好单独签订两份法律服务合同，分别由老龄法或家事律师提供法律咨询和遗产合法性的调查核实服务，再由见证律师负责见证工作，以减少执业冲突。在遗产咨询服务中，指派的老龄法或家事律师负责法律咨询，负担遗嘱内容的真实性、合法性调查，根据工作量确定律师收费，单独立卷存档。尤其是录音录像遗嘱的律师见证，律师事务所最

好先安排家事律师提供法律咨询服务，使遗嘱人能够形成录音录像遗嘱的宣讲稿，再根据委托见证合同安排见证律师进行录音录像遗嘱见证。见证法律服务的见证工作范围一定要明确具体，符合法律规定，以便有清晰的真实性、合法性审查的界限，避免见证风险的发生。

如果只签订一份遗嘱见证法律服务协议，务必量化遗嘱内容真实性和合法性审查的法律服务工作范围和收费标准，经过双方协商确定见证律师的工作内容，比如分别约定"不出见证室"审查的工作内容和深入调查取证的律师服务费负担。对于不同工作内容、收费标准约定所产生的法律后果需要在合同中明确，并记入谈话笔录。再如约定录音录像遗嘱见证封存，因为见证律师不能打断遗嘱人的遗嘱录制，立遗嘱后也无权解封查阅核对遗嘱的内容，如果遗嘱人拒绝提供具体遗产，见证律师则无须对遗嘱内容真实性、合法性负责，但需要在笔录中、合同中都有互相印证的体现。

委托见证合同要明确约定，遗嘱人对提交给见证律师的居民身份证原件和复印件、结婚证原件和复印件、房屋所有权证书原件和复印件的真实性负责；若遗嘱人提交给见证律师的上述证件原件和复印件存在虚假情形，由遗嘱人承担遗嘱得不到执行的不利后果。遗嘱人承诺自书遗嘱内容是其真实自愿的意思表示，不存在任何隐瞒、欺骗和胁迫的情形。

特别值得注意的是，虽然律师见证对外公信力还不足够明显，但对遗嘱真实性、合法性予以审查和证明，是见证律师应当谨慎履行的法定职责，律师事务所不得与客户约定"本见证不包括对遗嘱真实性、合法性审查”“本见证仅限于形式审查”“不保证遗嘱内容的真实性”类似违法条款当然是没有法律效力的，起不到避免相关风险的作用。遗嘱的真实性、合法性审查是律师不得免除的法定义务，但如果遗嘱人明确拒绝支付相应调查的律师费，应当告知遗嘱人因不能调查可能导致所立遗嘱无效，遗嘱被确定无效遗产会被按法定继承处理。遗嘱人自愿认可承受遗嘱内容不真实、不合法所产生的后果，否则不予见证，相关内容务必约定好，并将具体情况完整记录在谈话笔录之中。

需要特别注意的是，需与遗嘱人本人签订见证遗嘱委托合同；不得收取遗赠受益人缴纳或者代缴的见证遗嘱服务费。赡养人也是继承人，代缴见证遗嘱服务费可以视为赡养义务，马马虎虎算是有法律根据。但是，遗赠受益人没有法律规定的赡养义务，其缴纳或者代缴见证遗嘱服务费的正当性一旦被质疑，见证遗嘱的律师事务所可能会存在中立性被否定、遗嘱无效赔偿的风险。

六、出具严谨的遗嘱见证书

遗嘱见证书要功能完整，语言工整完美，文字简洁明了。

例如，遗嘱见证书1：

兹证明赵某某（女，1934年5月6日出生，持有居民身份证号码为……）于2021年1月4日来到我律师事务所，在我和律师阎某某面前，立下了前面的打印遗嘱，并在遗嘱上签名。赵某某立遗嘱的行为符合《民法典》第1133条、第1136条的规定。

遗嘱见证书2：

兹证明钱某某（男……），本见证律师和阎某某律师根据钱某某的意思表示，按照《民法典》的规定办理该代书遗嘱见证，遗嘱内容经钱某某核对认可。钱某某在本见证律师的面前，在前面的遗嘱及存档的申请表、笔录上签名。钱某某订立遗嘱的行为符合《民法典》第1133条、第1135条的规定。

遗嘱见证书3：

兹证明孙某某（女……），于2021年1月23日来到我遗嘱见证部，本见证律师和阎某某律师根据孙某某的要求，按照《民法典》的规定为其见证并制作了录音录像遗嘱，孙某某对回放的第×××号录音录像遗嘱表示无异议。录音录像遗嘱已经当场封存，孙某某在本见证律师的面前，在前面的遗嘱密封袋及存档的申请表、笔录上签名。孙某某订立遗嘱的行为符合《民法典》第1133条、第1137条的规定。

七、律师事务所审查盖章要专业

律师事务所的风控审查、盖章把关，是遗嘱见证风险的最后一道防线。

首先，律师事务所要对律师见证遗嘱业务是否存在利益冲突情况进行审查，见证律师除了不得办理与本人、配偶或本人、配偶的近亲属有利害关系的见证业务以外，律师承办过遗嘱受益人有偿法律服务的，也应当回避不能参与见证遗嘱业务。

其次，对于作见证遗嘱，律师事务所既要注重遗嘱、见证书、谈话笔录的形式审查，如申请与见证内容的匹配情况，是否有全部参与人员的正确签名，年、月、日是否全面并准确，也要查看录像资料，避免留下错误或瑕疵。

最后，律师事务所的风控负责人只有审查确认见证遗嘱所有文件无误以后，才可以在审批单上签批盖章，进入见证书颁发和遗嘱入库保管程序。

案例：律师事务所在遗嘱见证书上盖章时应注意把关

2005 年 4 月 1 日，某律师事务所律师对被上诉人王某 5 作了谈话（谈话笔录以“遗嘱见证书”名义提交法庭），其明确表示房子是母亲留下的遗产，愿意把应得的房产交给王某 1（王某 5 的兄长）全权处理。王某 5 放弃其继承的份额，并转赠给上诉人王某 1。

王某 2、王某 3、王某 4、王某 5、王某 6 对上诉人王某 1 提供的证据发表质证意见认为：该见证书由律师陈某所作，另一名律师宋某某并未到现场，宋某某也未在调查笔录上签字。在见证时没有对王某 5（因为王某 5 年近 70 岁）做健康体检，也未录像见证过程。不能证明当时王某 5 具有民事行为能力，且未询问其是否真心愿意将×房产赠与王某 1，见证书律师名字属打印，不符合全国律师协会关于律师见证工作的规定，存在瑕疵，不具有法律效力。

在判决中，法院因该证据举证程序错误而没有采纳该律师见证为有效证据。①

王某 5 健在并为本案诉讼当事人，“遗嘱见证书”经过庭审公开已经不存在赔偿的可能，这是万幸。

该案一审可以提交律师见证证据而没有提交，法庭因而并未对该律师见证进行实质性审查，所以也无从知晓法官的看法。

---

① （2016）豫 10 民终 3202 号。

该律师的见证至少存在一名见证律师不在场、没有见证律师亲笔签名等两项硬伤。可见，该律师事务所的执业风险管控或无或不发生作用，其开展遗嘱见证业务存在高风险是必然的。

八、现场遗嘱见证应慎重

由于遗嘱见证工作对环境要求很高，原则上应当在律师事务所见证室内进行。一是有遗嘱人亲自来律师事务所接受见证服务的过程，有利于判断遗嘱人的民事行为能力状况。二是有独立的遗嘱见证工作环境和办公保障，可以有效避免出现见证瑕疵。三是可以降低律师服务的成本。

1. 现场遗嘱见证注意事项

律师赴现场进行遗嘱见证，包括对自书遗嘱、代书遗嘱、打印遗嘱、录音录像遗嘱、口头遗嘱的见证。律师现场遗嘱见证，应注意创建好临时的见证工作环境，要避免出现见证工作瑕疵。自书、代书、打印遗嘱、录音录像遗嘱都应当按预案作好谈话笔录，更加注重遗嘱人的民事行为能力的考察，到现场见证的原因也要有客观记录。

如果遗嘱人处于医养环境中，办理委托时一般要求先提供医生出具的神志清楚的证明。如果未能提供医生诊断，应将原因经过记录存卷。

2. 现场录音录像遗嘱

现场律师遗嘱见证，有条件的最好配备移动式录音录像设备，注重现场证据的储备。在立遗嘱的形式上，也最好采用《民法典》新规定的录音录像遗嘱的方式。

录音录像遗嘱，要有全程录音录像，录像中能够清楚反映现场状况，并应准确表述见证地址。在有其他见证人在场的情况下，应当核实其中是否有继承人或遗嘱受益人，做好清场工作，保持私密空间，避免出现录像场面上的意外。录像中应记录遗嘱人以及其他见证人的身份情况，包括姓名、性别、年龄、工作单位、职业、住址、联系方式等基本情况。要有清楚的每位见证律师影像，遗嘱人、见证人不可有浓妆、戴墨镜、戴帽、戴围巾等影响肖像的情形，应留有清晰的肖像和音频。在谈话笔录中应当记载作出遗嘱的时间、地点和录像设备型号。

3. 口头遗嘱

口头遗嘱属于临时遗嘱，由于处于紧急事态，大部分情况是不可能取得律师见证服务的。立口头遗嘱，必须以存在无法克服的紧急情况为前提，律师方可作为现场见证人。因为口头遗嘱一般是在情况紧急、相对特殊的场合作出的，法律不应对见证人作出过于苛刻的要求，有的可能不得不通过视频连线见证，也应当论证其可行性；有的可能只有一名律师赶到了现场，即使一时找不到另外的见证人，律师为了不错过最后时机，也应当尽最大努力记录口头遗嘱的内容，即使口头遗嘱因此被确定为无效，也不应当判律师为紧急情况下的法定形式不合规而承担责任，这是包括律师在内所有法律人的职责要求所在。但是，紧急情况一旦解除，在不得已情况下不合规见证口头遗嘱的律师应当尽快将有关法律规定告诉遗嘱人，这是该律师先前行为产生的义务。

因为见证律师一般是通过记忆来保留口头遗嘱的，如果不及时将口头遗嘱记录下来，将会因记忆的模糊使其失去真实性。所以，见证律师在条件允许时应迅速将遗嘱人的真实意思通过录音或者书写方式分别固定下来，这样才能保证转述的口头遗嘱是被继承人的真实意思表示。当紧急情况消除以后，只要遗嘱人具备接受录音录像能力，这口头遗嘱也就失效了。

作为专业人士，律师见证口头遗嘱需要及时固定相关证据，以避免见证风险。实践中，口头遗嘱有效性一般需要审查：（1）启动经过，以确定见证人是否具备客观中立立场，以及判断遗嘱人是否出于本人想要立遗嘱的意愿。（2）描述遗嘱人头脑是否清晰的有关事实，比如遗嘱人见到见证人的反应、作遗嘱过程中的一些小动作、遗嘱结束时的反应以及在场医生的意见等，以确定遗嘱人是否具有民事行为能力，是否明知见证人的到来，是否明知是在向履行见证人职责的人叙述遗嘱。（3）不同见证人描述口头遗嘱的内容是否一致，以确定是否存在遗嘱人的确切表述。（4）现场情况，以确定遗嘱人是否有受胁迫、受欺骗状况，是否影响其真实意思表述。（5）律师事务所的证明，以确定律师见证口头遗嘱的经过和事实。

4. 现场遗嘱见证相关案例

案例1：录音录像起作用的代书遗嘱见证

李某某与杨某系夫妻，有李某1、李某5与李某2三子。李某3、李某4系李某5子女。李某某于1987年去世。2017年12

月李某5去世。2018年1月24日至2月1日杨某因病住院治疗，病情好转但尚未稳定就要求出院，由李某3作为家属及监护人在离院责任书上签字。同年4月10日，杨某在见证人刘某、曹某见证下，由某律师事务所律师莫某某、刘某1为其代书遗嘱，遗嘱内容为将其名下××商住楼建筑面积60.3平方米房屋及享有的××村一处24平方米、一处13平方米房屋财产由李某4继承。该遗嘱由某律师事务所出具见证书。同年4月13日至18日杨某因病住院治疗，入院后医院通知随时有死亡可能，后因其病情危重，家属李某4要求放弃抢救出院，出院当日杨某病故。

李某1起诉要求继承杨某代书遗嘱中所处分财产。李某1提供的其2018年4月16日、17日与杨某对话录音录像，杨某意识清晰，称李某1家未得到杨某什么财产，其提供的其他录音录像证明李某5在世时与杨某是各吃各住，后期李某3、李某4未尽到照顾杨某的义务。

一审法院认为，杨某所立代书遗嘱合法有效，故判决驳回原告李某1的诉讼请求。

李某1上诉请求：依法撤销原判，依法改判或发回重审。认为一审判决对涉案代书遗嘱没有代书人口述遗嘱内容，不符合代书遗嘱的有效条件，不具有合法有效性，应为无效。根据法律规定，代书遗嘱，首先由立遗嘱人口述遗嘱内容，由见证人代替立遗嘱人书写遗嘱，如实记载口述遗嘱内容，但在见证录像中，杨某始终没有说过一句话，想讲话也被见证律师打断，并制止，无立遗嘱人的口述遗嘱显示，也非被继承人的真实意思表示。根据李某1提交的4月16日医院录音证据显示，杨某不识字，不排除欺骗其在遗嘱上捺手印的情形，代书遗嘱非杨某本人口述，也非其真实意思表示。同时，杨某的真实意思是去世后财产由李某1处理，不分给李某4、李某3，一审法院对此视而不见。杨某的法定继承人是李某2、李某1、李某5，李某4、李某3作为李某5的子女，只能在法定继承中代位继承李某5应继承的份额。本案遗嘱指定的继承人李某4、李某3不是法定继承人，从内容上看不符合《继承法》第16条规定，其不是遗嘱，实为遗赠，如果遗赠合法有效，受遗赠人应在知道受遗赠后两个月内，作出接受或者放弃受遗赠的表示，而李某4、李某3并未在受遗赠后两个月内作出接受或放弃的意思表示，即使遗赠有效，也视为二人放弃受遗赠。见证人曹某、刘某均系本案的第三人，被继承人杨某名下还有一套房屋被其占有使用，其是本案的利害关系人。见证书不具有真实性和合法性，见证的律师事务所及律师违反《律师法》《律师见证业务工作细则》《律师办理遗嘱见证业务操作指引》的规定，违反真实合法原则，其律师见证无效，不能作为证据使用。被上诉人李某3、李某4在被继承人第一次住院时就不让老人治疗完毕，强行办理出院，李某1了解到不是医院治疗完毕出院而是家属要求出院的，感到非常气愤。剥夺其继承权是代理律师提出的，李某1希望按法定继承，代理律师表示尊重李某1的意见。李某4、李某3控制老人是出于霸占财产的目的，而且在被继承人生病时不但不积极治疗，还耽误及中断治疗，在老人体弱多病应住院治疗时，还以住院为由强行带老人去捺手印。被继承人杨某愿意照顾李某1，但李某4、李某3不同意，还言语恐吓被继承人。被继承人杨某在4月16日医院录音中也表示愿意靠李某1，靠李某1照顾多活两年。还提到李某1的妻子周某某有孝道，愿意照顾周某某。

二审法院认为，关于被继承人杨某于2018年4月10日所立代书遗嘱是否合法有效的问题。依照《继承法》第16条的规定，公民可以立遗嘱将个人财产指定由法定继承人的一人或者数人继承，亦可以立遗嘱将个人财产赠给国家、集体或者法定继承人以外的人。本案中，杨某将遗产指定给代位继承人李某4、李某3继承并未违反法律规定，其所立代书遗嘱由专业律师代书并有两名见证人现场见证，全程采取录音录像方式记录，在见证律师宣读遗嘱内容时，杨某点头表示认可，说明杨某在立遗嘱时意识清晰，杨某对其财产的处分清楚明确。整个录音录像能够完整、清晰地展示立遗嘱人杨某在此过程中的精神状况及其真实意思表示，且该遗嘱符合代书遗嘱的形式要件，故原判认定代书遗嘱合法有效并无不当。关于上诉人李某1所提该遗嘱非杨某的真实意思表示，属无效遗嘱；二见证人与杨某有利害关系不能作见证人问题。经查，根据《民事诉讼法》第64条“当事人对自己提出的主张，有责任提供证据”、《最高人民法院关于民事诉讼证据的若干规定》第2条“当事人对自己提出的诉讼请求所依据的事实或者反驳对方诉讼请求所依据的事实有责任提供证据加以证明。没有证据或者证据不足以证明当事人的事实主张的，由负有举证责任的当事人承担不利后果”之规定，上诉人李某1未提交充分证据证实该遗嘱系违背杨某真实意愿的情况下作出，代书遗嘱不具备法律规定的形式要件及存在法律规定的应属无效的情形，亦未提交证据证实代书遗嘱的两个见证人符合《继承法》第18条规定的不能作为遗嘱见证人的法定情形，故对上诉人李某 1 所提代书遗嘱无效的主张，法院不予采信。关于上诉人李某 1 所提李某 4、李某 3 有虐待被继承人杨某的行为，应剥夺二人代位继承权的主张，根据《继承法》第 7 条之规定，李某 1 提交录音不能证实李某 4、李某 3 具有丧失继承权的严重情节，且杨某生前未重立遗嘱，也未表示剥夺二人继承权，故在代书遗嘱有效的情形下，应按遗嘱内容执行。综上所述，上诉人李某 1 的上诉请求均不能成立，法院不予支持。一审判决认定事实清楚，适用法律正确，应予维持。依照《民事诉讼法》第 170 条第 1 款第 1 项规定，判决驳回上诉，维持原判。①

本案杨某于 2018 年 4 月 10 日立律师见证代书遗嘱，同月 18 日病故。如果没有现场的录音录像，面对李某 1 代理律师根据有关律师见证行为规范提出的杨某不识字、不能口述、不具有完全民事行为能力等的质疑，本案代书遗嘱是否有效的判决结果就难料了。

在本案裁判过程中，录音录像遗嘱尚未成为法定的遗嘱形式，本案代书遗嘱制作时间是 2018 年 4 月 10 日，李某 1 提供的录音录像发生在 4 月 16 日、17 日，即使录音录像遗嘱当时就是法定遗嘱形式，虽然李某 1 的录音录像在后，因其没有见证人见证，也没有适当的立遗嘱的环境，也并非属于有效遗嘱，并不能改变判决的结果。

上诉人关于“本案遗嘱指定的继承人李某 4、李某 3 不是法

---

① （2019）黔 01 民终 1587 号。

定继承人”，该主张并不符合法律的规定。配偶、子女、父母，尽了赡养义务的孙子女、外孙子女，尽了主要赡养义务的丧偶儿媳或女婿，兄弟姐妹、祖父母、外祖父母，以及被继承人子女的直系晚辈血亲、被继承人的兄弟姐妹的子女，统称为法定继承人。何况李某4、李某3还是代位继承人。

案例2：是否具有立遗嘱能力，“精神正常试错法”很重要

原告朱某1、潘某是朱某某的父母，高某是朱某某的配偶，朱某2、朱某3是朱某某与高某的儿子，律师毛某是朱某某的公司法律顾问。朱某某因身患多种癌症在上海、北京等地医院就诊。2019年2月28日，朱某3打电话给毛某要求作遗嘱，后朱某某要求毛某作遗嘱见证，当日在北京到上海的火车上，经毛某与朱某某交谈，童某、毛某分别在电脑上打出文稿，读给朱某某听后，朱某某纠正了张某民的债务，由童某书写制作代书遗嘱，并由童某、毛某作为见证人在遗嘱上签名，立遗嘱人朱某某签名。2019年3月24日，朱某某去世。

2019年8月29日，朱某1、潘某、朱某2以继承纠纷为由到法院起诉高某、朱某3。

法院认为：1. 关于代书遗嘱时立遗嘱人朱某某的真实状况，代书遗嘱是朱某某要求毛某到北京见证的，朱某某2019年2月26日在北京医院时与原被告进行过协商，2019年2月28日的出院记录为“患者精神、饮食、睡眠可”，朱某某与见证人有过交谈，并在立遗嘱过程中对遗嘱内容有过纠正，说明朱某某立遗嘱时精神状况可以自主表达意思，遗嘱的意思表示也是真实明确的。2. 关于代书遗嘱的效力问题。根据《继承法》第17条第3款的规定，代书遗嘱应当有两个以上见证人在场见证，由其中一人代书，注明年、月、日，并由代书人、其他见证人和遗嘱人签名。本案中的代书遗嘱制作符合法律规定的形式要件，由两位律师毛某、童某代为遗嘱的见证人，经过交谈，由朱某某对电脑文稿进行纠正，由童某代书，见证人毛某、童某和立遗嘱人朱某某签名，形式上符合法律规定的代书遗嘱的要件。现有法律关于代书遗嘱的代书过程并没有规定要制作口述过程、代书过程和签名的录像，只要代书遗嘱符合法律规定的形式，代书遗嘱就应予确认。3. 关于遗嘱内容的公平性问题。按照法律规定进行法定继承是公平的，被继承人制作遗嘱，本是对财产作出不公平的处分，会使一个或者部分法定继承人继承全部或者继承较多的财产，也可能使一个或者部分法定继承人不能继承或者少继承财产，所以遗嘱内容的不公平不是遗嘱有效与否的判断依据。4. 关于遗嘱人未保留缺乏劳动能力又没有生活来源的继承人的遗产份额问题。根据《继承法》第 19 条的规定，遗嘱应当对缺乏劳动能力又没有生活来源的继承人保留必要的遗产份额，《最高人民法院关于贯彻执行〈中华人民共和国继承法〉若干问题的意见》第 37 条规定，遗嘱人未保留缺乏劳动能力又没有生活来源的继承人的遗产份额，遗产处理时，应当为该继承人留下必要的遗产，所剩余的部分，才可参照遗嘱确定的分配原则处理。这是在执行遗嘱时才考虑的问题，而不是判断遗嘱效力的依据，何况原告没有提交证据证明朱某 1、潘某没有生活来源以及朱某 1、潘某没有其他子女。5. 关于见证律师毛某的见证人资格。根据《继承法》第 18 条规定，无行为能力人、限制行为能力人，继承人、受遗赠人，与继承人、受遗赠人有利害关系的人不能作为遗嘱见证人。见证人毛某是被继承人朱某某的公司法律顾问，毛某只是承认代书遗嘱后一段时间才成为继承人朱某3的公司法律顾问，现没有证据证明见证律师毛某在代书遗嘱见证时与继承人朱某3有利害关系，故在代书遗嘱和见证时不是朱某3的公司法律顾问，可以作为遗嘱的见证人。判决驳回原告朱某1、潘某、朱某2的诉讼请求。[①]

本案遗嘱、律师见证遗嘱，在许多方面都值得反思。

（1）用遗嘱形式完成家族财富传承

本案遗嘱人朱某某掌握着家族企业的命脉。从朱某1的举证看，朱某某、朱某3在山东共同开发房地产，朱某3公司注册资金500万元，朱某某公司注册资金1000万元，都是实缴资金。本案是遗嘱效力确认之诉，没有涉及遗嘱继承财产的数量，笔者判断，朱某某没有让自己父母和其他子女继承财产，很有可能是顾及家族企业的未来发展，注重财富在质量上的传承。

在法律方面，由于我国继承法律将配偶、父母、子女均纳入同一法定继承顺序继承人的范围，由于存在多继承主体，不能有效避免分家时产生的企业经营发展隐患。从企业发展角度考虑，如果没来得及通过财富信托进行周全安排，将企业整体遗留给相对年轻、能力较强的继承人，对家族财富传承也是相对有益的。

通过遗嘱安排，虽然保住了家族企业的完整性，但显然造成了遗产分配的不平等，仍然会遗留许多不确定因素。这正是家族

① （2019）浙0781民初4708号。

财富传承法律服务的价值所在。

（2）抓住最后时刻立遗嘱的形式选择

本案遗嘱人朱某某从北京转诊至上海，因为癌症无法得到控制，不得不面对生命终结的必然。在去上海的高铁上，朱某某找来律师立遗嘱，晚上 11 点多高铁到上海，后半夜零时 43 分入院急诊，零时 49 分发出病危通知，零时 52 分要求家属签字同意气管插管。朱某某在火车上神志清醒，从时间上看，其立遗嘱是在转院治疗的火车上，在立遗嘱以后仅几个小时朱某某就被报病危、气管插管，其符合立口头遗嘱的紧急情况条件。如果朱某某 2019 年 2 月 28 日遗嘱采用的是口头遗嘱形式，其于 2019 年 3 月 24 日病逝，其立口头遗嘱也很可能是有效的。因为，学界普遍认为，口头遗嘱应确定三个月的有效期。

由于当今高铁行车很稳，可以在列车行进中书写材料，所以见证律师采取了更加稳妥的代书遗嘱方式。

（3）遗嘱人纠错行为是证明其民事行为能力的重要事实

由于受条件限制，本案律师见证代书遗嘱的过程是两名律师毛某、童某先用电脑记录下遗嘱内容，毛某再将电脑记录给朱某某看和念给朱某某听，朱某某全都同意后再由童某抄写，最后遗嘱人、见证律师完成签字、签日期。

毛某从电脑上读说“张某民欠你 25 万元”，当时朱某某说“不是的，是 20 万元”。法院判决将“交谈过程和对张某民债务数额的纠正”作为认定朱某某立遗嘱时意识清醒的一个重要事实情节。

本案见证遗嘱制作时无意当中使用了“精神正常试错法”，

判断遗嘱人意思是否清醒的效果非常明显。但是，“精神正常试错法”也提到，在进入核对遗嘱内容阶段时，为了避免引起歧义，建议不要通过试错法来考察遗嘱人的民事行为能力。本案中，原告朱某1就主张：“毛某从电脑上读说张某民欠你25万元，当时朱某某说不是的，是20万元。从这一点可以证明，毛某电脑上的内容是被告与见证人协商好的内容，只是读给朱某某听。”这一点又被“精神正常试错法”言中，“精神正常试错法”是专家们通过无数案例总结而来，的确具有一定的科学性。

（4）遗产安排不均等不属于不公平

公平，是指按照一定的社会标准、正当的秩序合理地待人处事，是制度、系统、大型活动的重要道德品质。所以，依法行使自己的权利并得到社会的保护，这就是公平正义。具体到遗嘱继承，公平是制定“规则”权利的平等，人人有权利处分自己的遗产，这就是公平。公平不是平均，公平也不是相等，在人类关系中，公平只是制定规则的权利的平等。

“按照法律规定进行法定继承是公平的，被继承人制作遗嘱，本是对财产作出不公平的处分……遗嘱内容的不公平不是遗嘱有效与否的判断依据。”法院应最大限度地维护当事人的合法权益，以体现公平正义。笔者认为，不均等遗产分配制度安排，正是公平正义法治的结果，每一份判决书都应当是公平正义的坚定先锋战士。

（5）本案遗嘱见证的相关问题需要引起注意

本案遗嘱涉及财产金额大，财产偏向分配严重，一旦遗嘱无效，见证风险巨大。

一是见证律师的回避问题。本案法院认证，从原告提交的工商登记信息、调查笔录中无法证实公司是朱某某与朱某3的，见证人毛某承认是朱某某公司的法律顾问，原告也没有证据证明见证人毛某当时是朱某3公司的法律顾问，所以认定毛某没有违反回避原则。因为遗嘱是单务法律行为，见证人与遗嘱人存在法律规定以外的利害关系不属于需要回避的情形，但是如果律师见证人与某一位继承人存在利害关系，律师见证遗嘱就可能被判无效了。从本案案情判断，朱某某公司属于家族企业，毛某至少与继承人朱某3熟知，因为见证邀请电话首先来自朱某3。所以，毛某得知遗嘱见证后，由律师事务所另行指派见证律师承担本案代书遗嘱的见证任务，更为稳妥，更加安全。的确，毛某在遗嘱见证完成后，再受邀担任朱某3企业的法律顾问，或者受聘担任朱某3的委托代理人，都不违反律师见证的回避原则。

二是录音录像问题。本案的录音录像对于遗嘱效力认定发挥了重要作用。但是，录像是继承人朱某3用自己的手机录制的，法院认定“录像可以看出朱某某不可能受到外在因素抑制，交流正常，录像反映内容与两个证人陈述内容是一致的，原告在没有任何证据的情况下，就说录像是剪接过的，是不负责的，不能凭主观意识来猜测”。律师见证遗嘱的有关证据，对于防范见证风险非常关键，一般应当由律师事务所工作人员，或者非继承人并与继承人、受遗赠人没有利害关系的人负责录制。遇到类似本案的情况，如果录音录像条件有限，不能全程录像，应当在童某将代书遗嘱誊清以后，由一名律师摄像，另一名律师与遗嘱人朱某某核对遗嘱内容，完成签字、签日期的过程，并保证该段时间内遗嘱人不至于受到外界影响。不仅应该有录音录像，还应当保留必要的照片。

三是继承人在立遗嘱现场的问题。有效遗嘱不仅要求遗嘱人具有完全民事行为能力，遗嘱内容还需要是遗嘱人的真实意思表示。那么，如果继承人或者受遗赠人在立遗嘱现场，就容易导致遗嘱人的主观意志受到影响，是否受到了影响又不能核实。本案在立遗嘱过程中，虽然有继承人在场，但是因为遗嘱人转院过程中需要赡养人、扶养人在旁伺候，在场具有正当理由。尽管如此，见证律师本可以在最后核对代书遗嘱内容的一个小阶段做好清场工作，使继承人及其近亲属远离立遗嘱现场一小段时间，在完全自由空间表达遗嘱内容。

四是遗嘱继承是否要给被赡养人必留份。本案原告朱某 1、潘某是被继承人朱某某的父母，朱某某负有赡养义务，其父母也是法定继承人。根据原《继承法》第 19 条①和原《最高人民法院关于贯彻执行〈中华人民共和国继承法〉若干问题的意见》第 37 条②的规定，遗嘱人应当为缺乏劳动能力又没有生活来源的继承人保留必要的遗产份额，如果没有保留，在遗产处理时，要先给该继承人留下遗产，所剩余的部分，才可参照遗嘱确定的分配原则处理。本案原告没有提交证据证明朱某 1、潘某没有生活来源

① 《民法典》第 1141 条规定："遗嘱应当为缺乏劳动能力又没有生活来源的继承人保留必要的遗产份额。"

② 《最高人民法院关于适用〈中华人民共和国民法典〉继承编的解释（一）》第 25 条规定："遗嘱人未保留缺乏劳动能力又没有生活来源的继承人的遗产份额，遗产处理时，应当为该继承人留下必要的遗产，所剩余的部分，才可参照遗嘱确定的分配原则处理。继承人是否缺乏劳动能力又没有生活来源，应当按遗嘱生效时该继承人的具体情况确定。"

以及朱某1、潘某没有其他子女，所以，赡养人遗嘱也不是必须为被赡养人留有遗产份额，其父母诉求也没有得到支持。

综上，本案判决尊重了遗嘱人的遗嘱权利，确认了专业法律人见证律师的见证行为，是一份很典型的老龄法案例，希望可以为律师见证遗嘱带来更多的启迪。

九、见证遗嘱存档

见证遗嘱档案，是指律师事务所为了保存证明老年人立遗嘱过程的真实记录，根据案卷档案管理的有关规定，为遗嘱和见证活动建立的存档材料卷宗。

见证遗嘱档案的安全保管，是律师事务所与老年人建立信任关系的重要基础。见证案卷既包括一般档案内容，也包括电子档案的存储。对于律师见证过程的录音录像，一般要采用不少于两种电子存储方式存档。

见证遗嘱档案统一保管、查询，有助于见证遗嘱档案的管理，有助于老年人遗嘱权利的保障，希望有社会组织将来能够主动承担起这一社会重托。

第三节 律师见证遗嘱分述

在国内，律师的见证遗嘱主要分为见证自书遗嘱、见证代书遗嘱、见证打印遗嘱、见证录音录像遗嘱，以及在紧急情况下的见证口头遗嘱。在涉外见证遗嘱中，我国律师见证以密封遗嘱、录像遗嘱见证为主，也发挥着越来越重要的作用。

一、见证自书遗嘱

自书遗嘱是古今中外立遗嘱的最主要方式。在律师遗嘱见证业务中，自书遗嘱见证占比约有40%。

1. 自书遗嘱的概念

根据《民法典》第1134条，自书遗嘱，是指遗嘱人生前亲自书写、签名，注明年、月、日的遗嘱。即自书遗嘱是遗嘱人根据自己的意志对去世后的财产或其他事务预先作出的亲笔书面处分。

自书遗嘱的特征为：遗嘱人亲自书写遗嘱全文；须注明年、月、日；须有遗嘱人的亲笔签名。

2. 自书遗嘱的律师见证

根据法律规定，自书遗嘱本无须见证人见证即可以发生法律效力。但是，由于自书遗嘱常因形式或内容不符合法律规定而被判决无效，还有随着岁月流逝，遗嘱因各种原因丢失、毁损，以及容易被他人篡改、隐匿、毁灭，老年人遗嘱权利往往得不到实现，所以，许多老年人都选择律师见证自书遗嘱，起到了很好的预防效果。

律师见证自书遗嘱的必备程序有：

（1）由两名以上律师亲临现场，需见证自书遗嘱的亲笔形成过程[①]；

（2）慎重考察遗嘱人的身份及其民事行为能力[②]；

（3）审查遗产的真实性、合法性，以及遗产标的物的状态；

（4）审查遗嘱内容是否系遗嘱人的真实意思表述；

（5）对遗嘱字句表述不够明确或者容易引起歧义的，应当指出并作出解释；

（6）监督指导遗嘱人亲笔签名，注明年、月、日；

（7）见证律师在遗嘱上签名，注明年、月、日；

---

① 北京老龄法律研究会的遗嘱见证行为标准要求，两名以上见证人中必须有一名遗嘱见证专员，遗嘱见证专员通常是具有七年以上律师执业或法官、检察官、监察官、公证员经历，并经过培训考核获得证书的法律人。

② 根据2017年8月14日司法部发布《关于公证执业“五不准”的通知》第1条规定，不准为未查核真实身份的公证申请人办理公证。公证机构、公证员应严格审查公证申请人的身份，告知冒充他人、伪造证件、骗取公证书的法律责任后果，未经证件视读、单独谈话、交叉印证、身份证识别仪核验等程序，不得办理公证。申请人使用临时身份证，公证员未到公安部门核实的，不得受理公证申请。对涉及敏感、重大权益事项的公证申请，应当由有经验的公证人员认真审核。

（8）向遗嘱人宣读谈话笔录，核对无误后，由遗嘱人在谈话笔录上签字、按指印，注明年、月、日，见证律师签名，注明年、月、日；

（9）由律师事务所出具自书遗嘱见证书；

（10）律师事务所建卷存档。

案例 1：打印的自书遗嘱无效

2014 年 7 月 22 日，某律师事务所律师潘某某、高某对遗嘱人罗某作了谈话笔录，并出具了某见证书，载明：“某律师事务所接受罗某委托进行遗嘱事项见证。见证律师审查了委托人提供的自书遗嘱、房屋权属证书（房屋所有权人登记为曾某 4）、土地使用证、结婚证（罗某与曾某 4）、身份关系证明文件，并委派潘某某律师对文件以及所表述的内容的真实性进行了实际调查，在此基础上，本律师事务所证明如下：1. 委托人提供的相关文件和文件表述的内容，真实合法。2. 委托人和其相关利害关系人对上述文件和内容的合法性均予以认可。某律师事务所；潘某某律师；高某律师；2014 年 7 月 22 日。”潘某某、高某于该见证书上签名并加盖名章。上诉人孙某提交了一份打印遗嘱，载明：“立遗嘱人：罗某。我 84 岁，立遗嘱时精神清醒，由于年事已高，可能发生意外，故立此遗嘱，表示对自己财产在去世之后的处理意愿。× × 区红旗街房产是我与丈夫曾某 4 的夫妻共同财产，我丈夫已经去世，现将我有权处分部分的财产（房产）指定由我侄子孙某继承；在我有生之年如有疾病所花费医疗费用均由该继承人承担，如去世处理丧葬事宜所花费用扣除国家补贴丧葬费及抚恤金外，如有不足也由该继承人承担。我去世后安葬在 × × 村孙家祖坟附近。以上是我真实意思表示。本遗嘱一式两份，提交见证单位。立遗嘱人：罗某；2014 年 7 月 22 日。”另查，该份打印遗嘱并非罗某本人打印。

一审法院认为，本案的争议焦点为孙某所举的2014 年7 月22日遗嘱是否有效。从遗嘱的形式上看，该遗嘱系打印形成，且孙某自认并非罗某亲自打印，故该份遗嘱属于代书遗嘱。根据法律规定，代书遗嘱应当有两个以上见证人在场见证，由其中一人代书，注明年、月、日，并由代书人、其他见证人和遗嘱人签名。涉案遗嘱上仅在立遗嘱人处有“罗某”签名的字样，但没有代书人、见证人签名，且从见证书内容来看，见证内容并未明确对涉案遗嘱进行见证，而是对“委托人提供的自书遗嘱、房屋权属证书（房屋所有权人登记为曾某4)、土地使用证、结婚证（罗某与曾某4)、身份关系证明文件”本身和内容的合法性予以认可，而2014 年 7 月 22 日的谈话笔录中亦未载明罗某如何处分其遗产，故涉案遗嘱不符合代书遗嘱的法定形式要件。同时，曾某 1、曾某 2、曾某 3 对该遗嘱的效力有异议，孙某未能提交罗某立遗嘱时的相关证据对遗嘱的真实性进行佐证，故应承担举证不能的不利后果。综上，孙某所举的遗嘱不符合代书遗嘱的形式要件，该遗嘱无效。因孙某系罗某的侄子，不属于罗某的第一顺序继承人，故对孙某诉请遗嘱有效并对罗某所留遗产进行继承分割的诉讼请求，不予支持。

二审法院认为，根据《最高人民法院关于适用〈中华人民共和国民事诉讼法〉的解释》第 323 条的规定，本案为民事二审案件，法院依法只针对上诉人的上诉请求进行审理。《继承法》第

17条第2款规定："自书遗嘱由遗嘱人亲笔书写，签名，注明年、月、日。"第3款规定："代书遗嘱应当有两个以上见证人在场见证，由其中一人代书，注明年、月、日，并由代书人、其他见证人和遗嘱人签名。"本案孙某已自认案涉遗嘱系他人打印而成，其形式不符合上述自书遗嘱的规定。而根据上述规定，代书遗嘱必须由代书人、其他见证人签名。案涉遗嘱上仅在立遗嘱人处有"罗某"签名的字样，但没有代书人、见证人签名。虽然孙某向法院提交了由某律师事务所两名律师签字的见证书，但该见证书内容无法确认系对案涉遗嘱进行见证。即使是作为遗嘱见证，亦无法确定代书人，故案涉遗嘱不符合代书遗嘱的法定形式要件。另见证书所附对罗某所作的谈话笔录中，罗某的自然信息与其户口登记卡中所记载不一致，亦无法认定遗嘱内容的真实性。一审法院判决并无不当。①

未亲笔书写的自书遗嘱，形式不合法是显而易见的，律师却认定其本身合法，实属不该。从遗嘱内容上看，基本符合遗赠扶养协议的权利义务关系约定，如果孙某能在其上签名认可，即使系打印也不影响遗赠扶养协议的成立，只要孙某履行了遗嘱约定的义务，罗某老人的遗愿也就实现了。

案例2：律师自书遗嘱见证重点在于遗嘱能力的补强

一审法院认为，法律规定，自书遗嘱由遗嘱人亲笔书写，签名，注明年、月、日。张某2向法庭提交了张某5于2014年12月11日订立的自书遗嘱，该遗嘱一式两份，两份由张某5亲笔书

① (2020)吉06民终112号。

写、签名、捺印，并在遗嘱末尾注明了年、月、日，具备了法律规定的自书遗嘱的法定形式要件，应当认为该遗嘱真实、合法、有效，故张某2主张其有权依照遗嘱内容继承张某5所有的某店房屋5/8的份额的诉讼请求，具有事实与法律依据，法院应予支持。依照法律规定，公民订立自书遗嘱无须见证人见证并签字确认，无论有无见证人见证均不影响公民依其真实意思表示所订立的自书遗嘱的效力，蔡某、张某1以张某2向法庭提交的张某5的自书遗嘱律师见证不规范为由主张该遗嘱无效，于法无据，法院不予支持。另外，该遗嘱虽然与张某5立遗嘱时拍摄的照片中显示的遗嘱并非同一份，但两份遗嘱文字内容相同，仅是书写格式有所差别，庭审中，蔡某、张某1主张该遗嘱不是张某5的真实意思表示，且张某5立遗嘱时没有民事行为能力，但其既未就张某5的自书遗嘱申请笔迹鉴定，亦未就张某5立遗嘱时的民事行为能力申请鉴定，其未就自己提出的主张提供充足的证据支持，故蔡某、张某1关于张某5自书遗嘱不是其本人真实意思表示的诉讼请求，缺乏事实与法律依据，法院不予支持。

二审法院认为，根据张某2向法庭提交的张某5于2014年12月11日订立的自书遗嘱，该遗嘱符合自书遗嘱的法定形式要件，内容明确，应当认定为合法有效。[①]

虽然自书遗嘱可以不聘请律师见证，但律师见证自书遗嘱的比率仍相对较高。律师法律服务的作用不仅仅是遗嘱知识咨询服务，还要通过律师见证行为佐证遗嘱人立遗嘱的行为能力，确保

① （2019）京01民终4175号。

自书遗嘱有效，代为保管遗嘱和按约定执行遗嘱等，律师见证自书遗嘱的作用是比较重要的。

二、见证代书遗嘱

见证代书遗嘱也是律师见证遗嘱的最主要类型之一。在以往的律师见证遗嘱业务中，代书遗嘱见证占比约有 40%。

1. 代书遗嘱的概念

根据《民法典》第 1135 条，代书遗嘱，是指由遗嘱人口述遗嘱内容，他人代为书写或打印，有两个以上见证人在场见证的遗嘱。

代书遗嘱的特征为：遗嘱人口述；两个以上无利害关系的人见证，其中一人代书；遗嘱人、代书人、其他见证人签字；须注明年、月、日。

在打印遗嘱成为法定遗嘱形式以后，为遗嘱人亲笔代书成了标志性形态。但是，代书遗嘱并非不能打印，代书遗嘱打印仍是今后代书遗嘱的主要形式。

2. 律师见证代书遗嘱

代书遗嘱自古就有，在没有律师职业的年代，代书遗嘱就是当时代书人的一项固定法律服务业务。

据统计，在本书写作之前十年的遗嘱纠纷案件中，代书遗嘱因形式不符合法律规定而被判无效的占比最大。其中，代书人无法查清、代书人资格不合法、见证人资格不合法、见证人只有一人、见证人未实际见证、代为签字、不能证明遗嘱人具有民事行为能力等情形都较常出现，导致代书遗嘱无效。由专业律师代书，相对最为保险。

律师见证代书遗嘱的必备程序有：

（1）由两名以上律师亲临现场，一名见证律师代书，共同见证代书遗嘱的形成过程；

（2）慎重考察遗嘱人的身份及其民事行为能力；

（3）审查遗产的真实性、合法性以及遗产标的物的状态；

（4）审查遗嘱内容是否系遗嘱人的真实意思表述；

（5）写好的遗嘱须与遗嘱人进行核对，经遗嘱人认可；

（6）监督遗嘱人亲笔签名，注明年、月、日；

（7）代书、见证律师在遗嘱上签名，注明年、月、日；

（8）向遗嘱人宣读谈话笔录，核对无误后，由遗嘱人在谈话笔录上签字、按指印，注明年、月、日，见证律师签名，注明年、月、日；

（9）由律师事务所出具遗嘱见证书；

（10）律师事务所建卷存档。

律师见证代书遗嘱被判无效的也比较多。比如，有的律师对当事人的书写能力把关不严，在未充分核实当事人是否具有书写能力时，允许当事人以捺指印来替代签名，而当事人又提供了在相近阶段诉讼中立遗嘱人的签名文件，导致这些遗嘱因不符合形式要件而被认定无效。再如，见证律师签名不规范，作为代书人的律师本人并未签署姓名，代书人仅表述为“某律师事务所”，导致在案件审理中，法院对代书人的确定存在难度，签名不符合

《民法典》中关于代书遗嘱形式要件的规定；或者律师未在代书遗嘱中签字，仅在见证文书中签字，违反了《民法典》关于代书遗嘱的形式要件要求，最终被法院认定律师见证代书遗嘱无效。

案例：代书遗嘱见证律师图省事，代书人不合法致遗嘱无效

栗某某与栗某北、栗某东、栗某湘均为被继承人栗某山的子女，栗某山生前立有一份代书遗嘱，该遗嘱系栗某山的孙女即栗某某之女栗某代书，有栗某山本人的签名，该代书遗嘱的内容是将案涉栗某山生前所有的房屋由栗某某继承。遗嘱之后附有两位律师对此遗嘱的见证书和栗某山对案涉房屋在其去世后由栗某某继承的谈话笔录，谈话笔录也是由栗某山的孙女栗某代书，有栗某山本人签名。在栗某山去世后，栗某某以该代书遗嘱所载内容为由，主张继承案涉房屋，而栗某北、栗某东、栗某湘认为该代书遗嘱不符合法定要求，因而成诉。法院终审认为该代书遗嘱不符合继承法关于代书遗嘱形式要件的规定，遂认定该代书遗嘱无效。[①]

2011年12月6日，最高人民法院研究室答复北京市高级人民法院京高法（2011）238号《关于代书遗嘱虽不符合法定形式要件但确系遗嘱人真实意思表示能否认定有效的请示》表示："根据《中华人民共和国继承法》以及《最高人民法院关于贯彻执行〈中华人民共和国继承法〉若干问题的意见》的有关规定，不符合法定形式要件的代书遗嘱不宜认定为有效。"该判决据此得出。

---

① 陈龙业：《解读〈关于代书遗嘱虽不符合法定形式要件但确系遗嘱人真实意思表示能否认定有效问题的答复〉》，载《司法研究与指导》（总第4辑），厦门大学出版社2008年版，第124页。

我国继承法对代书遗嘱采取严格法定主义的态度，《民法典》第1135条[①]明确规定了代书遗嘱的形式要件，代书人栗某系再审申请人栗某某之女，与其有利害关系，不能视为见证人，而两位律师虽然见证了立遗嘱的过程，但均没有进行代书，因此，该代书遗嘱不符合原《继承法》关于“代书遗嘱应当有两个以上见证人在场见证，由其中一人代书”的形式要件，不宜认定为有效。

三、见证打印遗嘱

打印遗嘱是《民法典》第1136条规定的一种新的遗嘱形式，是对继承法律的一项重大弥补。

1. 打印遗嘱的概念

根据《民法典》第1136条，打印遗嘱，是指遗嘱人以打印的形式设立的遗嘱。

打印遗嘱的特征为：遗嘱正文打印而成；两个以上无利害关系的见证人在场见证；遗嘱人和见证人在每一页遗嘱上签名并注明年、月、日。

打印遗嘱形式重点是打印。打印遗嘱便于文本修改，较为清晰便于辨认，也符合现代的书写方式。

2. 律师见证打印遗嘱

律师见证打印遗嘱的必备程序有：

---

① 原《继承法》第17条第3款。

（1）由两名以上律师亲临立遗嘱现场，共同见证打印遗嘱的形成过程；

（2）慎重考察遗嘱人的身份及其民事行为能力；

（3）如果遗嘱人自带打印遗嘱，应当审查打印遗嘱的形成过程；

（4）审查遗嘱内容是否系遗嘱人的真实意思表述；

（5）审查遗产的真实性、合法性以及遗产标的物的状态；

（6）现场打印遗嘱须与遗嘱人核对，经遗嘱人认可；

（7）监督遗嘱人在遗嘱每一页亲笔签名，注明年、月、日；

（8）见证律师在遗嘱每一页签名，注明年、月、日；

（9）向遗嘱人宣读谈话笔录，核对无误后，由遗嘱人在谈话笔录上签字、按指印，注明年、月、日，见证律师签名、注明年、月、日；

（10）由律师事务所出具遗嘱见证书；

（11）律师事务所建卷存档。

四、见证录音录像遗嘱

录音录像遗嘱是《民法典》第1137条规定的另一种新的遗嘱形式，是对原《继承法》规定的录音遗嘱的升级。

1. 录音录像遗嘱的概念

根据《民法典》第1137条，录音录像遗嘱，是指由遗嘱人口述，以录音录像为记录载体形式的遗嘱。

录音录像遗嘱的特征为：遗嘱载体形式为影视资料；在录音

录像中遗嘱人亲自叙述遗嘱的全部内容，记录姓名或者肖像，以及年、月、日；两个以上无利害关系的见证人在场见证。

录音录像遗嘱制作完毕后，通常需将存储介质当场封存，并由遗嘱人、见证人在封存好的录音遗嘱的封口上签名，注明年、月、日，由遗嘱人或见证人保管。

2. 律师见证录音录像遗嘱

录音录像遗嘱的必备程序：

（1）由两名以上律师亲临立遗嘱现场，共同见证录音录像遗嘱的形成过程；

（2）慎重考察遗嘱人的身份及其民事行为能力；

（3）审查遗嘱人录制遗嘱是否系自愿；

（4）对遗嘱宣读要有完整录音，更要有全程录像，录像中能够清楚反映现场状况，录音录像应当记载作出遗嘱的时间和地点，要有清楚的每位见证律师的头像、律师证影像图面，每位见证律师的自报姓名、律师事务所全称和年、月、日；

（5）见证录音录像遗嘱，属于形式见证，见证律师应当尊重遗嘱人的意思自治权利，无权打断遗嘱人录音录像遗嘱而去开展调查；

（6）录音录像遗嘱录制完毕，经回放校对无误后，应当将录音录像遗嘱的载体封存[①]，并由遗嘱人、见证人共同验证、签名，并注明封存的年、月、日，交律师事务所存档一份；

（7）因为无书面遗嘱，见证情况被密封，见证律师应当有完

① 因为录音录像容易被编辑修改，律师见证录音录像遗嘱原则上应当现场封存，也就类似于外国的密封遗嘱。

整谈话笔录或工作记录存档；

（8）如果不能对录音录像遗嘱内容合法性、真实性调查核实，应当将客观原因记入谈话笔录；

（9）由律师事务所出具遗嘱见证书。

录音录像遗嘱的选择性程序：

录音录像遗嘱是与时俱进新的法定遗嘱形式，随着《民法典》的颁布实施，录音录像遗嘱必将逐渐成为一种主要的遗嘱形式。根据律师见证遗嘱业务的习惯、国外公证人见证遗嘱的作法，律师对见证录音录像遗嘱的工作程序可以有三种选择。

（1）偏重传统的见证遗嘱形式。

在进行见证录音录像遗嘱之前，律师详细询问了解遗嘱人即将录制的遗嘱内容，对遗嘱内容的真实性、合法性进行审查，确定无误后，再开始见证录音录像遗嘱的形成过程。如果录音录像遗嘱中遗嘱人叙述有不一致的地方，见证律师再对不一致的部分记入笔录，补充进行真实性、合法性审查。确定遗嘱内容真实、合法后，最后对录音录像遗嘱封存，再制作见证书。

（2）录制、调查两步走。

录音录像遗嘱制作完成后，见证律师对遗嘱内容的真实性、合法性进行审查、调查，确定无误后，再完成律师见证之后的流程，制作见证书。

（3）可以完全尊重遗嘱人的意志，而不对遗嘱内容的真实性、合法性进行审查。

录音录像遗嘱的谈话笔录或工作记录一般不是必须涉及遗嘱的内容，一是容易与录音录像语音内容不完全一致或者存在矛盾，造成见证行为不谨慎的瑕疵；二是也不便于遗嘱内容的保密。律师见证录音录像遗嘱的服务，要注重录音录像遗嘱在形式上（包括环境在内）符合法律的规定，核实遗嘱人身份及考察民事行为能力，以及见证活动结束后对遗嘱档案的妥善保管。

为尊重遗嘱人自由意志的需要，律师可以不用逐句审查遗嘱内容真实性、合法性，只对录制过程、密封录音录像磁盘、签名过程出具见证书，不承担遗嘱见证相关事实审查的法律风险，录音录像遗嘱将是律师见证业务新的增长点。

以上三种录音录像遗嘱律师见证形式均符合《民法典》的规定。其中，第三种作法最为尊重老年人的自主权利，最有利于遗嘱内容的保密，最有利于见证律师集中精力审查遗嘱人的民事行为能力，见证老年人密封遗嘱的过程，也更有利于遗嘱形式与国际的接轨。

案例：按录音遗嘱法律规定确认的律师见证录音录像遗嘱效力

法院认为，继承是自然人死亡后遗留的个人合法财产依法转移给他人所有的法律制度，继承从被继承人死亡时开始。被继承人死亡时留有遗嘱的，按遗嘱继承，没有遗嘱的，按法定继承。

本案焦点是原告訾某己、王某甲向法庭提交的某律师事务所出具的遗嘱见证书、谈话笔录、律师遗嘱见证现场录像是否成立有效。

1. 是否符合遗嘱的形式要件。某律师事务所律师戴某、时某某出庭作证称：谈话笔录、见证书、录像是二人在某律师事务所办公室制作的，是真实的，在作见证时戴某亲口问过乔某某，乔某某表示是自愿的，没有受到任何胁迫。这是录音录像遗嘱，录像中有遗嘱的内容。在乔某某老人作录音录像之前，戴某和时某某对遗嘱内容进行了核实，包括老人是否自愿，在核实没有异议的情况下我们就进行了见证。我们前期核实了遗嘱的内容，所以录像的时候采取了一问一答的形式。作见证时，时某某律师在旁边作录音录像，所以没有出现在镜头中。结合戴某、时某某均在谈话笔录、见证书上签名，可以认定上述行为符合录音遗嘱要求两个以上见证人在场见证的规定。整个遗嘱过程均有录音录像，也有两个见证人在场见证，符合录音遗嘱的构成要件。录音录像遗嘱成立。

2. 立遗嘱人乔某某意识是否清醒，是不是其真实意思表示。见证人戴某、时某某作证称当时乔某某意识是清楚的、是她真实意思的表示，乔某某想等百年后将自己的所有财产和自己可以继承的财产全部给孙子訾某己，录音录像之前戴某和时某某对遗嘱内容进行了核实，包括老人是否自愿，在核实没有异议的情况下作的这个见证。综观整个见证现场录像，乔某某与见证人戴某一问一答，比较清晰地表达了自己处置遗产的意见，被告没有充足证据证实乔某某立遗嘱时意识不清醒，结合被告訾某丁提交的某区社会养老服务机构住养协议书内容，也不能得出乔某某在立遗嘱时属于无行为能力或限制行为能力的结论，以上遗嘱能体现出乔某某的真实意思表示。

综上，乔某某的遗嘱能体现出其真实意思表示，也符合遗嘱的形式要件，因此该遗嘱成立。①

该录音录像遗嘱系采用了前述可选择的第一种形式的律师见

---

① （2014）北民初字第1100号。

证录音录像遗嘱。当时是根据原《继承法》有关录音遗嘱形式见证的，如果按照《民法典》第 1137 条专门规定的录音录像遗嘱形式设立，见证律师应将其形象、律师证均录入影像，也就比较完善了。

五、见证外籍遗嘱人密封遗嘱

世界各国或有关地区多数都承认密封遗嘱并将其设立为法定的遗嘱形式之一，并且历史悠久、占比较大，彰显了对老年人遗嘱权的尊重。

1. 密封遗嘱的概念

密封遗嘱，又称“秘密遗嘱”，是指遗嘱人将其秘密作成的遗嘱密封后，经二人以上的见证人或公证人见证的遗嘱形式。因为密封遗嘱一般为纸质，类似我国法律规定的自书遗嘱，并密封后亲自委托律师签名并交律师事务所保管，去世后由遗嘱执行人开封宣读的一种特殊遗嘱形式。我国法律一直没有正式规定密封遗嘱为法定遗嘱形式，所以签名律师也就不是法律意义上的见证人。

2. 律师见证密封遗嘱

律师见证密封遗嘱是见证涉外遗嘱中的一种，有以下必备程序：

（1）确定遗嘱人的国籍，确定遗嘱人国籍国继承法律规定密封遗嘱为有效遗嘱形式，否则不得作律师见证密封遗嘱；如果律师见证密封遗嘱需要在国籍国使用，需要确定该国继承法律国际冲突法规则可以适用其本国法律。

（2）将该国有关现行继承法律原文及中译文作为见证遗嘱的附件。

（3）由两名以上律师亲临立遗嘱现场，共同见证密封遗嘱的形成过程；如果律师见证密封遗嘱需要在国籍国使用，该国继承法律国际冲突法规则规定不适用立遗嘱地国法律，律师见证人数应当符合该国继承法律的规定。

（4）慎重考察遗嘱人的身份及其民事行为能力。

（5）审查遗嘱人秘密遗嘱形成是否系自愿，需要签署承诺书。

（6）密封遗嘱须按照遗嘱人国籍国法的规定进行封存，并由遗嘱人、见证人共同验证、签名，并注明封存的年、月、日，交律师事务所存档一份。

（7）因为无书面遗嘱，见证情况被密封，见证律师应当有完整谈话笔录或工作记录存档，明确告知法律冲突可能产生的法律后果。

（8）由律师事务所出具遗嘱见证书。

六、涉外法定继承见证和涉外遗嘱见证

随着国际交往的不断加深，移民生活，尤其是投资移民越来越多，涉外见证业务也逐渐成为律师服务中的刚需。

1. 涉外法定继承律师见证

所谓涉外法定继承律师见证，是指律师事务所依据当事人的

申请，对于涉外法定继承关系中继承人继受被继承人遗产的权利、义务进行确认，以及对继承人为继受、取得中国大陆以外遗产的有关法律文书、法律行为和法律事件真实性、合法性予以确认的活动。在我国境内使用，并且依法需要公证的涉外法定继承有关证明事项，不属于律师见证范围。

与国际贸易发展有所不同，我国移民国外的方向大多数集中在英美法系国家，所以涉外法定继承事（案）件也大多数涉及英美法系国家的继承法律制度。早期的英国在订立契约时并不需要中立的公证人参与，主要依仗律师的帮助从事相关的法律行为。但随着国际交往加深，英美法系国家受到拉丁公证制度影响，很多国家赋予一定数量的律师来行使类似拉丁公证制度中公证人的职责，形成了如今的英美法系国家律师公证人见证制度。鉴于律师的崇高社会地位，我国涉外继承律师见证业务的前景十分广阔。

世界各国关于继承法律制度差别明显，法律冲突较多，如继承开始的时间、继承人的范围、继承人的顺序和份额、继承的程序、遗嘱的形式等许多方面都存在差异。律师进行涉外遗嘱见证之前，应当了解所涉及国家的证明制度、继承制度和国际冲突法制度，律师事务所应当指派国际私法律师与见证律师共同完成涉外法定继承律师见证事务。以日本继承法为例，《日本民法典》第 900 条规定，（一）同顺位的继承人有数人时，依下列规定确定其应继份。1. 子女及配偶为继承人时，子女的应继份及配偶的应继份各为 1/2。2. 配偶及直系尊亲属为继承人时，配偶的应继份为 2/3，直系尊亲属的应继份为 1/3。3. 配偶及兄弟姐妹为继承人时，配偶的应继份为 3/4，兄弟姐妹的应继份为 1/4。（二）

子女、直系尊亲属或兄弟姐妹为数人时，其各自的应继份相等。但是，非婚生子女的应继份为婚生子女应继份的1/2；同父异母或同母异父的兄弟姐妹的应继份为同父同母的兄弟姐妹应继份的 1/2。可见，中日两国继承法律制度的差别较大，如果不了解相关国外法律规定，对于涉外遗嘱的内容审查也就缺少了依据。

1988 年《死者遗产继承法律适用公约》的一些法律原则有：(1) 在总体上坚持继承案件适用同一制原则，同时也允许某些特例情况的存在。(2) 以惯常居所地法为适用原则。(3) 最密切联系原则。(4) 当事人意思自治原则。这些法律原则和具体规定以及我国法定继承法律制度规定、《涉外民事关系法律适用法》和应适用的国外准据法，都是涉外法定继承律师见证时需要及时研究和掌握的。

2. 见证涉外遗嘱

见证涉外遗嘱，是指具有涉外因素的见证遗嘱。涉外遗嘱主要包括三种情况：第一种情况是设立遗嘱的主体是外国人；第二种情况是遗嘱内容具有涉外性；第三种情况是立遗嘱人和遗嘱内容均具有涉外性。

包括我国在内，世界各国在原则上都赋予了立遗嘱人处分自己财产的自由，但中外以及两大法系的遗嘱法律制度差异很大。相对来说，英美法系国家遗嘱自由度相对较高，即法律对立遗嘱人处分遗产的行为限制较少。如英国过去规定立遗嘱人可以把全部遗产留给任何人，而不管是否有法定继承人的存在。但后来，英国《继承法》改变了传统规定，对配偶、未成年或无劳动能力的子女、未成年或未出嫁的子女，规定应当保障他们得到一定数额的遗产。但是，英国的这些改变仍比德国、法国等大陆法系国家拥有很大的遗嘱自由权。大陆法系国家实行相对保守的遗嘱自由制，即遗嘱人只有在保留法定继承人的“特留份”的条件下才能自由处分其余的财产，否则遗嘱无效。我国立法也是实行相对遗嘱自由原则。

根据我国《涉外民事关系法律适用法》的规定，遗嘱效力适用遗嘱人立遗嘱时或者死亡时经常居所地法律或者国籍国法律。生活在中国的外国人（多数为外籍华人），其所立遗嘱的效力只要符合中国或国籍国法律其中之一，就会被判有效，形式法律要件相对宽松。

第三章　与遗嘱见证相关的律师业务

老年人立了遗嘱又经过了律师的见证，对于免除其后顾之忧，以及保护老年人的遗嘱权利意义重大。律师事务所对遗嘱见证行为的严密规范，对遗嘱档案的妥当保管，会给老年人带来更大的安心，对于法律的尊崇、对于律师法律服务的信任也会增强，为老年人提供更多的法律服务、为老年人提供更加周到的法律保障的机会亦会增多。遗嘱见证工作结束后，律师事务所对老年人的后续法律服务也很重要。

第一节　遗嘱信托及财富信托

根据《民法典》第 1133 条规定，自然人可以依法设立遗嘱信托。《信托法》第 8 条规定，设立信托，应当采取书面形式；书面形式包括信托合同、遗嘱或者法律、行政法规规定的其他书面文件等。该法第 13 条规定，设立遗嘱信托，应当遵守继承法关于遗嘱的规定；遗嘱指定的人拒绝或者无能力担任受托人的，由受益人另行选任受托人；受益人为无民事行为能力人或者限制民事行为能力人的，依法由其监护人代行选任。遗嘱对选任受托人另有规定的，从其规定。《民法典》确立遗嘱信托，是遗嘱制度的一大突破。遗嘱信托可以解决很多家庭的财产传承难题。

一、遗嘱信托

案例："遗嘱信托第一案"

被继承人李某4于1950年8月19日出生。1980年4月2日，李某4与案外人李某3登记结婚。婚后二人育有一女李1。2006年，李某4与钦某某生育李某2。2012年5月28日，李某3向法院起诉要求离婚。2012年11月3日，李某4与钦某某又生育一女李某8。2013年2月16日，李某4与李某3经法院判决离婚。在该案中，李某4曾将541万元汇入指南中心，并确认该钱款系应当归还企业的欠款。2013年9月5日，李某4与钦某某登记结婚。2015年5月30日，李某8死亡。2015年8月11日，李某4因病过世。过世前，李某4于2015年8月1日写下亲笔遗嘱一份，内容如下：一、财产总计：1. 元普投资500万元（月月盈）招商证券托管；2. 上海银行易精灵及招商证券约500万元；3. 房产：金家巷、青浦练塘前进街、海口房产各一套。二、财产处理：1. 在上海再购买三房两厅房产一套，该房购买价约650万元，只传承给下一代，永久不得出售（现有三套房产可出售，出售的所得并入李某4家族基金会，不出售则收租金）；2. 剩余350万元资金及房产出售款项（约400万元）和650万元房屋和其他资产约1400万元，成立“李某4家族基金会”管理。三、财产法定使用：1. 妻子钦某某、女儿李某2每月可领取生活费1万元整（现房租金5000元，再领现金5000元），所有的医疗费全部报销，买房之前的房租全额领取。李某2国内学费全报。每年钦某某、李某5、李某6、李某7（三人均为李某4兄妹）各从基金领取管理费1万元。妻儿、三兄妹医疗费自费部分报销一半（住院大病）。四、以后有补充，修改部分以日后日期为准。财产的管理由钦某某、李某5、李某6、李某7共同负责。新购650万元房产钦某某、李某2、李1均有权居住，但不居住者，不能向居住者收取租金。

对于李1、钦某某、李某2存在的法律争议，一审法院认定如下：

1. 遗嘱的效力

从遗嘱的内容来看，李某4表达的意思是不对遗产进行分割，而是要将遗产作为一个整体，通过一个第三方进行管理，这个第三方李某4命名为“李某4家族基金会”，组成人员为钦某某、李某5、李某6、李某7，管理方式为共同负责管理。李某4还指定了部分财产的用途，指定了受益人，明确了管理人的报酬，并进一步在购买房屋一事上阐明其目的——“只传承给下一代，永久不得出售”，也就是要求实现所有权和收益权的分离。上述李某4的意思表示，符合信托的法律特征，应当识别为李某4希望通过遗嘱的方式设立信托，实现家族财富的传承。李某4在2014

年11月23日自书遗嘱中也明确表示了“信托”二字，与2015年8月1日遗嘱可相互印证。因此，该份遗嘱的效力，应当根据继承法和信托法进行认定。

根据《继承法》的规定，常规的遗嘱的形式包括公证遗嘱、自书遗嘱、代书遗嘱和录音遗嘱。本案所涉李某4的2015年8月1日遗嘱为自书遗嘱，李1、钦某某、李某2均无异议，一审法院不再赘述。自书遗嘱必须全部由遗嘱人亲笔书写，签名，注明年、月、日，本案所涉李某4的2015年8月1日遗嘱为李某4所立最后遗嘱，符合上述形式要件，且未见存在遗嘱无效的情形，应当认定该份遗嘱成立并有效。

根据《信托法》的规定，信托目的必须合法。李某4的信托目的在于根据其意志管理遗产并让指定的受益人获得收益，符合法律规定。根据法律规定，信托应当采用书面形式，包括遗嘱等。李某4立有自书遗嘱，符合书面形式的要求。根据法律规定，信托文件还应当载明信托目的、委托人及受托人姓名、受益人范围、信托财产范围、受益人取得信托利益的形式和方法。李某4所立自书遗嘱明确其信托目的为管理遗产，委托人为李某4，受托人为钦某某、李某5、李某6、李某7，受益人为钦某某、李某2、李1，信托财产为其遗嘱中所列举的财产，受益人以居住、报销和定期领取生活费等方式取得信托利益。因此，李某4的遗嘱符合《信托法》的规定，为有效信托文件。

2. 遗嘱的理解和执行方式

李1认为，遗嘱中提及了购买一套650万元的房屋，该房屋“只传承给下一代，永久不得出售”，说明李某4就该部分剥夺了钦某某的继承权。李1认为，对该句的理解应当是指该650万元的房屋或钱款由“下一代”继承，钦某某不属于“下一代”，所以该部分遗产应当由李1和李某2均分。至于“永久不得出售”，只是李某4的一个愿望，实际无法实现。

钦某某、李某2认为，李1对遗嘱的理解是错误的，李某4作出这个安排是为了保护未成年人的成长。分割夫妻共同财产后，李某4的遗产已经没有650万元，因此遗嘱实际无法执行，不能成立信托。

一审法院认为，对遗嘱的理解，应当结合遗嘱的目的和上下文来进行。从遗嘱的目的来看，李某4的目的在于保持其继承人及直系后代能够获得稳定收益，将遗产的处分权与收益权相分离。从上下文来看，李某4在遗嘱中明确要把650万元房产并入“李某4家族基金会”，由管理人统一管理。因此，遗嘱对该650万元房产的安排与其他资产一致，既没有剥夺钦某某的继承权，也没有安排李1、李某2直接继承。遗嘱中的“只传承给下一代，永久不得出售”在法律上并非不能实现，这恰恰正是信托制度的功能之一。因此，李1的主张一审法院不予采纳。

如前文所述，由于股市波动等客观原因，李某4的遗产总值已不足650万元，因此遗嘱中关于购买650万元房屋的内容已无法执行。遗嘱中提及的金家巷房屋和青浦练塘前进街房屋亦无法处分，该部分不可执行。但遗嘱中还有设立信托以及钦某某、李某2可收取信托利益等内容，上述内容与购买650万元房屋之间没有因果关系或前提关系。只要信托财产符合法律规定，即具备执行条件，可获执行。因此，部分遗嘱可获执行，钦某某、李某

2 的主张一审法院不予采纳。

3. 遗嘱执行与财产管理

根据法律规定，立遗嘱人有权在遗嘱中指定遗嘱执行人，信托的委托人有权指定多个共同受托人。从遗嘱的上下文来看，李某 4 指定的管理人即为遗嘱执行人和信托受托人。钦某某亦为被指定的管理人之一，但其已向法院明确拒绝该指定，故钦某某不再列为遗嘱执行人、管理人和受托人。李某 7、李某 6、李某 5 向法院表示承诺信托，愿意履行相关法律义务，故一审法院确认信托成立，李某 7、李某 6、李某 5 为遗嘱执行人、管理人和受托人，有权根据一审判决指定的范围接管李某 4 的遗产。

考虑到执行判决的便利，一审法院不再判令钦某某将其擅自转出的理财产品如数交回，而是直接在其本应分得的财产中抵扣，不足部分再从李某 4 名下财产中拨给。经抵扣，李某 4 的遗产中，纳入信托范围并应交由受托人管理的有：元普公司处资金 1359237.56 元、招商银行账户 585811.17 元中的 241398.86 元、上海银行账户 31.07 元、上海银行账户 4438 美元、上海银行账户 3112.98 元、建设银行账户 2352.25 元、建设银行账户 975.13 元、海口农村商业银行账户 83025.03 元、招商证券资金账户中的 121951.30 元、李某 5 处的 18 万元。

海口房屋折价 85 万元，由李 1 取得。李 1 应将折价款如数交给信托受托人，纳入信托财产管理。

招商证券股票账户中的东方证券 74000 股、晶方科技 3000 股、众兴菌业 1026 股、赛摩电气 2700 股、中飞股份 1000 股、华厦现金（基金）462052.90 份，折价 1180,037.10 元，由李 1 取得。李1应将折价款如数交给信托受托人，纳入信托财产管理。

经抵扣，除钦某某转出的钱款以及钦某某名下财产外，钦某某还应分得招商银行李某4名下账户中的344412.31元以及上海银行李某4名下账户中的4438.03美元。

4. 法定继承

李某4的遗嘱并未涵盖其全部遗产，尚有汽车一辆（含牌照）未在遗嘱中进行安排。根据法律规定，该部分遗产应当按照法定继承予以分割，由李1与钦某某、李某2均等继承。考虑到汽车无法实体分割，钦某某并无本市户籍，李某2作为未成年人无法驾驶车辆，故一审法院决定该车及其牌照由李1继承，由李1向钦某某、李某2各支付折价款42766元。

5. 丧葬费用

钦某某从李某4遗产内提取的款项中有12万元用于李某4的丧事，李1、钦某某、李某2对此项支出均无异议，故一审法院予以认可，该笔钱款从遗产中扣除。但钦某某、李某2主张扣除的5万元修墓费用，并未得到全体继承人认可，李某4的遗嘱中亦未有此安排，系钦某某作为配偶的自发行为。钦某某悼念亡夫，乃人之常情，一审法院可以理解。但道德上的行为不能上升为法律上的义务，未经继承人一致同意将遗产用于该项活动缺乏法律依据，故一审法院对钦某某的该项主张不予采纳，该5万元费用由钦某某自行承担。

综上所述，李某4所立遗嘱有效，依法成立信托，李1要求按照遗嘱继承的请求可获支持。李某6、李某5、李某7要求执行遗嘱的请求可获支持，并担任受托人，根据判决指定的范围，按照法律规定以及遗嘱的内容履行受托人义务。遗嘱范围以外的遗产，按照法定继承进行分割。①

遗嘱信托，是指通过立遗嘱的方式而设立的信托。也就是委托人预先以立遗嘱的方式，将财产规划内容，包括交付信托后遗产的管理、分配、运用及给付等，在自己意识清楚的时候作出的决定。与动产、不动产或有价证券等个人信托业务比较，遗嘱信托最大的不同点在于，遗嘱信托在委托人死亡后才生效。

1. 在法律根据方面，设立遗嘱信托应当同时满足《民法典》和《信托法》的规定。但是，基于信托行业监管对信托设立设置的条件，应当不能完全对遗嘱信托适用。《信托法》规定“受托人承诺信托时，信托成立”，遗嘱属于单方法律行为，故无须受托人承诺遗嘱信托即可成立，在受托人拒绝时可由受益人另行选任或者由法院另行指定受托人。

2. 在遗嘱形式要件方面，根据《信托法》第 8 条的规定，设立遗嘱信托应当采取书面形式。根据《民法典》的规定，遗嘱包括自书遗嘱、代书遗嘱、打印遗嘱、录音录像遗嘱、口头遗嘱五种形式。由此，遗嘱信托只能采用书面的遗嘱形式，即自书遗嘱、代书遗嘱、打印遗嘱的形式，录音录像遗嘱、口头遗嘱则不符合《信托法》规定，不能设立遗嘱信托。

3. 在主体和主观要件方面，设立遗嘱信托的委托人（被继承人）须为具有完全民事行为能力的自然人，否则所立遗嘱信托无效。根据《信托法》的规定，设立信托必须具有信托目的，委托

① （2019）沪 02 民终 1307 号。

人的意愿是受托人的行为纲领。同时规定了信托标的的确定性和受益人的确定性，否则无效。

信托受托人的选任也是设立遗嘱信托的关键。根据《信托法》第13条的规定，在遗嘱指定的人拒绝或者无能力担任受托人时，可按遗嘱关于受托人的规定另行选任受托人，遗嘱没有规定的，由受益人另行选任受托人；受益人为无民事行为能力人或者限制民事行为能力人的，依法由其监护人代行选任。根据《信托法》第24条的规定，具有完全民事行为能力的自然人、法人均可担任受托人。因此，被继承人的近亲属、特定关系人、律师以及专业信托公司原则上均可以被指定为遗嘱信托的受托人。

《民法典》还专章规定了遗产管理人制度。从某种意义上说，遗产管理人制度可以被视为法定的遗产信托安排，《民法典》建立了立遗嘱人和遗产管理人之间的规范信托关系。而且，遗嘱信托应当优先于这一法定信托，遗嘱信托不成立时按法定信托处理。当遗嘱信托不能在遗嘱生效时成立，所有的遗产依照《民法典》规定归于遗产管理人之法定信托，当遗嘱信托的受托人承诺后，对应的遗产可从遗产管理人之法定信托转移给遗嘱信托。

4. 在信托生效方面，遗嘱信托是对遗嘱制度的特殊运用，遗嘱是设立信托的前提。在生效方面，遗嘱与信托的生效无须同步。遗嘱自被继承人死亡时生效，而遗嘱信托应遵循《信托法》的规定，自受托人承诺时成立。

根据《信托法》的规定，对需办理登记的信托财产，需登记后信托生效，但根据《民法典》物权编的规定，继承可以直接发生物权变动效力，故遗嘱信托的生效不应以登记为要件。

5. 在受托人职责方面，《信托法》对受托人规定了严格要求，正如该案二审法院在判决中特别向受托人申明的一样：“三人均应当遵守信托文件的规定，为受益人的最大利益处理信托事务，而受托人管理信托财产，必须恪尽职守，认真履行诚实信用、谨慎有效管理的义务。受托人如若实施违反信托目的处分信托财产，或因受托人违背管理职责、处理信托事务不当，致使信托财产遭受损失，或者出现受托人将信托财产转为其自有财产等违法行径，受益人均可依法要求受托人承担恢复原状、赔偿损失等法律责任。”

二、家族信托

我国改革开放的 40 多年成就了众多私营企业家，家族企业的创始人迈入了老年，有的已经是高龄老年人了，家族企业的传承是越来越需要重点关注的问题。西方发达国家有关家族信托[①]理念逐渐在国内引起了共鸣，由于家族信托在家族成员的利益维护、风险隔离与资产优化配置等方面具有其他家庭财产传承形式所不具备的优势，日益受到国内高净值人群以及金融业界积极而广泛的关注。近些年来，国内律师对家族资产管理信托、子女抚养信托、养老金信托、长辈赡养信托和财产信托等都有了一定的涉猎和发展。

---

① 本书使用了“家庭财富”和“家族财富”两种概念，根据我国文化传统，共同生活在一起的家人一般在财产上是不分你我的，所以遗嘱处分财产时多涉及“家庭财富”概念。“家族财富传承”中的“家族财富”通常是指净资产 1000 万元人民币以上的个人财富，虽然也涉及遗嘱继承，更是律师见证的延伸服务或相关服务。因受本书主题和篇幅限制，有关律师业务，不作具体区分论述。

家族信托，是指委托人受家庭或个人委托，成立以实现家庭财富管理、传承和保护为目的的信托，包括但不限于管理资产的隔离保护、灵活私密的收益分配与资产的多元化配置、税收筹划与慈善安排等方面的服务。

许多国家的遗产税畸高，家族财富传承为了避税所需应运而生。我国因为尚无遗产税负，家族信托税收筹划优势不彰，并且，家族信托法律保障体系也尚未建立，家族信托法律服务基本处于无章可循的摸索拓展阶段。在法律不禁止的范围内，家族信托是律师施展才华拓展业务的一片新专业领地。

在法律方面，我国尚未将家族企业纳入遗产的范围。由于原《继承法》改变了中国古代的宗祧制度，不再坚持嫡长子继承，而是将配偶、父母、子女、兄弟姐妹、祖父母等均纳入继承人的范围。然而，由于处于同一法定继承顺序的往往为多继承主体，继承顺序的划分并不能有效避免分家时产生的企业经营发展隐患。

因遗嘱继承优先于法定继承，为了避免企业的分崩离析，避免法定继承人在继承中产生纠纷，私人业主可以通过立遗嘱信托的方式尽可能地保全家族企业的完整性。然而，遗嘱信托是一种要式法律行为，其形式、条件均要符合法律关于遗嘱规范的要求，众多无效遗嘱常让家族企业传承土崩瓦解。

遗嘱信托与家族信托具有相似的法律功能。二者的主要区别是，前者通过书面遗嘱的形式设立，在遗嘱人死亡且受托人认可同意后生效，受托人具有被动性；后者是在生前与信托公司或其他受托人签订家族信托合同，于合同签订时生效，双方协商一致是实现家族财富信托的前提。所以，精通企业法、财税法、金融法、家事法、老龄法的律师团队，专业服务家族财富传承合同设计。客观上，家族财富传承设计和服务，相关律师遗嘱见证服务的龙头作用尤为重要。

家族企业的财富传承要考虑到财富的分配，重点是保持企业的完整性，确保资本的集中和对家族企业管理权的绝对控制。家族企业的顺利传承，在缺少制度指引和保障的当下，律师团队要不断总结实践中的成功经验，形成一整套行之有效法律行为设计的服务保障体系，努力在法律不禁止的空间，通过权利人生前人身财产安排和死后财产传承的组合，用合同架起家族企业与金融机构、慈善平台、社会服务互联互通的桥梁，从根本上为家族企业的传承提供系统指导和法律服务，精准调和家族企业遗产分割与保持企业完整性之间的矛盾。

家族信托财产包括现金类财产，兼有保单、股权、不动产、无形资产、艺术品等多元化的资产，所以需要包含金融法律师、财税法律师、公司法律师、家事律师等在内的团队分工合作，提供全方位的法律服务。

三、慈善信托

慈善信托属于公益信托，是指委托人基于慈善目的，依法将其财产委托给受托人，由受托人按照委托人意愿以受托人名义进行管理和处分，开展慈善活动的行为。

慈善信托是家族信托体系中的重要组成部分。实践中，在开展家族信托时，通常以公益慈善作为家族传承的最高境界，即在家族财富管理中既考虑私人利益，又兼顾公众利益，为后代留下永不磨灭的精神财富。中国人自古乐善好施，“天下为公”的传统早已融入中华民族的血脉骨髓，早在春秋战国时期，富甲天下的各君子[①]以及吕不韦等，就能舍尽家财招徕数千门客，谋划国家安全、关怀黎民安康，慈善信托的发展必将成为中华民族伟大复兴的重要方面。

随着我国经济实力迈入新阶段和社会财富的进一步积累，其中与慈善紧密结合的家族慈善信托，将成为我国家族财富管理的主流模式和主要特色。

因律师见证等“高净值”公信业务，既可以锻炼律师团队，更会提高律师事务所的信誉形象。律师在慈善信托领域，一是可以帮助私人企业主策划慈善信托，代理设立慈善信托，在身后传扬光大某种精神，促进社会的文明进步。二是律师事务所自己可以设立慈善信托，实现长期的公益善举。三是担任慈善信托监察人，按约定对受托人的行为进行监督，依法维护委托人和受益人的权益；发现受托人违反信托义务或者难以履行职责的，应当向委托人报告，并有权以自己的名义向人民法院提起诉讼。四是为慈善信托提供法律服务，防范慈善信托风险，促进慈善信托规范化、阳光化运行。

慈善信托法律服务的发展，会使律师事务所的社会形象提升一个更大的台阶，是律师事务所拓展新业务的一个优质备选项。

---

① 指战国时期信陵君魏无忌、春申君黄歇、孟尝君田文、平原君赵胜，时称“战国四公子”。虽然人们对“战国四公子”或褒或贬，但有一点却不可否认，那就是他们在当时都收养了几千门客，对内维护自己的势力以对付政敌，对外与敌国作政治、军事上的斗争，是战国时期举足轻重的风云人物。

第二节 意定监护法律服务

意定监护人，是指具有完全民事行为能力的成年人，以书面形式确定的自己的监护人。意定监护和遗嘱，属于老年人同期同源的客观需要，都是在老年人具有完全民事行为能力时所立，解决生前和身后人身财产的重大事项，也都需要律师的见证服务。

一、意定监护的渊源

监护制度，是指对无意识能力人的人身、财产和其他正当权益加以维护的法律安排。监护一般有法定监护、指定监护和委托监护这三种形式。在意定监护制度确立以前，我国只有针对未成年人和成年精神病人的法定监护，随着我国老龄社会的到来，对于老年群体监护利益的保护明显不足。

1991 年通过的《联合国老年人原则》中旗帜鲜明地宣示："老年人享有家庭和社区的照顾和保护；老年人应享有保健服务，以帮助他们保持或恢复身体、智力和情绪的最佳水平并预防或延缓疾病的发生；老年人应享有各种社会和法律服务，以提高其自主能力并使他们得到更好的保护和照顾；老年人享有人权和基本自由，包括充分尊重他们的尊严、信仰、需要和隐私，并尊重他们对自己的照顾和生活品质做抉择的权利。”[①]

随着全球老龄化趋势的不断增强，如何从根本上维护老年人的自主决定权和正常生活的权利，老年人意定监护是顺应时代发展需求的一种新的监护制度，不仅符合国际人权保障的基本理念，更从实际角度出发解决了社会老龄化过程中所出现的诸多问题。“成年意定监护制度是两大法系成年监护制度中的一种新类型，是以尊重自我决定权为理念、为化解人类老化的社会问题而产生的私法制度。”[②] 2012 年修订的《老年人权益保障法》中诸多条款对老年人意定监护制度作出了详细的描述和明确，2017 年《民法总则》的出台进一步对老年人意定监护制度中监护人以及监护责任进行了细致化规范。2020 年 2 月 17 日，北京市民政局、北京市高级人民法院、北京市公安局、北京市司法局、北京市人力资源和社会保障局、北京市卫生健康委员会、北京市医疗保障局共同发布《关于开展老年人委托代理与监护服务试点工作的通知》，试点开展法定顺序监护、指定监护、遗嘱监护、临时监护、意定监护、村（居）民委员会、民政部门担任监护等各种监护形式和委托代理服务。希望北京律师能够借此良机，通过积极参加意定监护的社会实践，推动律师为老年人提供法律服务的进一步发展。

意定监护制度的核心，就在于老年人的自我决定权。以意思自治优先原则为其法理基础，在中老年人具备完全民事行为能力

① 联合国老龄化议题：《联合国老年人原则》，载联合国官网：https：//www.un.org/chinese/esa/ageing/principle.htm，最后访问日期：2020 年 2 月 25 日。

② 李霞：《意定监护制度论纲》，载《法学》2011 年第 4 期。

时对自己将来的监护事项在法律范围内完全按照自己的意愿、想法来进行事先的安排、统筹。意定监护不仅是为了合自己心意地去处理自己将来财产事务，保证自己失智后生活的尊严和正常化，还可以避免老年人的配偶、子女可能出现的监护不作为、乱作为、无力作为而严重伤害老年人的合法权益、身心健康以及精神需求的现象，防止以后可能出现的一些麻烦、纠纷，节省维权成本。

法律也设计了法定监护和指定监护两种被动监护制度。失智[①]老年人由下列有监护能力的人按顺序担任监护人：（一）配偶；（二）父母、子女；（三）其他近亲属；（四）其他愿意担任监护人的个人或者组织，但是须经被监护人住所地的居民委员会、村民委员会或者民政部门同意。对监护人的确定有争议的，由被监护人住所地的居民委员会、村民委员会或者民政部门指定监护人，有关当事人对指定不服的，可以向人民法院申请指定监护人；有关当事人也可以直接向人民法院申请指定监护人。居民委员会、村民委员会、民政部门或者人民法院应当尊重被监护人的真实意愿，按照最有利于被监护人的原则在依法具有监护资格的人中指定监护人。在按规定指定监护人前，被监护人的人身权利、财产权利以及其他合法权益处于无人保护状态的，由被监护人住所地的居民委员会、村民委员会、法律规定的有关组织或者民政部门担任临时监护人。监护人被指定后，不得擅自变更；擅自变更的，不免除被指定的监护人的责任。同时还规定，没有依法具有监护

---

① 失智，即阿兹海默氏症或老年痴呆症，是一种因脑部伤害或疾病所导致的渐进性认知功能退化，且此退化的幅度远高于正常老化的进展。其典型之起始症状为记忆障碍。病人会遗忘刚刚发生的事，而较久以前的记忆（长期记忆）则相对在发病初期不受影响。逐渐发展会影响到注意力、语言、解题能力。严重时会无法分辨人、事、时、地、物。

资格的人的，监护人由民政部门担任，也可以由具备履行监护职责条件的被监护人住所地的居民委员会、村民委员会担任。

意定监护优先于法定监护，意定监护制度的建立和发展，从基于民法的法定监护，向基于自主意志合同关系意定监护的逐步转移，反映了人们权利意识和社会法治理念上的巨大进步，意义重大。

在老龄社会，意定监护和委托监护①，是尊重老年人对失智、去世后自己相关监护事务自主处理的制度保障。

二、意定监护律师业务

1. 意定监护合同的见证业务

老年人意定监护见证，即以见证机构的公信力和法律专业对委托监护行为（意定监护合同②或意定监护确定书③）进行见证。律师根据《民法典》和《老年人权益保障法》等法律规定开展意定监护见证。应有两名以上的执业律师进行意定监护合同见证（特殊情况下，两名以上见证人中必须要有一名执业律师），且承办律师必须要全程亲自办理。

（1）审查申请办理意定监护协议当事人的基本情况，见证申请人应为意定监护的设立人和协商确定的监护人双方，审查当事人是否

---

① 委托监护，即意定监护未来保护委托，可以对委托人以外的人员实施保护，例如委托人的未成年子女或者残疾的成年子女。

② 意定监护合同，参见陈洪忠、韩洪、童中礼、龙磊、翟晓静：《老龄产业法律文书精要详解及实务指南》，法律出版社 2017 年版，第 5～13 页。

③ 意定监护确定书，参见陈洪忠、陈娟、韩洪、赵维娟、殷新丹编著：《养老法律那些事儿》，知识产权出版社 2015 年版，第 158 页。

具备民事行为能力以及建立意定监护关系的意思表示是否真实。

对老年人的民事行为能力判断，可以采用北京老龄法律研究会的“精神正常试错法”确定。

日本学者判断老年人民事行为能力标准的方法也很值得借鉴。具体是：①本人要能够明确自己当前拥有的财产，并且能够向受托人予以说明。例如，能够自己说明不动产的种类和具体在什么地方，储蓄金存放在哪一金融机构及大致的储蓄金额。②理解委托财产管理的意义。委托财产管理意味着将本人的委托财产全盘交付给监护人处理。若本人在缔结合同之际不能很好地认识到这一点，则在后续的监护中很容易产生问题。③能够对自己现在所有的财产、现实收入进行核对。

有了以上内容的谈话笔录，有了相应的录音录像资料存档，律师事务所可能承担的见证风险也就可控了。

（2）向申请人了解法定监护人的情况。在谈话笔录中，见证律师应当记录法定监护人的基本情况和联系方式。

（3）向监护方了解履行监护职责能力的情况。意定监护人既可以是自然人，也可以是具有监护能力的法人或者其他组织。如果意定监护人是自然人，既可以是意定被监护人的近亲属，也可以是与其关系密切的其他人。如果意定监护人为多人的，可以约定分工负责，可以约定相互监督的权利义务，以及可以约定各监护人之间监护权的附条件调整，等等。

（4）见证律师应向当事人阐明意定监护制度的法律意义、法律风险、法律后果和监护人的责任。向意定被监护人介绍什么是监护监督人，设置监督人的意义，询问是否设置。因为一旦建立了监护关系，老年人失智的时候监护人就掌握了被监护人的可谓“生杀大权”，监督机制是比较重要的环节。

（5）见证律师可以根据当事人的意思表示代为起草意定监护协议文书。意定监护协议文书应当明确日常生活、医疗护理、财产管理等意定监护事项、监护职责、监护条件实现的确认方式、争议解决等方面的内容。包括但不限于：对被监护人所有不动产以及其他重要的财产进行管理、处分；被监护人与金融机构相关的交易事项（例如储蓄、金融理财）；受领退休金、房租等定期收入；支付房租、税收、医院医疗等费用；支付生活费和日用品等日常花销；被监护人与继承相关的事项；被监护人与保险相关的事项；保管各类权利证书等重要证书文件等事项。要在意定监护合同中以列举式、概括式条款相配合来规定具体的可终止事由，以最大限度规避意定监护风险，保障老年人权益。一般可以设置意定监护的报酬条款，可以按月固定付酬的方式，也可能会有多种形式，比如按一定的资产比例付酬，或者通过遗赠形式取得回报，或者通过转移某些权利交换获得监护，等等。

因为见证律师首先应当确保中立者地位，起草合同过程中需要始终保持被动性，合同条文的每一项均需要是合同双方当事人主动、全面、真实的意思表示，避免在合同中出现见证律师发生影响力的实质性约定，见证自己的合同设计会存在见证风险。所以，原则上见证律师不要帮助起草意定监护合同后再见证，律师事务所应当安排其他家事律师提供法律咨询服务起卓合同，避免出现见证风险。

（6）意定监护合同的变更、解除和终止事项。意定监护合同可以因期间届满、当事人死亡、监护人丧失民事行为能力以及被监护人恢复民事行为能力这些事实，约定合同终止条款。此外，意定监护人还可能因被法院废除监护权而使意定监护合同终止。意定监护人，除了正常的监护事务和死后事务之外，在经过监督人同意或者情况紧急时，为了维护意定被监护人的利益，可以约定意定监护人享有复任权。

（7）见证律师应当制作谈话笔录，意定监护协议见证过程应当录音录像。在见证书出具后，及时将意定监护协议、笔录、音视频资料立卷密封、存档保管。

（8）意定监护协议见证办理后，律师事务所、见证律师负有保密义务，不得向协议双方以外的第三人透露意定监护协议的内容，以维护意定监护协议双方，特别是设立意定监护的老年人的合法权益。在意定监护条件实现时，根据申请，律师事务所可以向意定监护的设立人的所有法定监护人公开意定监护见证文书。

（9）办理意定监护监督合同见证。意定监护监督人，是指根据意定监护合同、意定监护监督合同确定的，对监护事务的执行情况进行监督的人。监护监督合同可以是监护合同的一部分，这时监护合同为三方协议。监护监督合同也可以单独订立，由被监护老年人自己选定监督人并通过合同约定进行监督。监督人可以是一人，也可以是数人。见证律师要对老年人选定的监督人进行资格审查，对于数名监督人的要规定有一个总监督人。

2. 意定监护监督人业务

在老年人意定监护制度中，监护监督是目前需要重点设计和制度完善的。为了能够切实保障老年人失智后的合法权益，在订立意定监护合同时，或者在确定了意定监护人之后，老年人最好能够确定意定监护监督人。

有条件的律师事务所，可以在老龄法律服务专业方向成立专门的永久部门承担意定监护监督人法律服务，根据合同约定作为监护监督人落实监管意定监护协议，对监护人履行监护职责的行为、履行监护事宜的具体情况予以监督。律师事务所可以按约定的监督职责，要求监护人按时汇报具体履职的情况，可就实际情况要求监护人提供老年人的财产清单，当出现监护人侵害老年人合法权益时，及时发现并予以制止，同时采取有效措施减少损害，并可代表老年人进行相关的维权等。

3. 担任老年人意定监护法律保障的工程师

包括高净值人群在内，意定监护与家族财富传承的法律设计同等重要，只不过与工薪阶层老年人意定监护的内容有所区别。老年人意定监护制度的重要性不言而喻，从 2012 年《老年人权益保障法》的老年人意定监护，到 2017 年《民法总则》的成年人监护，再到如今的社会实践概览，老年人意定监护制度安排并没有很好地落地实行。究其原因，除了人们相关的法律意识尚待提高以外，意定监护合同的生效、履行保障、执行监督等重要环节，都缺少相应的法律指引和保障，其中，律师专业服务，笔者认为是最重要的。

依笔者看，只要能够产生民事权利义务关系的任何事务，委托人均可请受托人办理。其中既包括实体法规定的买卖、租赁、合作等事项，也包括程序法规定的办理登记、批准等事项，甚至包括代理诉讼等活动，但违反法律规定或者按照事务的性质不能委托他人代理的事务应除外。

“从意定监护合同的性质和内容来看，其本质上属于特殊的委托代理合同。监护的概念也不应受民法理论上的束缚，可以使用其词汇的本意。比如，各地民政部门制定的《住养协议范本》中，多数‘监护人’中的监护，其概念就来源于词汇的原意。所以，合同生效时间可以自治约定，比如约定意定被监护人可以主动启动合同的生效，从委托代理合同开始履行，当被代理人丧失或者部分丧失民事行为能力以后，自然转为意定监护合同。”[①] 也就是说，委托合同的适用范围可以包括意定监护所需要处理的大部分事项，即使是人身保护的内容，通过分解成若干有效部分约定成为委托合同的内容也未尝不可，即使是概括授权也是委托合同常见的表现形式。并且，《民法典》第 934 条虽然原则上规定委托人死亡、终止或者受托人死亡、丧失民事行为能力、终止的，委托合同终止，但同时也规定，当事人另有约定或者根据委托事务的性质不宜终止的除外。这就已经解决了在委托人丧失行为能力时，委托事务是否被受托人继续处理的问题，意定监护合同的生效经过不同的法律设计，并不存在法律障碍，反而会对意定监护法律制度的完善提供有益实证支持。通过高水平的人生法律保障设计，受到服务的老年人也会把今后的大部分法律事务委托给为其设计意定监护的律师和律师事务所来做。

---

① 陈洪忠、韩洪、童中礼、龙磊、翟晓静：《老龄产业法律文书精要详解及实务指南》，法律出版社 2017 年版，第 11 页。该书成书时，原《民法总则》尚未出台，以上引用部分受到当时法律环境的束缚。该书的《意定监护合同书》范本为意定监护合同生效的设计弥补了法律规定的不足，填补了统一规定的不能，对律师意定监护法律服务具有指导意义。

意定监护在美国，表现为持续性代理权授予制度，是指本人在具有意思能力时，能够选择代理人并授予其代理权，当事人意思能力全部或者部分丧失时，该代理权继续有效。美国的作法比较人性化，很值得借鉴。

因为意定监护合同见证与老年人遗嘱见证联系密切，而意定监护合同见证的律师又需要精通意定监护法律制度与实践，律师法律服务必将是意定监护制度落地的真正推动者，意定监护（还有委托监护）法律服务也必将是未来律师业务中比较重要的一个领域，律师一定会大有作为。笔者借本节内容仅作简单介绍。

三、意定监护律师见证的风险防范

必须注意的是，为了避免影响见证律师的中立立场，律师事务所如果成为或者可能成为某个有偿服务的意定监护监督人（当然不排除律师事务所也可以担任老年人的监护人，承担部分监护职责的情况）时，律师事务所就不得为该意定监护合同作见证，必须遵守回避原则。但是，见证律师不知道所执业的律师事务所是或者将成为某个有偿服务的意定监护监督人、意定监护人的，即使后来出现了这样的事实，律师的先前见证服务也是正当的，是合法有效的。

如果律师事务所成为意定监护监督人或担任意定监护人的，除非有法律规定，或者应被监护老年人的要求，进行公证或见证以外，意定监护监督合同或意定监护合同一般无须见证，律师事务所只需作好专业把关、风控检查即可。

如果将意定监护人、意定监护监督人、遗嘱执行人作为律师事务所服务项目，律师事务所应当另行指派其他律师承办具体后续服务业务，并且不得因此给见证律师分配利益，相关环节设置防火墙是非常必要的。

第三节

生前预嘱和生前契约

从某种意义上说，生前预嘱就是对安乐死的授权，生前契约系签署的有关殡葬、祭祀的合同。

一、生前预嘱

步入老龄后有的老年人的身体健康会大不如前，当一些生不如死的病痛状况发生时，老年人可以通过设立生前预嘱救济。

1. 生前预嘱的概念

生前预嘱（Living Will），是指人在意识清楚时签署的，说明在不可治愈的伤病末期或临终时要或不要哪种医疗护理的指示文件。也有人称之为“尊严死”“安乐死”[①]“自然死亡”等的遗嘱，每一概念略有不同。

---

① 安乐死，是指对于身患绝症或者濒临死亡的病人，由于难以忍受的痛苦不能治愈，出于本人神志清醒时的真诚嘱托，医生为减少病人难以忍受的痛苦，采取措施提前结束病人的生命，使其安然死去的行为。

2. 生前预嘱的由来和发展

如果没有生前预嘱，无民事行为能力人在面对医疗决定行为时，往往在其不能、不知的状态下由法定监护人或者家属介入，作出是否继续维系生命的决定。生前预嘱从患者自身意志表达出发，体现了老年人意思自治价值追求，也是尊重老年人的尚存能力，维护了老年人清醒时自由意志的一种尊严权益。

据说，邓颖超生前曾在某科学院计算中心周某某（一位身患癌症、生存无望、疼痛难忍的患者）坚决要求安乐死的材料上写道："该同志进行一次常人所不能进行的对死的革命，她是一位真正的唯物主义者。"邓颖超说过："当我生命濒临结束，千万不要用抢救的方式以人工和药物来延长。"两院院士王选在遗嘱上也这样写道："一旦病情不治，我坚决要求安乐死……我不愿浪费国家和医生们的财力物力，并且死后不再麻烦人。"

生前预嘱就是病人代理人的授权书，是有关生命权是否维系，事关维护离世前尊严而行使决定权的授权。

3. 生前预嘱与意定监护的关系

生前预嘱，包括声明型的生前预嘱以及代理型的医疗行为指示代理。生前预嘱类似行为人预先立遗嘱，只是其个人处分的是自己的生命健康权而非财产权而已。无论是假设个人在陷入危急状态下希望医疗机构的全力抢救还是在保守治疗时保证做人的生命尊严，都可以通过生前预嘱个人预先行使和表达的权利。与传统家人代作医疗决定不同的是，生前预嘱将具体医疗决定作出的时间提前，是根据自己的意愿对医疗活动中可能出现的风险及将要采取的措施进行取舍决策，保证行为人的意愿贯穿于日后整个医疗活动之中。

意定监护，是指老年人在自己清醒的时候，选择自己最信任的人做监护人，通过签订监护协议，在自己失智后照护自己的生活，处置自己的财产、权利等。意定监护将优先按照个人意愿启动意定监护程序，排除了法定监护的适用，也避免了由于法定监护人缺位或怠于履行而导致具体监护事务的延迟或混乱，损害老年人自身的利益，将可能出现的矛盾与问题提前设定解决方案。

将生前预嘱纳入我国意定监护制度中，有利于丰富及完善我国意定监护法律制度建设。

4. 生前预嘱与安乐死

生前预嘱应当包含在安乐死的广义概念之中，狭义的安乐死包含了追求死亡的结果，因此被包括我国在内的大多数国家的法律所禁止。在允许安乐死的国家，其法律限制条件也非常多。

5. 生前预嘱制度中的律师业务

对于我国现行法律规范来说，无论是意定监护还是生前预嘱都是从西方舶来的制度。对于老年人生前预嘱的法律咨询、代书或者律师见证，事关老年人的生命健康权，律师应当谨慎提供法律服务。

生前预嘱行为人在表达或签署生前预嘱时，预嘱人应当具有民事行为能力。

生前预嘱指示务必明确。对于说明型的生前预嘱和代理型的预先医疗内容应当明确，并明确具体的医疗机构。生前预嘱最好设立监督机制，如果监督人明确反对，生前预嘱“熔断”。[①]

生前预嘱应当以患者知情权为前提，在医疗机构作出明确告知后，由患者授权代理人对医疗风险和即将采取的医疗手段作出评估，从而作出真实的意愿表达。

在我国，生前预嘱内容不得触犯法律，不得唆使或帮助患者自杀，禁止使用针剂或者一氧化碳等方式实施安乐死。

二、生前契约

“丧事简办”“厚养薄葬”，甚至“海葬”“树葬”开始流行，在许多地方已经成为社会风尚纳入了村规民约，许多昔日烦琐的殡葬礼仪被视为陋习受到人们的普遍排斥。

1. 生前契约的概念

生前契约，也称为“生前殡葬”“祭祀服务契约”，是指当事人或其亲人在生前为自己的身后事与殡葬业者签订合同，就葬礼咨询、殡葬礼仪安排、祭祀准备，以及后续的墓地打理、祭奠关怀等项目作出安排。生前契约可分为墓地生前契约、殡仪服务生前契约、祭扫生前契约等，也包括与生前预嘱有交叉的临终关怀生前契约等。

尽管在欧美地区的许多国家以及日本，生前契约早已盛行，但在我国，生前契约仍是一个十分新颖的观念，只有少数殡葬业

① 熔断，一般称之为“熔断机制”，本是指当股指波幅达到规定的熔断点时，交易所为控制风险采取的暂停交易措施。

者开始提供生前契约的相关服务。

2. 生前契约的律师业务

祭祀礼仪在中国传统文化中占据很重要的地位，许多人对生前契约律师业务发展前景非常看好。

目前国内许多殡葬公司都在积极开拓生前契约服务市场，也有聘请专项法律顾问的法律服务需求。因为社会并不提倡厚葬和复杂祭祀，倡导移风易俗，在一些地区还存在迷信的现象。所以，在签订生前契约合同收取服务费时，应当特别注意法律规定的界限，避免发生非法吸收公众存款、集资诈骗等刑事责任的风险。

在为老年人提供生前契约法律服务时，应当做好尽职调查工作，为老年人的生前契约合同订立提供审查咨询服务，代为起草必要的补充合同，保障好老年人的殡葬和祭祀礼遇权益。

有条件的律师事务所，可以拓展生前契约合同见证的特色服务，也可以提供专门生前契约监督人服务。

第四节 遗嘱的后续服务

遗嘱见证工作完成后，遗嘱档案要妥善保管，遗嘱本身的后续服务也应做好。

一、遗嘱的修订、撤回与重立

遗嘱人可以撤销和变更自己所立的遗嘱，以最后所立的遗嘱为准。

遗嘱的撤销或变更，主要有两种形式：一种是明示的撤销或变更；另一种是推定的撤销或变更。

明示撤销、变更遗嘱，必须按照《民法典》规定的程序和要求来进行。比如，以自书遗嘱撤销、变更时，必须由遗嘱人亲笔书写、签名，注明年、月、日；以代书遗嘱或打印遗嘱或录音录像遗嘱撤销、变更时，应当有两个以上见证人在场见证，等等。否则，撤销或变更不发生效力。

根据推定撤销或变更遗嘱的法律规定，遗嘱人生前的行为与遗嘱的意思表示相反，而使遗嘱处分的财产在继承开始前灭失、部分灭失或所有权转移、部分转移的，遗嘱视为被撤销或部分被撤销。

虽然所立遗嘱可以修改，但是最好重新立一份新的遗嘱，因为法律规定是以最后所立的遗嘱为准。

二、遗嘱执行人

遗嘱执行人，是指负责将遗嘱付诸实施的人。《民法典》第六编第四章增加规定了遗产管理人制度，为确保遗产得到妥善管理、顺利分割，维护继承人、债权人利益提供了法律保障。

目前，罕见有律师事务所担任遗嘱执行人的，从长远看，遗嘱执行人服务应是一项很专业的律师业务。

立遗嘱固然重要，但这也仅仅是个人财产传承的开始，遗嘱在生效后能被安全、高效地执行才是根本目标。实践中，许多遗嘱人希望在其去世后，通过律师法律服务确保其遗嘱内容受到尊重并得到全部实现。所以，律师事务所的遗嘱服务应当是从遗嘱订立到遗嘱执行的全流程服务，不应只是开设遗嘱订立、见证单项服务，更应关注能专业地负责执行遗嘱，忠实地实现遗嘱人的心愿，以此作为开拓律师业务的一个方向。

遗嘱执行合同的订立，是遗嘱执行、遗产管理、服务费收取的保障。

首先，遗嘱人可以在遗嘱中指定律师事务所为遗嘱执行人，也可以委托律师事务所指定遗嘱执行人。如果委托律师事务所指定遗嘱执行人，受托律师事务所应当在遗嘱生效后 10 日内指定一人或多人为遗嘱执行人，被指定之人一般为继承人或受遗赠人，并通知已知的遗产承受权利人和其他利害关系人。遗嘱执行人负责监督遗嘱的履行，或负责执行遗嘱之全部或部分内容。无民事行为能力人、限制民事行为能力人、破产的人不得担任遗嘱执行人。

其次，担任遗嘱执行人，应当严格依照遗嘱人的意愿，忠实勤勉地执行遗嘱，使遗嘱内容得以实现。遗嘱执行人的职责内容、辞任、解任、共同执行、报酬等，可参照《民法典》第 1145 条至第 1149 条有关遗产管理人的规定。遗嘱人可以为遗嘱执行人确定报酬，该项酬金由遗产承担。遗嘱执行人执行遗嘱期间，对遗产的处分权转由遗嘱执行人享有，继承人无权作出遗产处分的妨碍行为。

三、遗赠约定的执行

遗赠生效具有程序条件，如果约定了执行，律师事务所应当加强跟踪服务，一旦超过了认领时限，或者违反了遗嘱执行约定，可能会导致律师事务所的赔偿责任。

案例：接受遗赠的表示需在法定期限内作出

2018 年 1 月 19 日，因遗赠人林某乙年事已高，其本人委托某法律咨询公司工作人员罗某、郑某、周某为其代书及见证立下遗嘱，明确：立遗嘱人林某乙对个人依据《危旧房改造搬迁安置补偿协议书》及《回迁选房顺序号证明》项下所享有的全部所有权益及日后依据该协议及证明可获得的安置房全部赠与侄子林某1 个人所有，与他人无关。立遗嘱人对其名下或持有的其他一切财产，包括现金、银行存款及其他物品，在过世后全部赠与侄子林某1 个人所有，与他人无关。2018 年2 月21 日，遗赠人林某乙因病过世。2018 年3 月6 日，原告（林某1）在东南快报登报发表接受遗赠声明，明确表示接受遗赠。2018 年 3 月 13 日，原告委托某法律咨询公司工作人员罗某、郑某办理接受遗赠见证，同日通过邮政 EMS 快递向两被告寄送遗赠告知书。①

根据原《继承法》第 25 条的规定②，受遗赠人应当在知道受遗赠后两个月内，作出接受或者放弃受遗赠的表示；到期没有表示的，视为放弃受遗赠。林某乙生前立有遗嘱，将个人财产赠与

① （2019）闽 0104 民初 5840 号。

② 《民法典》第 1124 条第 2 款规定：“受遗赠人应当在知道受遗赠后六十日内，作出接受或者放弃受遗赠的表示；到期没有表示的，视为放弃受遗赠。”

侄子林某1，属于遗赠范畴，而林某1在专业见证人的帮助下，在规定的时间内完美作出接受遗赠的表示，故法院判决支持林某1的诉请，遗赠生效并得到了执行。

四、律师履行证明义务

律师履行证明义务，是指在遗嘱人去世后若继承发生纠纷时，见证律师负有对见证书内容的证明义务。法律未赋予律师见证的免证权利，在遗嘱纠纷中涉及律师见证证明时，律师事务所有义务履行证明责任。

五、开展密封遗嘱保管服务

密封遗嘱，又称"秘密遗嘱"，是指遗嘱人将其秘密作成的遗嘱密封后，经二人以上的见证人或公证人见证的遗嘱形式。密封遗嘱虽然不是我国的法定遗嘱形式，但是《民法典》也没有禁止密封遗嘱，密封保管的遗嘱只要符合自书遗嘱、代书遗嘱、打印遗嘱的法定形式，律师事务所可以开展对老年人声明后的遗嘱密封袋的保管业务，承担约定的保管责任。

密封遗嘱在我国不是法定遗嘱形式，所以律师见证密封遗嘱缺少法律根据。但是如果释明后老年人仍需要律师见证服务，律师可以对密封行为作见证。

律师事务所可以与老年人签订遗嘱密封袋保管合同，同时签订遗产管理协议，提供遗产管理法律服务。

下篇　遗嘱见证实务篇

老年人遗嘱见证求证无门，实务界深感水深火热。问题总有来处，把握住方向，才有未来。

第四章　律师见证遗嘱纠纷裁判的法律问题

对律师遗嘱见证行为标准进行研究，目的是打通律师服务老年人的难点、痛点、堵点，意义重大。同时，法院对遗嘱纠纷的裁判标准也应当统一，否则遗嘱律师见证风险仍不可预测。

第一节 见证遗嘱纠纷裁判问题梳理

律师遗嘱见证纠纷裁判的现实问题很多，对一些典型问题应当研究解决。

一、律师见证遗嘱是否必须进行实质性审查，界限如何明确

老年人屡屡被骗，要充分发挥律师事务所和律师等法律专业机构、专业人员的作用，帮助群众实现和维护自身合法权益。“老年人法律意识提高，或者有律师经常提供法律服务，可以帮助传承家庭财富、合理有效支配个人财产，重要的是可以防范大部分欺诈类犯罪行为的侵害。”① 但是，律师一旦为老年人提供法律服务时就无法回避维护老年人的财产安全，老年人财产安全又离不开遗嘱、意定监护法律制度保障，而遗嘱、意定监护法律制度又绕不开律师见证或公证环节。律师见证收费低并不是主要问题，多数律师都能为老年人多做一些公益付出。律师遗嘱见证风险无章防范，是老年人获得有效法律服务的堵点、痛点和难点，律师不敢作见证长期困扰着律师行业，很多律师事务所因风控需

① 陈洪忠、陈子钧、韩洪：《老年人防骗维权攻略》，中国法制出版社 2019 年版，第 304 页。

要更是禁止本所律师承接遗嘱见证。即使是国家公证机构，“基于遗嘱公证的低收费和高风险，许多公证机构已是多年未承办过遗嘱公证。推诿办理遗嘱公证已经是公证行业多年的顽疾并带来了今日的苦果，无论我们怎么表面上冠冕堂皇地强调遗嘱公证的优先性，民众连公证机构的门槛都迈不进去，如何去信任你?”① 遗嘱公证的高门槛全系不得已的人为设置，背后根源也是遗嘱公证存在巨大风险所致。实践中还发现，基层司法所的工作人员有的在工作中见证了立遗嘱的过程，也不愿意作为见证人签字，法院调查时害怕担责。见证风险主要来自于法律规定的对见证事实的实质性审查没有可操作界限，见证律师是否尽到了足够注意的裁判标准的不统一。

1. 律师见证是否必须进行实质性审查

从大陆法系国家公证制度来看，对于公证事实进行审查是普遍要求，制度执行的社会效果很好，说明我国证明制度的法律设计是正确的，问题出在对这一法律制度的运用上。

北京老龄法律研究会遗嘱见证部开展的相关研究和在北京市法学会、北京市高级人民法院指导下开展的律师遗嘱见证行为标准和裁判标准的系列研讨，总结出打通律师遗嘱见证堵点需要在三个方面下功夫，一是对遗嘱见证纠纷的法院裁判标准要统一透明，二是律师遗嘱见证业务行为标准要健全，三是律师执业责任保险要适当提高。

---

① 中国公证协会业务指导委员会委员、云南省昆明市明信公证处副主任王海宁语，出自：《2013 年十大公证事件评析》，载《中国公证》2014 年第 1 期。

《公证法》规定，公证是对民事法律行为、有法律意义的事实和文书的真实性、合法性予以证明的活动。但是，我国律师见证目前尚无专门立法，律师在我国证明制度体系内的作用还远没有发挥出来。为了依法维护人民权益、推进国家治理体系和治理能力现代化的精神，有必要借鉴英美法系证明制度，传承中华民族法治文化传统的优良部分，科学设计我国的律师见证制度。

英美法系国家以契约自由、私权至上为法律原则，在诉讼制度中充分尊重当事人的权利，认为私文书不需要赋予其他公权形式，加上英美法系国家采用判例法，坚持直接言词原则，公证人见证无从对日常发生的法律关系进行实质审查，只能证明客观的事实或行为。

相比之下，大陆法系国家的公证制度对证明的内容要求真实性与合法性，公证程序要求对合法性进行实质审查，公证人相对要承担较为严格的证明责任；英美法系国家的证明制度只要求证明客观真实，无须对合法性得出实质结论，只要形式审查即可，证明责任较小，并且不对第三方损失承担责任。

所以，我国已经有了参照大陆法系国家公证制度建设的公证体系，参照英美法系国家律师兼职公证人的证明制度，综合适应中国国情和文化传统，构建中国特色的律师见证制度，有利于疏通对中老年人家事法律服务的堵点。

2. 若进行实质性审查，是否应当有界限

案例：律师尽到了注意义务，无须承担责任

儿子找人扮演父母到公证处办理房屋抵押贷款委托公证，结

果贷款不能偿还，房子被执行，引起诉讼。法院判决认为：在本案中，被告在办理该公证事宜过程中，不仅对公证申请人张某某、宋某某进行了询问并制作了谈话笔录，还根据规定要求公证申请人提供了二原告的身份证、户籍资料、结婚证、房地产权证并进行了相应的审查、核实，且经比对法院认为冒充原告张某某的案外人（朱某某）、宋某某的案外人（身份不明）与二原告极为相像，以当时的技术条件被告已尽到了所有应当尽到的注意义务，被告虽然出具了错误的公证书，但被告及其公证员并无过错，其不应承担赔偿责任。①

多数专家都认为，如果律师对见证申请人与其身份证认真核对，并通过了身份证人脸识别器的识别，就应当认定见证律师已经尽到了足够注意。可见，只要是建立起律师见证行为标准，也建立起法院裁判标准，经过一定的学习，见证风险就可以预测、可以避免，公平正义才能在相关当事人中充分体现。

该判决结果其实来之不易。两年前该法院对前面这一案件已经作出过一个判决，同一个法院且相同的事实，却有不同的判决结果，这才是令见证律师无所适从的。该法院先前判决这样认为：

《公证法》第28条及《公证程序规则》第24条虽然都规定了公证机构对于当事人的身份负有审查义务，但是这些规定过于原则，对于公证机构履行审查义务达到何种程度才算尽责却没有明确规定。故公证机构对于当事人的身份应当审查其客观真实性。公证机构虽然不是鉴定机构，但是其作为证明机构也应当具有与

① （2018）豫0105民初24648号。

其职业资格相应的审查证明事项和证明资料真伪的能力，而当事人也正是因为对公证机构审查能力的信赖才委托公证机构进行公证。同时《公证法》第29条规定，公证机构对申请公证的事项以及当事人提供的证明材料，按照有关办证规则需要核实或者对其有异议的，负有核实义务。《公证法》第42条规定，为不真实、不合法的事项出具公证书的公证机构和公证员要受到主管部门的处罚。因此，公证机构如果不能审查出证明材料的虚假性，导致最终作出的公证书错误，即使其严格依照法定程序出具公证书，公证机构仍应当承担相应的责任……本案被告在办理该公证事宜过程中，不仅对公证申请人张某某、宋某某进行了询问并制作了谈话笔录，还根据规定要求公证申请人提供了二原告的身份证、户籍资料、结婚证、房地产权证并进行了相应的审查、核实，但是被告还是出具了错误的公证书。作为公证机构，被告仍未审查出当事人身份的虚假，在此过程中存在相应的过错。从被告提供当时公证拍摄的照片显示，之所以会发生错误公证完全是由于张某（张某某、宋某某之子）、第三人孙某娜故意隐瞒真实情况、伙同他人冒充二原告蒙骗公证机构所致。故判决被告公证处对二原告的损失承担30%的责任。[①]

可见，审查义务达到何种程度才算尽责，因为没有明确的界限规定，法院可以任意裁量，这种推理式判决具有一定的必然性，这是律师见证最不可预测之风险。

---

① （2016）豫0105民初24966号。

二、一名律师是否可以进行遗嘱见证

根据法律规定，除了自书遗嘱以外，其他遗嘱形式必须有两个以上见证人见证，在没有其他见证人的情况下，一名律师进行遗嘱见证显然不合法，见证无效。可是，如果一名律师与另一名非律师见证人进行遗嘱见证，是否有效?

2007 年中华全国律师协会《律师见证业务工作细则》第 5 条规定，从事见证工作的律师必须具备律师资格，并持有律师执业证。其第 16 条规定，接受客户委托后，所里应指派两名律师进行见证工作。那么，一名律师与另一名非律师见证人进行遗嘱见证，就明显与此规定不符，见证遗嘱是否有效呢?笔者认为，《律师见证业务工作细则》属于行业规范，从现行法律规定来看，如果见证遗嘱的其他形式要件均符合法律规定，只是两名见证人中一人是非律师身份，这并不违法，该见证遗嘱应当具有法律效力。不可否认的是，在律师行业管理范围内，见证律师和其律师事务所若有违反行规的执业行为，亦应承担相应责任。

实践中，法院在判决中一般坚持法律标准，并不理会全国律协的规范。大多数专家意见赞同这样的裁判标准。

案例 1：见证人未取得律师资格不影响遗嘱的效力

2008 年 1 月 24 日，刘某某签名捺手印确认打印的遗嘱一份。2009 年 6 月 29 日，刘某某因病死亡。在诉讼中，第三人主张所涉律师见证的遗嘱无效，理由是根据《律师法》和全国律师协会制定的《律师见证业务工作细则》第 5 条可知，从事见证工作的律师不但需具备律师资格，还必须持有律师执业证，而办理律师见证的二见证律师之一的刘某坤律师在见证当时并未取得律师执业证，因此该见证行为属无效见证。法院经审理认为，该遗嘱附谈话笔录一份，李某（律师）、刘某坤作为询问人询问了刘某某的基本情况及遗嘱是否真实自愿；刘某某作为被询问人，表示该份遗嘱是自己的真实想法，订立遗嘱是自愿的。刘某某在无利害关系的二名见证人见证下，立遗嘱表示涉案房产、车位、店铺和租金补偿在其死亡后由原告刘某4、刘某5继承，由原告刘某1、刘某2、刘某3受遗赠，该意思表示明确，内容不违反法律规定，且刘某某在该遗嘱上签名并捺手印，被告及第三人虽对该遗嘱的法律效力不予确认，但未提供足以反驳的证据，故法院对该遗嘱的真实性予以采信。[①]

案例2：代书遗嘱需要两个以上见证人见证

2016年2月25日，应黄某的邀请，遗嘱的三位见证人（包括见证律师薛某某）来到黄某家中，黄某口述了遗嘱内容，由薛某某当场代书了遗嘱，注明代书年、月、日后，用福州话和普通话将代书遗嘱念给有初中文化程度的黄某和在场另两见证人听。黄某听了并戴镜细阅了遗嘱无误后当场在遗嘱上签名、捺手印，代书人亦当场签名，另两个在场见证人也当场签名、捺手印并写下见证日期，薛某某用设定年、月、日、时的数码相机当场拍摄下立遗嘱人黄某亲笔签名、捺手印相片和两个在场见证人亲笔签名、捺手印等相片，见证律师当场出具见证书，保留下黄某签名笔迹和手印指模证据。某律师事务所出具见证书，内容为："黄

---

① （2014）深南法民三初字第149～150号。

某委托进行代书遗嘱上立遗嘱人、相关在场见证人的签名、捺手印一事项见证。见证律师审查了委托人提供的身份证、房屋所有权证原件等文件。兹证黄某在我面前，在我薛某某作为遗嘱（代书）见证人之一，而据立遗嘱人黄某口述的遗嘱内容代书的代书遗嘱上签名、捺手印及在场见证人江某、林某在代书遗嘱上签名、捺手印，签印属实。本律师根据上述审查的文件仅对代书人根据立遗嘱人口述的遗嘱内容而书写代书遗嘱上立遗嘱人和在场见证人的签名、捺手印意思表示真实见证。对其他（含遗嘱效力）所需民事实体、法定程序应依照我国有关法律、法规的有关规定办理。”见证单位某律师事务所在见证书上盖章，见证律师薛某某在见证书上签名。

法院认为，被继承人黄某于 2016 年 2 月 25 日所立的遗嘱属于经某律师事务所见证的代书遗嘱，该遗嘱符合法律规定，真实有效，法院予以认定。[①]

法律规定自书遗嘱形式以外的遗嘱，都需要两个以上见证人见证，但是律师遗嘱见证是否必须两名执业律师，从总结律师见证无效案例的情况看，两名执业律师并不能有效避免见证遗嘱无效的发生，遗嘱见证业务专门学习、行为规范熟练，律师事务所的有效审核把关，才是防范见证风险的关键。

2000 年司法部《遗嘱公证细则》第 6 条规定，遗嘱公证应当由两名公证人员共同办理，由其中一名公证员在公证书上署名；因特殊情况由一名公证员办理时，应当有一名见证人在场，见证

① （2019）闽 0104 民初 4073 号。

人应当在遗嘱和笔录上签名。该细则规定既考虑到了遗嘱公证的严肃性，又规定了灵活性的例外，而律师见证行为的行业规范于法不合，在司法实践中也可以不用遵守，反倒会影响律师行业规范的严肃性。公证行业规范的相关设计较为完善，应当借鉴。

三、代书遗嘱能否打印

打印不符合自书遗嘱的形式要求，已经基本得到法学界的共识。但是，遗嘱代书人是否必须亲笔书写才有效呢？的确有法院按自书的“书”来认定代书的“书”。

上诉人主张：代书遗嘱必须由代书人亲自书写，而李某1提供的代书遗嘱是打印的，因该遗嘱在形式上不符合对代书遗嘱的规定，所以是无效的。法院判决认为，《继承法》第17条规定：“代书遗嘱应当有两个以上见证人在场见证，由其中一人代书，注明年、月、日，并由代书人、其他见证人和遗嘱人签名。”本案中，涉案遗嘱系打印件，并非代书人书写，不符合代书遗嘱的形式要件。[①]

因为遗嘱纠纷发生在遗嘱人去世以后，对于自书遗嘱有严格的法律要求，是一种内在的客观需要，法律规定明确具体很有必要。对于代书人的行为判决要像自书遗嘱一样要求亲笔书写，法官的想法似乎也并不明显违反法律的规定，尤其在如今打印遗嘱也成为法定遗嘱形式以后，代书人亲笔书写更容易被认为是代书遗嘱的特征。但是，该案代书人健在而且还可以出庭作证，接受

---

① （2019）豫01民终24610号。

询问和质证，与遗嘱人客观去世又无人有效见证的情形完全不同，这种机械性照搬自书遗嘱的有关规定没有根据，更无意义。况且，无论是公证，还是律师见证，大多数代书遗嘱都是打印制作的，早已成为习惯作法，目前似乎也没有遇到其他因打印认定代书遗嘱无效而判决公证机构或律师事务所担责的。《民法典》虽然增加了打印遗嘱的遗嘱形式，但是代书遗嘱仍然保留为法定遗嘱形式。所以，在《民法典》生效的背景下，代书遗嘱是否需要代书人亲笔书写，必须明确、统一裁判标准。

四、律师见证遗嘱无效赔偿范围与责任保险

公证遗嘱、律师见证遗嘱被认定为无效，公证机构、律师事务所对于遗产减损的第三人负赔偿责任。律师见证收费低、风险高，律师群体性避而远之，已经大大损害了老年人群体得到有效法律服务的权利。许多老年人想作遗嘱见证或遗嘱公证，稍有规模的律师事务所或公证机构都要求老年人开具三甲医院的精神证明，而大部分医院不给开这样的证明，从而割裂了法律人与老年人财产保护的联络，这是不符合我国社会主义法治要求的。

“根据英国的判例法，如果公证人违反勤勉义务，则应当基于合同关系向当事人承担违约责任。但必须注意的是，公证人承担责任的范围并不及于受到损失的第三人。”[①] 大多数英美法系国家都是坚持这样的原则，不赔偿第三人损失可以算是律师见证纠纷处理的一种国际惯例。客观上，遗嘱无效以后，作为第三人的

① 程翔：《英、美、德、法四国公证制度述评》，载《司法改革评论》第6辑“域外公证专辑”，厦门大学出版社2008年版，第290~291页。

遗嘱继承人减少的继承份额都分配给了其兄弟姐妹或其他近亲属，都是遗嘱人最亲近的人。即使是遗赠，财产分配发生变化而并非遗产灭失。如果不受限制地判决赔偿第三人的损失，因为受到利益的驱动，不能排除个别遗嘱人会有意放任无效遗嘱的产生，遗嘱受益人也会希望律师见证遗嘱无效的发生，给律师事务所收集证据带来实际困难。所以，律师见证遗嘱无效，律师事务所是否需要赔偿第三人损失，即使依法需要向遗嘱继承损失的第三人赔偿，公证机构、律师事务所的赔偿界限如何确定，都应当认真研究。

因为遗嘱继承多数涉及房产，大城市的房产价值很高，有的老年人房产数量多，目前律师执业责任保险数额有限，一般律师事务所的资本积累完全无法承受赔偿，应当适当提高责任险保障，或者单独为遗嘱见证设立责任保险，助力打通律师遗嘱见证这一堵点。

五、见证遗嘱无效，见证律师是否必然应负责任

2001 年，男子黄某彬临终前立下遗嘱，将财产全部遗赠情人而剥夺发妻遗产继承权，因其妻实际控制财产，故情人起诉至法院主张继承。但法院终审判决认为黄某彬之遗嘱违背了原《民法通则》第 7 条规定的“公序良俗”原则[①]，认定遗嘱无效，驳回原告诉讼请求。

此案反映了遗嘱继承实务中的自由与秩序间的博弈关系。律

---

① 《民法典》第 8 条规定：“民事主体从事民事活动，不得违反法律，不得违背公序良俗。”

师谈话笔录应当询问遗赠之原因，但遗嘱人有权利拒绝回答。是不是情人关系，这是遗嘱人的隐私权利，律师不应主动询问或者展开针对性调查。况且，律师无权因存有疑问而拒绝见证。如果遗嘱人如实陈述，客观上遗嘱的确有违公序良俗的可能，律师应当将法律规定及后果告知遗嘱人并记入笔录，遗嘱人坚持作遗嘱见证的，从适用民事法律而言，如黄先生之遗赠显属有法律根据，律师应当为之完成见证。

当事人持伪造的法律文书、证照来办理律师见证，凭律师的专业能力无法识别，又没有理由拒绝见证，最终见证被法院判决无效。这种情况在公证、律师见证中已经发生过多起。

若出现以上纷争，法院根据“公序良俗”法律原则、根据查证的事实判决遗嘱无效，对于遗嘱中的受遗赠人、见证文书受损继承人，律师不应承担见证过错之责。

六、不加限制判决对第三方赔偿会形成不良社会风气

案例：法院判决律师事务所向第三方赔偿应当慎重

李某1、李某2、李某3、李某4系李某某（1919年8月3日出生，2011年12月2日去世）的子女。1993年8月20日李某某亲笔立下遗嘱一份。2010年2月21日，李某1以轮椅推父亲李某某到某打印部找打印员打印，后请律师杨某某、段某到家，在杨某某、段某的见证下，由李某某亲自对该遗嘱签字确认。

李某某死后，李某1、李某2，李某3、李某4因遗产继承产生纠纷，李某1、李某2向法院提起诉讼，一审法院认定2010年2月21日所立遗嘱无效。

李某1不服一审判决，向中级人民法院提起上诉，二审认定2010年2月21日所立遗嘱有效。

李某4、李某3不服二审判决，向中级人民法院申请再审。中级人民法院再审裁定驳回李某4、李某3的再审申请。

李某4、李某3不服二审判决，遂向检察院提出申诉。后检察院向高级人民法院提起抗诉，高院再审又认定2010年2月21日所立遗嘱无效。①

如果作为原、被告的兄弟姐妹知道遗嘱无效就判律师事务所赔偿，起诉就定案，该案李某1就可以等一审判决生效后即起诉律师事务所赔偿，可能也就没有二审、中院再审、检察院抗诉和高院再审了，中院、高院、检察院对见证遗嘱是否有效的意见都不一致的情形也就无人知晓了。本来律师见证行为标准、遗嘱纠纷裁判标准就始终没有得到统一，法官、检察官、律师同为法律人，只有律师需要承担不可预测赔偿之后果，律师见证遗嘱无效就判决律师事务所赔偿本身也就缺少了公平正义。所以，要尽快研发两个标准。

① （2015）渝高法民抗字第00004号。

第二节　见证遗嘱纠纷裁判标准

见证遗嘱纠纷裁判标准不统一，律师见证执业风险就无法预测，客观上已经长期困扰着我国对老年人法律服务市场的发展，不可不察。见证遗嘱纠纷裁判的有关认定标准应当统一。

一、遗嘱效力的认定

立遗嘱处分遗产是老年人的一项重要权利，是其生前处分自己身后财产的愿望，尊重老年人的遗嘱权和依法保护遗嘱效力，应当作为法官一项首要的裁判原则。

同时，公证遗嘱、律师见证遗嘱被认定无效以后，专家证人还需要承担赔偿第三人损失的风险，遗嘱效力认定务必要有明确的法律根据，法律服务风险才可预防。

案例：遗赠协议中处分财产的内容，符合法律规定的可按自书遗嘱对待

何某、孔某某生育何某 2、何某 3、梅某、何某 4、何某 5、何某 1 六个女儿和何某 10 一个儿子。2000 年何某去世，未立遗嘱。2008 年何某 10 去世，何某 10 与雷某生育子女何某 6、何某 7。2017 年 6 月孔某某去世。

2013年8月30日，孔某某与何某1达成《房地产遗赠赡养老人协议书》。主要内容有："遗赠人孔某某生有7个孩子……现孔某某年迈，生活不能自理，长期只有老七何某1无微不至地关心体贴、问寒问暖，特立遗赠赡养协议书，自愿把财产明确给老七何某1，双方达成协议如下：（1）根据遗赠人的意见和该家庭的特殊情况，甲、乙双方通过协商一致同意，由何某1赡养老人直到养老送终，其他子女也同意。（2）何某1负责经济供养，生活照料、生病住院和精神慰藉，直到养老送终。孔某某所需的各项赡养费用和物质由子女根据各自的经济状态协商负担。（3）孔某某养老送终后自愿将自己的房屋（包括住房、伙房）、甘蔗地10亩、水田3.5亩、制药厂边1.5亩、宅基地及菜园子归何某1，其他子女不得干涉强占。（4）老人去世时，何某1付2/3的丧葬费用，其余的1/3由其他子女来分担处理。（5）茶叶地约8亩由六人平均分配。（6）遗赠人与儿媳妇（雷某）于2012年3月9日已分给水田8亩、杉木地1亩、甘蔗地13亩。（7）老人在生前若乙方没有尽到义务，甲方有权收回房地产。（8）违约责任：甲、乙双方共同遵守此协议，若哪方违约将承担法律责任。（9）此协议签订之日起生效。此协议一式三份，甲、乙双方各持一份，县公证处一份。"协议末端有孔某某、何某1签名、按指印，有何某2、何某3、梅某、何某4、何某5在"子女："后签名、按指印，日期：2013年8月30日。同日，县公证处对该协议书进行了公证，制发了（2013）第270号公证书。

一审法院认为，该协议违反《继承法》第3条、第16条，《农村土地承包法》第15条，《公证法》第39条的规定，何某1

赡养母亲孔某某是应尽法律义务，不能以赡养为条件，与自己的母亲签订协议以遗赠的形式享有孔某某的财产，农村土地属集体所有，孔某某无权处分集体财产，且该协议违背相关法律规定。双方签订的《房地产遗赠赡养老人协议书》无效。

二审法院认为，《继承法》第31条规定，公民可以与扶养人签订遗赠扶养协议，按照协议，扶养人承担该公民生养死葬的义务，享有受遗赠的权利。《婚姻法》第21条规定，子女对父母有赡养扶助的义务。法院认为，上诉人何某1作为孔某某的女儿，其对孔某某具有法定的赡养义务，其与孔某某签订的免除部分子女赡养义务的《房地产遗赠赡养老人协议书》与法律规定的子女对父母的法定赡养义务相悖。《农村土地承包法》第16条规定："家庭承包的承包方是本集体经济组织的农户。"其本质特征是以本集体经济组织内部的农户家庭为单位实行农村土地承包经营。家庭承包方式的农村土地承包经营权属于农户家庭，而不属于某一个家庭成员。本案中，家庭承包经营的水田、菜园子不属于孔某某个人财产，只能以户为单位，仍由该农户的其他家庭成员继续承包经营。对案涉房屋，上诉人何某1、何某2、何某3、梅某、何某4、何某5亦不能提供证据证实协议处置的案涉房屋系孔某某的个人财产。综上，该《房地产遗赠赡养老人协议书》的签订主体、协议内容违反法律规定，一审法院认定《房地产遗赠赡养老人协议书》无效并无不当，故上诉人何某1、何某2、何某3、梅某、何某4、何某5请求按照《房地产遗赠赡养老人协议书》由上诉人何某1受赠孔某某留下的房屋（包括住房、伙房）、水田3.5亩、宅基地及菜园子的请求无事实和法律依据，法院不予支持。[①]

首先，该协议实质是一份合法的赡养协议。

赡养协议，是指赡养人就履行赡养义务与被赡养人订立的协议，或赡养人相互间为分担赡养义务订立的协议。“赡养人对被赡养人具有法定的赡养义务，赡养是无偿的，被赡养人享有受赡养权并不以履行一定义务为对价，赡养协议的当事人之间不存在买卖对价关系，他们之间只是协商如何将赡养责任进行合理的分配。”[②] 如果被赡养人作为赡养协议的一方，全部赡养人作为协议的另一方，被赡养人有权在协议中自愿处分遗产，其内容符合法律规定条件的，相关内容依法可按自书遗嘱对待。

《老年人权益保障法》第20条规定：“经老年人同意，赡养人之间可以就履行赡养义务签订协议。赡养协议的内容不得违反法律的规定和老年人的意愿。基层群众性自治组织、老年人组织或者赡养人所在单位监督协议的履行。”赡养协议具有以下几个特征：（1）赡养协议的协商必须先征得被赡养老年人的同意；（2）赡养协议签订主体为赡养人和被赡养人；（3）赡养协议是一种单务且属于为被赡养人利益签订的协议，其中的赡养人均为义务人；（4）赡养协议不得违反法律规定和老年人的意愿。

老年人的晚年生活及其保障问题日益为社会所关注，并且已经成为我国的一个社会问题。订立赡养协议符合我国法律的有关精神，也符合社会主义道德的要求。负有赡养义务的子女应该积

---

① （2019）云31民终537号。

② 陈洪忠、陈娟、韩洪、赵维娟、殷新丹：《养老法律那些事儿》，知识产权出版社2015年版，第24页。

极履行协议，对于社会和法院而言，应当大力提倡和依法保护。

本案《房地产遗赠赡养老人协议书》虽然存在“房地产遗赠”等个别不确切表述，但是老百姓误将遗嘱表述为“遗赠”是常见的一种情形，应当根据协议的具体内容，根据当事人的真实意思表示，来确定协议的性质。

协议书一方为被赡养人孔某某，另一方为赡养人何某1。同时，其他赡养人全都在协议书上的“子女:”后面签名、按手印。也就是说，签订本协议的当事方已经包括了被赡养人和全部的赡养义务人，符合法律规定。从内容上看，协议条款包含了赡养义务的主要内容，由何某1照顾孔某某的起居，“何某1负责经济供养，生活照料、生病住院和精神慰藉，直到养老送终。孔某某所需的各项赡养费用和物质由子女根据各自的经济状态协商负担”，“老人去世时，何某1付2/3的丧葬费用，其余的1/3由其他子女来分担处理”，并没有遗漏任何赡养义务人的赡养义务。一审判决“该协议违背相关法律规定”，二审判决“（协议）主体、协议内容违反法律规定”，但是，除了“何某1赡养母亲孔某某是应尽法律义务”，具体违反的是哪部法律和哪个条款并未列明。

从一、二审判决书来看，没有人质疑孔某某在协议书上的签名和其真实意思表示，赡养义务已经按约定履行完毕，各位赡养人均坚持主张协议书有效。所以，从目前的证据和判决书认定的有关事实看，该协议书是一份合法的赡养协议书，并得到了实际履行，尤其在全国都在推动意定监护等保护老年人合法权益的法律举措和大背景下，赡养协议更应当受到法律的保护。

其次，该协议包含有孔某某合法的自书遗嘱。

根据原《最高人民法院关于贯彻执行〈中华人民共和国继承法〉若干问题的意见》第40条规定："公民在遗书中涉及死后个人财产处分的内容，确为死者真实意思的表示，有本人签名并注明了年、月、日，又无相反证据的，可按自书遗嘱对待。"本案中，在协议书中"（3）孔某某养老送终后自愿将自己的房屋（包括住房、伙房）、甘蔗地10亩、水田3.5亩、制药厂边1.5亩、宅基地及菜园子归何某1，其他子女不得干涉强占。（4）老人去世时，何某1付2/3的丧葬费用，其余的1/3由其他子女来分担处理。（5）茶叶地约8亩由六人平均分配"，这些就是孔某某的附义务遗嘱的内容。况且，协议书第6条对于孔某某生前与儿媳妇（雷某）的财产已经进行了分割处理，也都作了清楚的交代。孔某某的意思表示真实具体，孔某某亲自签名、按手印，有具体年、月、日。所以说，该协议书依法也是一份有效的自书遗嘱。至于遗嘱中个别项目依法不属于孔某某的个人财产，孔某某已经去世，相关项目只是不受法律保护而已，不应影响遗嘱整体效力。

与自书遗嘱的法律要求不同，赡养协议中有遗嘱内容按自书遗嘱对待的"自书遗嘱"，法律并没有规定遗嘱人要以亲笔书写的形式作出。因此，本案《房地产遗赠赡养老人协议书》主文采用打印形式，并不影响对协议书相关内容认定为孔某某的自书遗嘱。

协议书中可视为自书遗嘱的内容完整、合法（除了本案未涉及部分有处分了集体财产部分无效以外），法定形式完善，孔某某没有受到胁迫，意思表示真实，遗嘱所附条件均得到了满足，老年人如此符合法律规定的具体遗嘱，未能得到应有的尊重和保护，实属遗憾。

二、遗嘱能力的认定

有的法院建议，律师遗嘱见证应要求立遗嘱人提供相应的医院证明文件。许多公证处也要求遗嘱公证当事人提供三甲医院精神正常的医学证明。现有医院精神科的数量和能力都非常有限，大多数老年人客观上无法取得这样的证明，这种要求是不现实的。同时，许多医院出诊医生对病人身份核查并不认真，也没有诊断过程的录像，冒名顶替检查情形极易发生，证明的真实性并无保证。

对于遗嘱能力的认定，国内多数法院还是能够尊重专业见证人立遗嘱当时的判断的。也可以考虑统一规定，在遗嘱能力认定证据充分的情况下，法庭不允许再做生前行为能力的法医学鉴定。

案例1：遗嘱人患有阿茨海默病，需根据具体情况判断其立遗嘱能力

一审法院认为，金某（金某明与前妻丁某英之女）、陈某1（金某明再婚妻子蒋某某与前夫所育之女）主张金某明生前已患有阿尔茨海默病，故遗嘱不是其真实意思表示，对此法院认为，首先患有阿尔茨海默病与无民事行为能力并不能等同，阿尔茨海默病病情亦存在轻重差别，现无法判断其具体病情，无法直接推论金某明在立遗嘱时已处于无民事行为能力或限制民事行为能力状态。其次金某明订立遗嘱时，其所在医院出具了意识清楚的证明，另根据公证当时的录音录像，可以显示金某明对于过往事件虽有部分细节记忆模糊，但总体对答切题，逻辑清楚，不存在明显的意识混乱的情形，金某、陈某1主张遗嘱非金某明的真实意思表示，缺乏证据支持，法院不予采信……金某、陈某1并无充足证据足以推翻公证遗嘱，应认定金某明生前立下的遗嘱系其真实意思表示，具有法律效力。

二审法院认为，根据《民事诉讼法》第69条的规定，经过法定程序公证证明的法律事实和文书，人民法院应当作为认定事实的根据，但有相反证据足以推翻公证证明的除外。本案中，被继承人金某明于2014年4月17日所立遗嘱，经公证处公证。虽然金某明生前患有阿尔茨海默病，但由于阿尔茨海默病病情存在轻重差别，无法直接推定患有阿尔茨海默病的病人即为无民事行为能力人或限制民事行为能力人。公证处公证员根据某医院出具的意识清楚的《诊疗证明书》上门为金某明办理遗嘱公证，该《诊疗证明书》的内容可以与老年医院的护理记录相印证，且从公证当时的录音录像看，可以反映金某明总体上可以做到对答切题，逻辑清楚，不存在明显的意识混乱的情形，虽然其对过往事件部分细节存在记忆模糊，但并不能以此认定金某明在立遗嘱时不具有民事行为能力。从现有证据可以认定金某明所立遗嘱系其真实意思表示，公证处不存在违反法定程序进行公证的情形，该公证遗嘱应作为本案定案依据。金某、陈某1认为金某明在立遗嘱时无民事行为能力以及公证遗嘱不具有证据效力的上诉理由，法院不予采纳。金某、陈某1二审中提出要求对金某明立遗嘱时是否具有民事行为能力进行鉴定的申请，因有证据可以反映金某明立遗嘱时的客观状态，故其鉴定申请法院不予准许。至于金某、陈某1二审中提出对公证卷宗中受理通知书、告知书中文字、印油形成时间进行鉴定的申请，根据现有证据可以反映公证处已经依照《公证法》规定的公证程序进行公证活动，受理通知书、告知书的形成时间并不影响公证书的证据效力，故金某、陈某1的该鉴定申请，法院不予准许。金某、陈某1上诉提出陈某2干扰被继承人金某明真实意思表示，缺乏有效证据加以证明，法院不予采信。①

金某明患有阿尔茨海默病，如果本案法官缺少判断定力，允许对金某明立遗嘱时民事行为能力进行法医学鉴定，金某明多半会是限制民事行为能力人或者是无民事行为能力人，判决结果可能就会截然不同。

案例2：遗嘱人的行为能够证明其具有民事行为能力，无须再进行司法鉴定

法院认为，陈某上诉对林某4精神状况提出了质疑。非经专业机构鉴定，不能认定林某4为限制民事行为能力人或无民事行为能力人。法院认为，司法鉴定所根据病史等资料尚未能确定林某4的精神状态，法院亦不能据此认定林某4于当时欠缺订立遗嘱的行为能力。故结合林某4的撤销公证遗嘱、立下自书遗嘱等一系列前后一致的行为，应认定林某4在当时具有设立遗嘱的行为能力并具有将系争房屋赠与胡某的意愿。另外，涉案遗嘱上有林某4捺印签字，虽专业鉴定机构无法对涉案遗嘱上的签名是否系其本人所签作出明确结论，但两名见证律师亦在场见证林某4订立遗嘱的过程并留存当时照片，该遗嘱符合代书遗嘱的法定要件。法院认为，涉案遗嘱系代书遗嘱，应通过代书遗嘱即书证本身来证明其有效性，不应轻易通过未有充分证据印证的推测来推

---

① （2019）浙01民终2000号。

翻。陈某未提供相反的证据证明涉案遗嘱非林某4本人的真实意思表示以及订立代书遗嘱时存在重大程序性瑕疵，故本案涉案遗嘱真实有效。[①]

案例3：进行民事能力鉴定应在一审期间提出书面申请

何某2（何某某之子女）申请对何某某在立遗嘱时是否具有民事行为能力进行鉴定，法院不予准许。理由如下：第一，鉴定申请应在一审提出，经查，一审审理中何某2未正式提出书面申请。第二，公证材料中载有何某某立遗嘱时精神清醒、思维正常的诊断证明书。第三，何某某留下大量书面材料，时间跨度大，叙事逻辑清晰。何某某公证遗嘱立于2010年，而部分何某某亲自书写的材料所署日期近至2013年，可以辅助证明公证材料中的诊断证明书内容属实。第四，何某2提出鉴定的依据不足。脑梗死与老年性脑萎缩均为常见老年病，何某某是否患有脑梗死以及脑萎缩，与何某某是否有能力完成立遗嘱事务，并无必然关系。[②]

案例4：遗嘱人患有脑梗死不能否定其立遗嘱能力

关于汤某涛在立遗嘱时是否具有民事行为能力。本院认为，首先，立遗嘱当天，见证人通过录音录像对汤某涛的意思表示予以确认，从录像看，汤某涛能够正确表达自己的意思表示。其次，汤某涛在立遗嘱后第三天作为完全民事行为能力人，本人到庭参加另案诉讼，俞某作为另一方当事人并未对汤某涛的民事行为能力提出异议。最后，在立遗嘱前两个月，汤某涛曾向公安机关报案，并曾在派出所作过谈话笔录，从笔录内容看，汤某涛除因看

---

① （2018）沪01民终11181号。

② （2017）京02民终9625号。

不清字，自行核对笔录存在困难外，能够清楚表达自身意见。综上三点，法院认为俞某以汤某涛在2015年12月17日的CT报告中显示存在脑梗死为由主张汤某涛在立遗嘱时民事行为能力受限依据不足，对其要求对汤某涛立遗嘱时的行为能力进行鉴定的申请不予准许。[①]

以上四个案例的法官作法都是值得肯定的，对两名以上专业法律人现场见证给予了必要的尊重，这是各地法院法官处理遗嘱能力争议的主流作法。但是，毕竟尚无明确的相关裁定标准，个别法官仍然会出现准许对立遗嘱时民事行为能力进行法医学鉴定的情形。

那么，如何对待立遗嘱时是否具有民事行为能力的法医学鉴定？

1. 在经过专业见证遗嘱的效力判断上，法官自由裁量权应保持必要的谦抑

《公证法》第39条规定："当事人、公证事项的利害关系人认为公证书有错误的，可以向出具该公证书的公证机构提出复查。公证书的内容违法或者与事实不符的，公证机构应当撤销该公证书并予以公告，该公证书自始无效；公证书有其他错误的，公证机构应当予以更正。"尽管公证机构从法院系统分离出来以后不再具有审判职能，但是，与诉讼制度体系不同，证明制度体系有其固有特征，应当从更专业的角度审视，所以，《公证法》将公

---

① （2016）浙01民终4252号。

证书的撤销权、更正权赋予了公证机构，不受人民法院管辖是法定的。根据《最高人民法院关于审理涉及公证活动相关民事案件的若干规定》第2条规定，当事人、公证事项的利害关系人起诉请求变更、撤销公证书或者确认公证书无效的，人民法院不予受理。所以说，公证机构如果决定不撤销公证，不能简单归结为公证机构不作为。

《民法典》第1143条规定，无民事行为能力人或者限制民事行为能力人所立的遗嘱无效。但客观上，我国不能对所有老年人每年都做司法鉴定以确定其何时开始成为限制民事行为能力人，不能规定从限制行为能力开始之日就不能再立遗嘱，由监护人行使监护权。如果真能做到每年法医学鉴定一次，相信在老年人经过几次普检以后，在成为限制民事行为能力人之前，多半早已立好了遗嘱。

所以，法官在认定老年人生前遗嘱能力时，应当重点审查立遗嘱的现场录音录像，重视立遗嘱的客观经过，尊重行业的经验和法定自律管理职责，在专业的证明制度方面应保持必要谦抑态度。完全依靠对生前民事行为能力的法医学鉴定结论，无视见证机构或者行业协会的专业判断，教条式地适用法律，容易产生背离客观实际的误判，社会影响深远。

2. 国外经验

在认定老年人确定自己监护人时是否具有民事行为能力，日本学者判断的方法很值得借鉴。具体是：（1）本人要能够明确自己当前拥有的财产，并且能够向受托人予以说明。例如，能够自己说明不动产的种类和具体在什么地方，储蓄金存放在哪一金融机构及大致的储蓄金额。(2) 理解委托财产管理的意义。委托财产管理意味着将本人的财产全盘交付给监护人处理。若本人在缔结合同之际不能很好地认识到这一点，则在后续的监护中很容易产生问题。(3) 能够对自己现在所有的财产、现实收入进行核对。

在法国一个案例中，立遗嘱老人基本上无法用语言正确表达自己的意愿，是公证人拿着字典给老人翻看，老人用手指着字典一个一个单词确认才形成的遗嘱，最终法国法院认为遗嘱有效。所以立遗嘱主要应看老人是否能清楚表达自己的意思，这是世界各国的通行标准，不能给老人立遗嘱设立无法越过的门槛，否则，公证员、律师两个群体对于遗嘱见证的法律服务积极性就无从谈起，老人的合法权益就难以有效保护。

在制度建设方面：

《法国民法典》规定任何人均可以生前赠与或遗嘱处分财产，但法律宣告无行为能力的人除外。法国民法规定的无遗嘱能力人包括两种，一是禁治产人[①]，二是未成年人。法国民法不承认上述两种人拥有遗嘱能力，绝对禁止其立遗嘱。虽然禁治产人在设立监护之后立的遗嘱依法当然无效，但在设立监护之前作成的遗嘱仍然有效。

《英国遗嘱法》规定，任何年龄满 21 周岁，且精神正常的人，都能够立具有法律效力的遗嘱。

---

① 在德国、法国等国家法律，禁治产人是指无民事行为能力人的一种。指因心神丧失或精神耗弱而对自己的财产无处理能力，经法院宣告丧失民事行为能力的人。

美国有《统一遗嘱检验法》，立遗嘱人的智力水平可以高于或低于一般人。正如在一起判例中，死者在立遗嘱时大约 54 周岁，但他有精神障碍，其智力水平只相当于 10 周岁至 12 周岁的儿童。遗嘱检验法院判定他所立遗嘱有效。该例在我国一定会被判决遗嘱无效。

美国社会和立法都对律师见证给予普遍尊重，如将律师公证人制度向大陆法系国家靠拢的迹象明显的亚拉巴马州，其 2001 年新《民事公证法》规定的民事公证人制度对公证人权力范围就有了质的提高，规定民事公证人不但可以证明事实的存在，还可以作出鉴证行为，指民事公证人对某一事实或某一文件所持的法律方面的观点，包括：该行为是否有合法目的，当事人的意思表示是否真实，是否以合法途径履行，该文件是否违反善良风俗，等等。可见，民事公证人的见证、公证范围明显超越了传统上只认证的羁绊，而直接具备法律事实认定的效力，实现了律师公证人专家责任和专家权力的统一。同时，该州还有一个特别之处，是民事公证人的资格也是终身的，专门培训、准入门槛也都相对较高。

3. 可借鉴的测试方法

北京老龄法律研究会的遗嘱见证专家审查遗嘱能力的固定作法，可以作为遗嘱见证、遗嘱公证行为的一项标准。

（1）询问立遗嘱申请人是否有存在精神疾病或者影响民事行为能力的疾病的医院证明、法医学鉴定，如果曾有诊断确定其为限制行为能力人，即使现在精神表现完全正常，也不得立见证遗嘱。除非有相应的新诊断、鉴定文件，证明其恢复具有完全民事行为能力，才可以立见证遗嘱。

（2）使用“精神正常试错法”。该法是指遗嘱见证人在作谈话笔录时，要有一两次故意读错遗嘱人的家人姓名、财产地址等，老年人如能及时、准确予以更正，即可证明其具有民事行为能力。其是北京老龄法律研究会总结出来的判断一个人精神是否正常的一种方法。

（3）出题“考试”。事先从社会学、老年医学、精神医学角度设计一套判断是否存在失智状况的问答题库。在谈话中，见证律师要从题库中随机抽取 3 至 6 个问题，通过遗嘱人对穿插提问回答的具体情况来确定其是否具有民事行为能力。这些对问答的判断，类似于日本的作法。

如果通过以上考察，发现遗嘱人的民事行为能力有限，无法通过正常的自然人的意志能力合理地、理智地控制自己的行为，如出现认知困难、表达意思前后颠倒等情形，即使持有医院出具的健康证明或者持有具有民事行为能力的法医学鉴定，也要立即停止办理见证业务。

（4）有遗嘱见证的同步录音录像，供法庭审查时的证明。

此外，见证人均需经过专业培训考核，每年还需经过业务考核和学习。在具体遗嘱见证活动中，必须有一名具有七年以上法官、检察官、公证员、律师，或者法学研究经历的见证专员担任，以确保对遗嘱能力和遗嘱真实性、合法性的审查到位，符合法律规定。

4. 律师判断与法医鉴定结论发生冲突时的认定

在公证遗嘱发生纠纷时，有的法院会采纳法医学鉴定结论而否定公证员的现场判断。这种简单认定既不科学，对于我国证明制度体系建设的负面作用也不可低估。当公证员或律师判断与法医学鉴定结论发生冲突时，法院不能简单认定公证员、律师不尽责。

案例 5：遗嘱人是否具有立遗嘱能力，司法鉴定只能作为参考

本案的争议焦点是王某某在立公证遗嘱时是否具有民事行为能力，就此争议，一审法院在审理中，经过当事人的申请，依法委托了法医学会鉴定中心对王某某是否具有民事行为能力进行了司法鉴定。2012 年 4 月 9 日，法医学会鉴定中心出具鉴定意见："被鉴定人王某某患有阿尔茨海默病（老年性痴呆），其在 2005 年 1 月 19 日立公证遗嘱时不具有相应的民事行为能力。"对于上述司法鉴定结论，一审法院在开庭审理时，已经进行了举证、质证，故该鉴定意见经过了开庭质证后，合法有效。依照上述鉴定结论，王某某在 2005 年 1 月 19 日立公证遗嘱时不具有相应的民事行为能力，因此，一审法院依据司法鉴定结论，认定王某某所立公证遗嘱不具有法律效力，并判决驳回张某某的诉讼请求，事实清楚，证据确实、充分，程序合法，法院予以维持。[①]

老年人的遗嘱权利应当得到切实尊重。遗嘱人是否具有立遗

① （2012）一中民终字第 15274 号。

嘱能力，应当以遗嘱人立遗嘱时是否能清醒表达自己的意志为准，对于律师见证遗嘱和公证遗嘱，事后的司法鉴定只能作为参考，不应当成为排他的决定性证据。一是因为律师、公证员不光是需要承担专家证明责任，他们的专家判断力首先应当得到法院的尊重。二是老年人作遗嘱前不可能全都获得法医学鉴定，这是不现实的，事后的法医学鉴定可靠性相对较弱，法官不应机械性依靠法医学鉴定意见定案。三是在遗嘱纠纷案件中，见证律师、公证员并非诉讼当事人，也不是第三人，不参加庭审无法对法医学鉴定作出有效质证，证明力确立并不保证客观。四是判断遗嘱人是否具有民事行为能力是非常复杂的，因为法院裁判标准不一，已经使法律人对遗嘱见证、遗嘱公证退避三舍，广大老年人难以获得有效的法律服务，单一的法医学鉴定结论难以代表公平正义。

所以，应当建立老年人遗嘱权利实现的监督保障机制，规定公证员、见证律师应当对遗嘱人的民事行为能力认真考察，有权利依法作出独立判断，将考察判断经过记录在谈话笔录中，并有录音录像可供法庭审查，法官就不应再将医学推断性证明认定为遗嘱能力不可或缺的证据了。遗嘱人去世后，在遗嘱能力认定上更应当尊重公证协会、律师协会的鉴定意见，因为行业协会是依法成立，监督管理职权是法定的，更加了解遗嘱见证、公证的行为规范。法医学鉴定意见虽具有科学性，但不一定符合继承法律的立法本意，死人不能说话，这样的判决极其容易损害老年人的正当遗嘱权利。即使有对遗嘱人去世后作出的立遗嘱时的法医学鉴定，也只能作为行业协会鉴定意见的参考。

案例6：公证遗嘱效虽高，行为能力也重要

翟先生原配妻子于1975年去世，二人育有三个子女。1977年翟先生与张女士结婚。翟先生于2013年去世，2015年张女士突然拿出翟先生于2005年2月在公证处所立公证遗嘱一份，要求翟先生几个子女协助办理过户手续，内容为位于北京市某房屋中属于翟先生的份额由张女士继承。因协商未果，张女士起诉要求按照公证遗嘱处理涉案房屋。

诉讼中翟先生几个子女申请法院调取了翟先生立遗嘱前3年在相关医院的诊断证明和就医记录，并根据相应病例材料申请对翟先生2005年2月立遗嘱时的行为能力进行司法鉴定，经安定医院鉴定认定：翟先生在2005年2月患有器质性智能损害（痴呆），属于限制民事行为能力人。

法院认为，无民事行为能力人或者限制民事行为能力人所立遗嘱无效。张女士虽然提交了2005年2月翟先生所立公证遗嘱，但根据专业机构的司法鉴定结论，翟先生的行为能力在立遗嘱时已经不可逆转地受到限制，故本案公证遗嘱的效力法院不予认可，翟先生在涉案房屋中的份额按照法定继承处理。[①]

司法鉴定结论的科学性不可否定，但是，律师见证时只要按照见证行为标准尽到了足够注意，即使可能发生律师判断与司法鉴定结论不一致的情形，也不应推定律师不尽责，而应当尊重更科学的行业组织的认定，应当尊重已故遗嘱人的正当权利。

法院在通报该典型案例时建议："患有这些疾病的遗嘱人也

① 《2017年北京市西城区遗嘱继承纠纷十大典型案例通报》，网址：https://www.sohu.com/a/192571617_805917，最后访问日期：2020年5月17日。

应当予以重视，最好在立遗嘱前对行为能力进行司法鉴定，在确认具有完全民事行为能力后再行前往公证处。”通过笔者调查发现，一方面老年人想立公证遗嘱无门，另一方面许多公证处的遗嘱公证已经门可罗雀。“精神病”始终位列贬义词库，有的老年人表示宁可带进坟墓也不去申请司法精神鉴定再去立遗嘱。

案例7：公证遗嘱效力纠纷法院裁判标准应当与《公证法》的规定相统一

一审法院认为，谭某3在2006年3月31日立遗嘱的民事行为是否有效关键在于需要确认谭某3在订立遗嘱时是否具有民事行为能力。本案审理过程中，经当事人申请，就谭某3在2006年立遗嘱时是否具有民事行为能力进行了鉴定，结论是谭某3在该时间不具有民事行为能力……故其在该时间实施的民事行为应属于无效，谭某1、谭某2、谭某（均系谭某3与汪某之子女）主张合理，法院予以支持。一审法院于2017年6月判决确认谭某3在2006年3月31日所立的遗嘱无效。

二审法院认为：2014年6月6日起施行的《最高人民法院关于审理涉及公证活动相关民事案件的若干规定》第2条规定，当事人、公证事项的利害关系人起诉请求变更、撤销公证书或者确认公证书无效的，人民法院不予受理，告知其依照《公证法》第39条规定可以向出具公证书的公证机构提出复查。第3条规定：当事人、公证事项的利害关系人对公证书所公证的民事权利义务有争议的，可以依照《公证法》第40条规定就该争议向人民法院提起民事诉讼。第7条规定，本规定施行后，涉及公证活动的民事案件尚未终审的，适用本规定。本案中，谭某1、谭某2、谭某起诉要求确认公证遗嘱无效，不符合上述规定，应当裁定驳回起诉；当事人对北京市朝阳区×号房屋的继承如有纠纷，可另行解决。一审法院对本案进行实体审理并作出判决有误，法院予以纠正。裁定撤销北京市朝阳区人民法院（2015）朝民初字第00488号民事判决；驳回谭某1、谭某2、谭某的起诉。[①]

本案二审法庭本着必要的谦抑原则的这一裁判虽然少见，但是符合《民法典》《公证法》的立法本意和客观实际，应当成为认定遗嘱能力纠纷的指导案例。

三、失实遗嘱的失职认定

律师见证是对民事法律行为、有法律意义的事实和文书的真实性、合法性予以证明的活动。那么，当遗嘱因为失实或违法被判决无效，不能当然认定见证律师失职承担赔偿责任。

1. 委托见证合同有明确约定的，应当据实认定合同约定的效力

律师事务所有权根据约定确定法律服务范围和收取服务报酬。但是，如果服务合同直接约定遗嘱见证只限于形式见证，或者约定仅对签名的真实性见证，因为与律师遗嘱见证的职业要求不相符，相关约定无效。

如果在服务合同中委托人明确拒绝见证律师对遗嘱内容真实性展开外出调查，或者委托人明确不支付对遗嘱真实性、合法性

---

① （2017）京03民终12252号。

调查的律师服务费，律师不外出调查又无法完成核实，并告知了委托人后果的，合同相关约定应当认定为有效。在这种情况下，如果律师在见证过程中询问了有关财产权利情况、核对了有关权属原件，进行了合法性审查，律师事务所就属于尽到了足够注意，不承担见证遗嘱因失实对第三方造成的财产损失。

2. 遗嘱受益人在遗嘱纷争一审判决后未提起上诉，无权就损失向律师事务所进行追偿

如果法院判决律师见证的遗嘱无效，遗嘱受益人的诉求在继承诉讼中没有得到支持，在一审判决后自行放弃了上诉权利的，判决生效后，该遗嘱受益人无权就损失向律师事务所追偿。一是因为遗产本身并未因为见证行为灭失或者减损。二是因为减少继承的遗产被按法定继承分配给了其他继承人，继承人之间又大多数存在亲属关系。三是在其他国家，律师见证给第三人造成的损失都不负赔偿责任。

四、一名律师见证的遗嘱效力认定

除了自书遗嘱以外，如果遗嘱见证人只有一名律师见证，也是仅有的一个见证人，因不符合遗嘱的法定形式，应认定见证遗嘱无效。

如果遗嘱见证人中只有一名是执业律师，见证人符合遗嘱见证的法定形式，应当认定见证遗嘱有效。

如果执业律师未经过律师事务所私自见证，因不尽责需进行赔偿时，该律师承担相应的赔偿责任，律师事务所不承担赔偿责

任。但是，律师事务所需承担管理责任，由行业组织依职权进行处理。

五、打印代书遗嘱的效力认定

代书遗嘱仍然是《民法典》规定的法定遗嘱形式之一，代书人采取打印或者亲笔书写都应当认定为有效形式。

《民法典》新规定了打印遗嘱的遗嘱形式，打印代书遗嘱的，只要是两名见证人在遗嘱每一页上签名、签日期，因为打印代书遗嘱同时符合打印遗嘱的法定形式要件，应当认定为有效。

即使《民法典》未生效，打印的代书遗嘱也应当认定为有效。《北京市高级人民法院关于审理继承纠纷案件若干疑难问题的解答》中，对打印遗嘱类型和效力的裁判思路作出过相应的规定："……打印遗嘱由被继承人以外的人制作的，应符合法律规定的代书遗嘱形式要件。"可见，在北京各级法院，打印代书遗嘱被规定在了代书遗嘱之列。在大多数相关案件中，各地法院也大都持有相同观点。根据中华全国律师协会《律师承办继承法律业务操作指引》规定，自书遗嘱需要书写，而在关于代书遗嘱的规定中，并未指明律师也需要通过手写的方式制作代书遗嘱。打印代书遗嘱已经成为目前的通行方式，认为代书遗嘱只能由代书人亲笔手写的观点，不应成立。

后 记

所谓老龄法，是指以应对我国人口老龄化为目标，调整老龄社会所发生的各种社会关系的法律法规等强制性规范的总称。越是法治社会，因为其法治文明形成于老龄社会到来之前，发达的市场经济制度体系反而成了当前老龄社会的掣肘。我国在计划生育实施之前“育儿养老”的生育观较强，积累了一定的人口红利，所以老龄社会到来得相对较晚。但是，如今我国老龄化发展迅猛，社会法律体系建设必须与时俱进。我国在《老年人权益保障法》《人口与计划生育法》《社会保险法》，以及《民法典》继承编等几部老龄基本法基础上，还应制定老龄社会促进法（或叫老龄法）、老龄金融法、养老房地产法、养老企业法、老年人福利法、老年人卫生保健法、长期照护法、搭伴养老同居法，以及养老护工教育与人才保障条例、居家养老保障条例、孝老条例、养老服务行为标准、见证行为标准等法律法规、强制性规范，不断增补、修订和完善民法、刑法、行政法、劳动法等基本法的相关条款。以老龄金融法为例，不仅要规范养老保险、补充养老保险、长照险等，还要专章规范“以房养老”，实质性改善养老资金不足的问题；养老护工的法律引导与保障是解决机构养老、长期照护、居家养老的人才难题的有效途径；养老服务行为的强制标准可以解决住养老人意外伤害给机构带来的经营风险，为法院保护养老机构合法权益提供法律依据；孝老法治的实现，不仅是党的十九大精神的要义之一，是中华文明的复兴，也是克服少子化人口难题的一剂良药。

北京市法学会主管的北京老龄法律研究会于2017年10月28日正式成立，2018年1月北京市民政局为其颁发了社会团体法人执照，成为一级社会团体法人。北京老龄法律研究会是我国第一家老龄法学术团体组织，研究会设有办公室、联络部、全国老龄法律论坛秘书处等日常工作保障机构，下设有老龄金融、老龄地产、养老PPP、遗嘱见证部、助孝信托专委会等老龄法律研究中心28个，与养老机构、律师事务所合作的医养标准化研究基地、法律应对老龄化专家智库、成人监护中心、遗嘱见证行为标准化研究基地等实证研究二级组织十余家，律师分会由48家律师事务所80多名专业律师组成，正在筹建法官分会、检察官分会、公证员分会……组织机构日臻完善。北京老龄法律研究会主打的全国老龄法律论坛是目前国内最大的老龄法研究平台，是国家相关部委指导下联系法学界专家学者的重要桥梁。

研究会不仅主办一年一度的全国老龄法律论坛这一国内盛会，还承担着有关部委办委托的老年人维权舆情监测、突发事件要报、维权案例编撰和系列案（事）件研究报告等工作，承担民政部医养结合标准化研究课题，承担北京市养老机构管理困境与法律对策的市级法学研究课题工作，承担《老龄法治建设研究》专著和《传承法务》教材的写作，还承办北京市法学会委托的多个养老服务项目和北京市社科课题研究……

北京老龄法律研究会的研究实力雄厚，研究成果丰富，社会形象良好。研究会真诚希望与老龄产业各领域企业开展深入合作，共同发展，如可以合作主办或承办全国老龄法律论坛和京津冀老龄法律研讨会、共同发布研究成果、共同举办“老龄化的法律应对主题沙龙”、共建专项老龄法律研究基地，以及共同开展遗嘱见证专员、遗产管理人、财富信托监察人、意定监护人或监督人的培训等。北京老龄法律研究会学术研究热线：010—68430148；电子邮箱：bjllflyjh@163. com。

本书第三章介绍的都是老年人权益保障方面的法律实务律师业务，也都是与律师遗嘱见证服务相关联的法律服务。虽然律师见证行为标准欠缺导致见证遗嘱不够规范，但是因裁判标准不统一导致公证遗嘱、律师见证遗嘱偶尔被判无效，社会影响极大。公证遗嘱、律师见证遗嘱风险难以防范长期困扰着法律实务界，始终未找到有效破解途径。研究会专家通过深入调查和研究发现，必须站在保护老年人遗嘱权利的高度，才能找到老年人立遗嘱难、身后遗嘱保护难、公证遗嘱难、律师见证遗嘱难等问题的解决之道。律师只有敢于作遗嘱见证，才能为老年人提供全方位法律服务。如在“以房养老”或套路贷诈骗老年人的房产案件中，虽然公证员眼见老年人存在房产权益受损危险，但是风险并非一定发生，面对老年人毋庸置疑的信誓旦旦，作为规范的公证行为，公证员无权要求交易另一方回避而特别对老年人提出过多的警示。根据已经发生的案件情况，最好的办法就是在此类涉及房屋交易案件的公证中，在程序上强行规定老年人需要有律师的法律服务，这样不法分子的阴谋就无法得逞了。老年人此类业务的法律援助在商品房价高昂地区已经基本覆盖，老年人委托的律师必须维护老年人合法权益，有义务告知老年人可能存在的风险，否则律师有责任赔偿，这样的程序设计基本能够确保老年人房产的产权权益万无一失。

图书在版编目（CIP）数据

民法典时代遗嘱见证实务 / 陈子钧，阎云天，陈洪忠著. —北京：中国法制出版社，2021.5

ISBN 978 - 7 - 5216 - 1849 - 5

Ⅰ. ①民… Ⅱ. ①陈… ②阎… ③陈… Ⅲ. ①遗嘱 - 继承（法律） - 研究 - 中国 Ⅳ. ①D923.54

中国版本图书馆 CIP 数据核字（2021）第 081066 号

责任编辑 韩璐玮　　封面设计 杨泽江

民法典时代遗嘱见证实务

MINFADIAN SHIDAI YIZHU JIANZHENG SHIWU

著者/陈子钧，阎云天，陈洪忠

经销/新华书店

印刷/三河市国英印务有限公司

开本/710 毫米 × 1000 毫米 16 开　　印张/ 18 字数/ 173 千

版次/2021 年 5 月第 1 版　　2021 年 5 月第 1 次印刷

中国法制出版社出版

书号 ISBN 978 - 7 - 5216 - 1849 - 5　　定价：68.00 元

北京西单横二条 2 号 邮政编码 100031　　传真：010 - 66031119

网址：http：//www.zgfzs.com　　**编辑部电话：010 - 66071862**

市场营销部电话：010 - 66033393　　**邮购部电话：010 - 66033288**